Six Sigma

Helge Toutenburg · Philipp Knöfel

Six Sigma

Methoden und Statistik für die Praxis

Mit Beiträgen von

Ingrid Kreuzmair
Michael Schomaker
Dietmar Williams-Böker

Prof. Dr. Dr. Helge Toutenburg
Ludwig-Maximilians-Universität
Institut für Statistik
Akademiestraße 1
80799 München
toutenb@stat.uni-muenchen.de

Philipp Knöfel
Computacenter Germany AG & Co. oHG
Hörselbergstraße 7
81677 München
philipp.knoefel@computacenter.com

ISBN 978-3-540-74210-4 Springer Berlin Heidelberg New York

Bibliografische Information der Deutschen Nationalbibliothek
Die Deutsche Nationalbibliothek verzeichnet diese Publikation in der Deutschen Nationalbibliografie; detaillierte bibliografische Daten sind im Internet über http://dnb.d-nb.de abrufbar.

Dieses Werk ist urheberrechtlich geschützt. Die dadurch begründeten Rechte, insbesondere die der Übersetzung, des Nachdrucks, des Vortrags, der Entnahme von Abbildungen und Tabellen, der Funksendung, der Mikroverfilmung oder der Vervielfältigung auf anderen Wegen und der Speicherung in Datenverarbeitungsanlagen, bleiben, auch bei nur auszugsweiser Verwertung, vorbehalten. Eine Vervielfältigung dieses Werkes oder von Teilen dieses Werkes ist auch im Einzelfall nur in den Grenzen der gesetzlichen Bestimmungen des Urheberrechtsgesetzes der Bundesrepublik Deutschland vom 9. September 1965 in der jeweils geltenden Fassung zulässig. Sie ist grundsätzlich vergütungspflichtig. Zuwiderhandlungen unterliegen den Strafbestimmungen des Urheberrechtsgesetzes.

Springer ist ein Unternehmen von Springer Science+Business Media

springer.de

© Springer-Verlag Berlin Heidelberg 2008

Die Wiedergabe von Gebrauchsnamen, Handelsnamen, Warenbezeichnungen usw. in diesem Werk berechtigt auch ohne besondere Kennzeichnung nicht zu der Annahme, dass solche Namen im Sinne der Warenzeichen- und Markenschutz-Gesetzgebung als frei zu betrachten wären und daher von jedermann benutzt werden dürften.

Herstellung: LE-TEX Jelonek, Schmidt & Vöckler GbR, Leipzig
Umschlaggestaltung: WMX Design GmbH, Heidelberg

SPIN 12103287   42/3180YL - 5 4 3 2 1 0   Gedruckt auf säurefreiem Papier

Vorwort

Über Six Sigma als Qualitäts- und Managementmethode wurden schon viele Bücher geschrieben. Warum also noch ein weiteres veröffentlichen? Dafür spricht zweierlei: Six Sigma – Methoden und Statistik für die Praxis vereint praxisnahes Expertenwissen aus Anwendung, Consulting und Wissenschaft und verfügt als bisher einziges Six-Sigma-Handbuch über einen umfangreichen Statistikteil, der sowohl wissenschaftlich fundiert als auch anwendungsorientiert und praxiserprobt ist.

Um nach Six Sigma Fehler zu minimieren und Prozesse zu optimieren, ist es unerlässlich, sich mit statistischer Methodik und Vorgehensweise vertraut zu machen. Statistische Methoden und Modelle werden in jeder Projektphase eingesetzt, um auf Basis der gewonnenen Erkenntnisse fundierte und faktenbasierte Entscheidungen treffen zu können. Die Werkzeuge, Methoden und Schlussfolgerungen werden im Buch ausführlich diskutiert und anhand von Grafiken veranschaulicht.

Six Sigma – Methoden und Statistik für die Praxis verbindet die Inhalte „DMAIC" und „Statistik", die im realen Projektgeschäft ebenfalls untrennbar miteinander verknüpft sind. Nach einer Einführung in die Methodik von Six Sigma wird der DMAIC-Prozess in Theorie und anhand eines realen, durchgängigen Projektes aus der Praxis dargestellt. Die Statistikinhalte werden an genau den Stellen erläutert, an denen diese auch im realen Projekt relevant sind. An einigen Stellen ist unser reales Projekt zur Erläuterung nicht geeignet. Hier greifen wir auf andere, eingängige Beispiele zurück, um die Inhalte praxisnah zu verdeutlichen.

Der Leser kann die Beispiele mithilfe der Statistiksoftware Minitab nachvollziehen. Minitab wird eingesetzt, weil es einfach zu bedienen ist, interaktiv arbeitet und diverse Six-Sigma-Werkzeuge zur Verfügung stellt. Screenshots, einige Abbildungen und statistische Auswertungen in diesem Buch sind mit Erlaubnis von Minitab Inc. abgedruckt. Die Datensätze können unter folgender Adresse im Internet heruntergeladen werden: http://www.computacenter.de/sixsigma.

Entstanden ist das Buch aus einer Kooperation zwischen Computacenter in München und der AG Toutenburg (Institut für Statistik der Ludwig-Maximilians-Universität München). Computacenter als Europas führender herstellerübergreifender IT-Dienstleister ist zugleich Six-Sigma-Anwender und Six-Sigma-Consultant. Über 10 Jahre gelebte Six-Sigma-Praxis und langjährige Consultingerfahrung in den Branchen Dienstleistung, Automotive, Maschinenbau, Elektronik, Telekommunikation, Immobilien, Papier und Pharma sind in Six Sigma – Methoden und Statistik für die Praxis eingeflossen.

Die AG Toutenburg stellte die statistischen Methoden, Tests und Analysewerkzeuge für die Six-Sigma-Praxis zusammen, gegründet auf über 20 Jahre Erfahrung in der Lehre, Publikationen in internationalen Fachzeitschriften sowie auf zahlreiche Monographien und Lehrbücher.

Wir danken Herrn Dr. Werner Müller für die Einladung, dieses Buch im Springer-Verlag zu veröffentlichen.

Unser Dank gilt auch Frau Dipl.-Stat. Ingrid Kreuzmair, Herrn Dipl.-Stat. Michael Schomaker und Herrn Dipl.-Wirt. Ing. Dietmar Williams-Böker, deren Beiträge dieses Buchprojekt wesentlich gefördert haben. Ebenfalls gebührt Dank Herrn Dipl.-Ing. (FH) Frank Thurner und Herrn MMag. Robert Werktanzl, die zahlreiche Erfahrungen aus ihrer Consulting- und Trainerpraxis beigesteuert haben, sowie Frau Dipl.-Phil. Annette Lindstädt für die Gesamtredaktion.

Wir haben dieses Buch für alle geschrieben, die Six Sigma in Schulungen, Lehrveranstaltungen oder bei der Bearbeitung von Projekten einsetzen wollen.

Wir sind davon überzeugt, dass Ihnen Six Sigma – Methoden und Statistik für die Praxis hierbei wertvolle Unterstützung leisten wird. Über kritische Hinweise, Verbesserungsvorschläge und natürlich auch Lob freuen wir uns.

Helge Toutenburg   Philipp Knöfel

München im Juli 2007

Inhaltsverzeichnis

Einleitung 1
   Inhalt und Fokus des Buches 1
   Überblick über Six Sigma 2
      Historie 2
      Six Sigma bei General Electric und Computacenter 3
   Beispielprojekt „Reparaturprozess" 4

1 Einführung in Six Sigma 7
   1.1 Die Philosophie von Six Sigma 7
      1.1.1 Grundelemente 7
      1.1.2 Abgrenzung zu anderen Qualitätsmanagementverfahren .. 10
   1.2 Definitionen und statistische Grundbegriffe 15
      1.2.1 Variation und Mittelwert 15
      1.2.2 Verteilungen 17
      1.2.3 Der Begriff "Six Sigma" 20
   1.3 Elemente von Six Sigma 22
   1.4 Six-Sigma-Organisation 23
      1.4.1 Rollen innerhalb der Six-Sigma-Organisation 24
      1.4.2 Einbettung von Six Sigma in das Unternehmen 27
      1.4.3 Projektorganisation 30
   1.5 Projektauswahl und -vorbereitung 32
      1.5.1 Projektvorbereitung 34
      1.5.2 Managemententscheidung und Projektbeauftragung 35
   1.6 Zusammenfassung 35

2 DEFINE 37
   2.1 Auswählen der wichtigsten CTQs 37
      2.1.1 Wer ist der Kunde? 38
      2.1.2 Einholen der Voice of the Customer 39
      2.1.3 Umwandlung in messbare Kriterien 40
      2.1.4 Priorisierung der CTQs 42
   2.2 Erstellen der Project Charter 44
      2.2.1 Funktionen der Project Charter 45
      2.2.2 Bestandteile der Project Charter 45
      2.2.3 Beispiel für eine Project Charter 50
      2.2.4 Prozessbeschreibung auf der Makroebene: SIPOC 50

    2.3   Zusammenfassung der Projektphase DEFINE 53

3   MEASURE 55
    3.1   Die wichtigsten Outputmesskriterien auswählen 56
        3.1.1   Requirement Tree 58
        3.1.2   Quality Function Deployment 58
        3.1.3   Messpunkte festlegen 61
    3.2   Datenerfassung planen und durchführen 61
        3.2.1   Vorbereitung des Datenerfassungsplans 62
        3.2.2   Datenarten 63
        3.2.3   Operationale Definition 65
        3.2.4   Mess-System-Analyse (MSA) 68
        3.2.5   Stichproben 72
        3.2.6   Strategie der Stichprobenerhebung 73
        3.2.7   Messung durchführen 80
        3.2.8   Lagemaße und Varianz 81
        3.2.9   Grafische Darstellungsmöglichkeiten 83
    3.3   Aktuelle Prozessleistung berechnen 86
        3.3.1   Verteilungen 87
        3.3.2   Kurzfristig versus langfristig 90
        3.3.3   Stetige Daten 91
        3.3.4   Diskrete Daten 100
        3.3.5   First Pass Yield versus Final Yield 102
    3.4   Zusammenfassung der Projektphase MEASURE 103

4   ANALYZE 105
    4.1   Daten und Prozess analysieren 105
        4.1.1   Datenanalyse 106
        4.1.2   Prozessanalyse 108
    4.2   Ermitteln der Grundursachen 114
        4.2.1   Ursache-Wirkungs-Diagramm 114
        4.2.2   Five Whys 116
        4.2.3   Bestimmen der Vital Few X 116
        4.2.4   Kontroll-Einfluss-Matrix 117
        4.2.5   Pareto-Analyse 118
        4.2.6   Hypothesentests 119
        4.2.7   Korrelations- und Regressionsanalyse 159
    4.3   Quantifizieren der Verbesserungsmöglichkeiten 192
    4.4   Zusammenfassung der Projektphase ANALYZE 192

5   IMPROVE 195
    5.1   Lösungen finden und auswählen 195

5.1.1	Lösungen finden	196
5.1.2	Lösungen auswählen	199
5.1.3	Sollprozess dokumentieren	201
5.2	Lösungen verfeinern und testen	202
5.2.1	Modellierung und Simulation	203
5.2.2	Fehler-/Risikoerkennung und Absicherung	204
5.2.3	Failure Mode and Effects Analysis	206
5.2.4	Versuchsplanung	210
5.2.5	Pilot	255
5.3	Lösungen bewerten und rechtfertigen	258
5.3.1	Net Benefit aus Erträgen	259
5.3.2	Net Benefit aus Kostenreduktion	259
5.3.3	Weitere Effekte	260
5.4	Zusammenfassung der Projektphase IMPROVE	261

6 CONTROL **263**

6.1	Erstellen des Prozesssteuerungsplans	264
6.1.1	Dokumentation	265
6.1.2	Monitoring	266
6.1.3	Reaktionsplan	269
6.2	Umsetzung der Lösung planen	269
6.2.1	Implementierungsplan	271
6.2.2	Kommunikationsplan	272
6.2.3	Ressourcenplan	273
6.3	Projekt abschließen	273
6.3.1	Projektergebnisse und -erfahrungen dokumentieren	273
6.3.2	Übergabe an den Process Owner	275
6.3.3	Abschlussincentive	275
6.4	Zusammenfassung der Projektphase CONTROL	276

Anhang A: Übersichten **277**

Anhang B: Übungen **287**

Anhang C: Tabellen **297**

Literatur **311**

Six-Sigma-Glossar **313**

Index **321**

Einleitung

Im Jahr 1997 wurde Computacenter eine Six-Sigma-Company: Die Managementmethode wurde in allen Unternehmensbereichen eingeführt. Seitdem nutzen wir Six Sigma, um unsere Abläufe zu verbessern. Wir haben Einsparungen in Millionenhöhe realisiert und die Kundenzufriedenheit messbar gesteigert. Seit 2004 bieten wir unseren Kunden Unterstützung bei der Einführung von Six Sigma an: in Form von Trainings, Workshops und durch Begleitung in konkreten Projekten.

Aber was ist Six Sigma genau? Diese Frage wird Ihnen dieses Buch beantworten.

Inhalt und Fokus des Buches

Das vorliegende Buch konzentriert sich bewusst auf das DMAIC-Verfahren. DMAIC ist wohl die berühmteste Methode innerhalb von Six Sigma. Die Optimierung vorhandener Prozesse wird nach den Phasen DEFINE, MEASURE, ANALYZE, IMPROVE und CONTROL bearbeitet. So werden Probleme mithilfe statistischer Werkzeuge gründlich analysiert und Lösungen erarbeitet. Dieser Fall – die Prozessverbesserung – ist die im Unternehmensalltag am häufigsten vorkommende Anforderung an das Qualitätsmanagement. Daher machen DMAIC-Projekte den weitaus höchsten Anteil von Six-Sigma-Projekten aus und können in einer Dauer von etwa drei Monaten in einem überschaubaren Zeitraum durchgeführt werden.

DMAIC-Projekte gehen mit der organisatorischen Umsetzung von Veränderungen einher: Veränderungsmanagement (oder auch Change Management) ist eine weitere Komponente in der Ausbildung zum Black Belt, jedoch ein zu wichtiges Thema, als dass es hier am Rande behandelt werden könnte. Eine eigene Publikation wäre der Bedeutung von Change Management angemessen.

Vor allem für Black Belts sind statistische Methoden sehr wichtig, daher wurde ihnen entsprechende Beachtung eingeräumt.

Überblick über Six Sigma

Das Hauptziel von Six Sigma ist es, Kundenbedürfnisse vollständig und profitabel zu erfüllen. Doch was ist das Besondere an Six Sigma? Zunächst sind das natürlich die absolute Kundenorientierung und die strukturierte Vorgehensweise nach klar definierten, aufeinander aufbauenden Schritten. Außerdem beseitigt Six Sigma die Ursachen fehlerhafter Prozesse und nicht nur deren Symptome. Six Sigma steht für ein durchgängiges Qualitätsverständnis.

Mit Six Sigma erhöhen Unternehmen ihre Leistungsfähigkeit und das Qualitätsbewusstsein. Wichtig ist hierbei die Messbarkeit von Prozessen, daher hat die Statistik einen hohen Stellenwert: Mithilfe statistischer Methoden werden subjektive Wahrnehmungen von Qualität durch messbare Aussagen ersetzt. Dazu ist eine Menge Disziplin und Wissen nötig – doch es lohnt sich.

Im Zentrum der Six-Sigma-Methode steht der Kundenwunsch: Produkte, Dienstleistungen und Prozesse werden aus Sicht des Kunden genauestens analysiert und entsprechend seiner Anforderungen optimiert. Six Sigma strebt Qualitätssteigerungen nicht um ihrer selbst willen an, sondern will durch sie den Wert der Leistung für das Unternehmen und seine Kunden steigern. Es wird daher nicht Qualität aus z. B. technischer Sicht erhöht, sondern allein Qualität, die für den Kunden von Wert ist und dem Unternehmen höhere Margen beschert.

Six Sigma etabliert im Unternehmen eine gemeinsame Sprache und bezieht Mitarbeiter intensiv ein. So entsteht innerhalb des Unternehmens eine stärkere Zusammenarbeit, und jeder Beteiligte wird seine Rolle und Verantwortung für die Qualität von Prozessen und deren Wirkung auf Kunden besser verstehen. Dieses Qualitätsverständnis wiederum führt zu höherer Leistung bei geringeren Prozessschwankungen und damit zu geringeren Fehlerraten. Dies wiederum erhöht nachgewiesenermaßen Gewinne, Qualität und Kundenzufriedenheit: Jedes Unternehmen, das Six Sigma konsequent eingeführt hat, konnte seine Marge vergrößern. Da Six Sigma weltweit angewendet wird, ist eine global einheitliche Vorgehensweise mit identischen Werkzeugen und Begrifflichkeiten entstanden. Daher werden im Folgenden die englischen Originalbegriffe verwendet, um eine einheitliche Sprache sicherzustellen.

Historie

Erste Vorläufer der Six-Sigma-Methode fanden sich bereits in den 1970er Jahren in Japan zunächst im Schiffsbau und später in anderen Industrien.

Mitte der 1980er Jahre wurde die Kombination aus einzelnen bewährten Grundprinzipien und statistischer Methoden entwickelt und bei Motorola in den USA unter dem Namen Six Sigma offiziell eingeführt. Aufgrund des beachtlichen Erfolgs – der deutlichen Qualitätsverbesserung von Motorola-Produkten – wurde die Methode von weiteren Unternehmen eingeführt und weiterentwickelt.

Vor allem die Erfolge bei General Electric (GE) führten Ende der 1990er Jahre zu einer großen Popularität von Six Sigma: Jack Welch, der damalige CEO von GE, sorgte von 1995 an für die konsequente Implementierung von Six Sigma im gesamten Unternehmen. Die Vorgabe lautete: Bis zum Jahr 2000 sollten alle Unternehmensbereiche bei GE ein Qualitätsniveau von sechs Sigma erreichen – ein herausforderndes Ziel, das eher als Vision zu verstehen war. Nicht alle Bereiche erreichten das Niveau von sechs Sigma, und nicht immer ist dieses hohe Qualitätsniveau wirtschaftlich. Dennoch wurden die im Jahr 2000 erzielten Einsparungen bei GE mit drei Milliarden USD beziffert. Dies entsprach dem fünffachen der bei GE eingesetzten Kosten für Trainings, Projekte und Six-Sigma-Organisation.

Six Sigma bei General Electric und Computacenter

Jack Welch hatte die Unternehmensleitung 1981 übernommen und die Kerngeschäftsfelder von GE bis zum Ende der 1980er Jahre grundlegend restrukturiert. Darauf folgte dann die Restrukturierung der internen Organisation, die allein schon die durchschnittliche Produktivitätssteigerung von 1988 bis 1992 von 2 auf 4 Prozent verdoppelte. Im Rahmen von Best Practices verschaffte sich General Electric tiefe Einblicke in die Methoden und Prozesse anderer erfolgreicher Unternehmen: GE sandte Mitarbeiter in diese Firmen, um deren Managementmethoden und Ideen zu verstehen. Im Gegenzug legte GE diesen Firmen die Ergebnisse seiner Untersuchungen vor. Durch die Best Practices hatte man eine empirische Basis für verschiedene Mess- und Steuergrößen geschaffen und konnte an der Verbesserung arbeiten.

Schließlich wurde Six Sigma eingeführt, um die Produkt- und Prozessqualität entscheidend zu steigern. Zu diesem Zeitpunkt war die Methode bereits ausgereift und umfasste einen detaillierten Implementierungsprozess. Weiterhin hatte GE der Methode mit dem Veränderungsmanagement (Change Management) einen wesentlichen Baustein hinzugefügt. Six Sigma wurde zur globalen Kerninitiative bei GE und ab 1997 auch bei der damaligen GE-Tochter GE CompuNet, heute Computacenter in Deutschland, eingeführt. Dies geschah nach dem bei GE etablierten dreiphasigen Einführungsmodell: In der Aufbauphase wurden die Vision und die Strategie von Six Sigma für das Unternehmen definiert und in Trainings vermittelt. In der Konsolidierungsphase ging es darum, die Mitarbeiter zu mobilisieren. In der Ausbauphase schließlich wurden konkrete Verbesserungen wirksam vorangetrieben, also geeignete Projekte identifiziert und mit Six-Sigma-Methoden umgesetzt.

Die im Folgenden dargestellten Methoden und Tools basieren auf den Erfahrungen mit der GE-Variante von Six Sigma, die sich unter anderem durch die besonders nachhaltige und stringente Einführung im gesamten Unternehmen auszeichnet.

Beispielprojekt „Reparaturprozess"

Als Hilfsmittel für Six-Sigma-Praktiker liegt in diesem Buch ein besonderer Fokus auf sinnvollen, eingängigen Beispielen. Über alle Kapitel hinweg wird daher ein einheitliches Beispielprojekt genutzt – die Optimierung des Reparaturprozesses bei Computacenter. Es handelt sich dabei um ein reales Projekt, welches parallel zur Erstellung des Buchs durchgeführt wurde.

Die zugrunde liegenden Daten sind anonymisiert und in der konkreten Ausprägung, nicht jedoch in der Aussage modifiziert. Stellenweise sind Vereinfachungen vorgenommen worden, schließlich soll das Beispiel das Gelernte veranschaulichen. Dennoch ist es für den Leser besonders hilfreich, ein gesamtes Projekt vom Anfang bis zum Ende zu begleiten.

Computacenter ist ein herstellerübergreifender Dienstleister für Informationstechnologie. Zu dieser Servicetätigkeit gehören auch der Austausch von IT-Geräten und -Ersatzteilen sowie die Garantieabwicklung und das Reparaturhandling. Computacenter repariert Equipment vielfach nicht selbst, sondern nutzt hierfür spezialisierte Dienstleister (Reparateure).

Meldet ein Kunde ein defektes Teil (löst er einen „Call" aus), so wird der Computacenter-Techniker das defekte Teil vor Ort gegen ein intaktes aus dem Computacenter-Lager austauschen. Das defekte Teil wird anschließend an das zentrale Lager geschickt. Dort wird es geprüft und dem entsprechenden Reparateur zugesandt. Dabei wird im SAP-System ein Warenausgang gebucht. Wenn es repariert zurückkommt, wird wiederum eine Wareneingangsbuchung vorgenommen und das Teil wieder eingelagert. Es steht nun für den nächsten Technikereinsatz zur Verfügung.

Ist ein Ersatzteil nicht im eigenen Lager vorhanden, wenn ein entsprechender Call eingeht, wird es beim Hersteller bestellt. Der optimale

Lagerbestand wird für jeden Artikel individuell vom System ermittelt. Während früher zumeist nachbestellt wurde, sobald ein Meldebestand unterschritten war, wird derzeit vermehrt callbasiert bestellt, denn aufgrund der heutigen Paketlogistik können Ersatzteile vom Hersteller sehr rasch bereitgestellt werden. So konnte der Lagerbestand reduziert werden. Dies bedeutet: weniger gebundenes Kapital und weniger Verschrottungen am Ende des Produktlebenszyklus.

Trotzdem wurde beobachtet, dass der Lagerbestand sich über den Projektlebenszyklus hinweg leicht erhöhte: Obwohl zumeist bedarfsorientiert nachbestellt wird, ist der Bestand vieler Artikel am Ende ihres Lebenszyklus höher als eigentlich notwendig.

Als Vermutung über mögliche Gründe wurde die Vermutung geäußert, dass dies mit dem Reparaturzyklus zu tun haben könnte: Ein Teil wird dann beim Hersteller bestellt, wenn ein Call eingeht, während alle anderen Teile dieser Art repariert werden. Kommen alle Teile aus der Reparatur zurück, befindet sich im Lager entsprechend ein zusätzliches Teil. Und je länger Teile beim Reparateur verweilen, umso größer ist die Wahrscheinlichkeit, dass in dieser Zeit ein Call eingeht und ein zusätzliches Ersatzteil beschafft werden muss. Diese Vermutung konnte durch einen Abgleich von Reparaturdaten und Bestelldaten („Welche Bestellungen wurden getätigt, während ein gleicher Artikel in Reparatur war?") bestätigt werden.

Darüber hinaus zeigte ein Benchmark, dass die durchschnittliche Reparaturdurchlaufzeit der deutschen Geschäftseinheit von Computacenter höher ist als die der britischen. Als Projektziel wurde daher die Reduzierung der Durchlaufzeit bei extern durchgeführten Reparaturen definiert.

1 Einführung in Six Sigma

1.1 Die Philosophie von Six Sigma

Als Hauptziel von Six Sigma ist formuliert: „die Anforderungen des Kunden vollständig und profitabel erfüllen". Das bedeutet: Um die Kundenanforderungen erkennen und erfüllen zu können, müssen kritische Prozesse (aus Kundensicht) erkannt und kontinuierlich verbessert werden. In der Idealform ist Six Sigma fester Bestandteil der Unternehmenskultur und gemeinsame Sprache. Das Unternehmen ist ein Six-Sigma-Unternehmen.

Die gründliche Prozessverbesserung folgt einer strukturierten Vorgehensweise anstelle von Aktionismus. Sie ermittelt durch statistische Analysen Grundursachen, anstatt Symptome zu behandeln. Diese Grundursachen werden schließlich bekämpft. Die standardisierte Vorgehensweise sorgt außerdem für ein professionelles Projektmanagement. Dies garantiert die erfolgreiche Umsetzung sowie die Überwachung und Sicherung der Nachhaltigkeit.

1.1.1 Grundelemente

Der amerikanische Wirtschaftspionier William Edwards Deming (1900 - 1993) wird häufig als „Vater der Qualitätsbewegung" bezeichnet. Er entwickelte unter anderem ein 14-Punkte-Programm für ein besseres Management und die Deming'sche Reaktionskette. In den 1950er Jahren ging er nach Japan und arbeitete dort als Statistiker und Qualitätsexperte beim amerikanischen Militär. Durch seine enge Zusammenarbeit mit Kaoru Ishikawa (siehe 4.2.1) wurde seine Arbeit schnell bei japanischen Topmanagern bekannt und erfuhr dort große Anerkennung. Erst nach der Ausstrahlung einer Sendung im amerikanischen Fernsehen in den 1980er Jahren wurde Deming auch in seiner Heimat bekannt. Heute ist eine der wichtigsten Qualitätsauszeichnungen nach ihm benannt.

Deming stellte fest:

> *„85 Prozent der Ursachen für die Nicht-Erfüllung von Kundenanforderungen liegen bei den Prozessen und den unterstützenden Systemen und nicht bei den Mitarbeitern!*
> *Die Verantwortung des Managements liegt in der Verbesserung der Prozesse und nicht in der Verbesserung der Mitarbeiter!"*

Gleichwohl müssen neben dem Kunden und den Prozessen auch die Mitarbeiter betrachtet werden. Die optimale Befriedigung von Kundenbedürfnissen bei optimalem Einsatz von Ressourcen ist nur unter Einbezug von Mitarbeitern und Prozessen zu erreichen.

1.1.1.1 Kunde

Konventionelle Veränderungsansätze betrachten häufig allein die finanziellen Aspekte und betreiben Prozessoptimierung nur aus einer internen Perspektive. Bei Six-Sigma-Projekten jedoch steht die Prozessoptimierung aus Kundensicht im Mittelpunkt. Mit dem Begriff „Kunde" kann auch ein interner Kunde gemeint sein: Der Begriff steht bei Six Sigma vertretend für alle Empfänger einer Leistung.

Einer der ersten Schritte in einem Six-Sigma-Projekt ist die Beantwortung der Frage: Wer ist der Kunde? Eine Frage, die auf den ersten Blick banal erscheint, auf den zweiten Blick jedoch durchaus schwierig zu beantworten sein kann: Ein Prozess kann mehrere Kunden haben oder einen „Zwischenkunden" und einen Endkunden. Zu Beginn des Projekts muss daher festgelegt werden, wen man als Kunden des Prozesses sieht, um ihn nach seinen Anforderungen zu fragen.

Eine häufige Aussage von Mitarbeitern mit direktem Kundenkontakt lautet: „Ich weiß, was der Kunde will!" Die Erfahrung zeigt jedoch, dass der Kunde durchaus andere Anforderungen als die vermuteten haben kann. Somit wird der Kunde – wo immer dies möglich ist – direkt eingebunden.

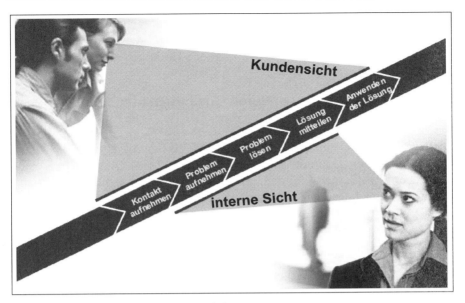

Abb. 1. Kundensicht versus interne Sicht

Bildlich gesprochen verlangt eine Prozessverbesserung nach Six Sigma, den Prozess mit den Augen des Kunden zu betrachten. Denn häufig sind aus interner Sicht nur Teile des Prozesses sichtbar, während der Kunde stets den Gesamtprozess sieht. Ein Beispiel: In einer Bank wird die Kreditabteilung den Zeitraum für eine Kreditbewilligung mit zwei Tagen beziffern. Dies ist die durchschnittliche Dauer, die für die Bearbeitung benötigt wird. Die Kundensicht ist aber umfassender: Vom ersten Kontakt mit der Bank bis zur Überweisung des Geldes aus dem bewilligten Kredit verstreicht i. d. R. ein deutlich längerer Zeitraum. Es ist im Interesse des Kunden, diesen zu verkürzen.

Der Kunde definiert die kritischen Erfolgsfaktoren: Seine Anforderungen stellen klar, was für ihn die wichtigsten Kriterien sind, anhand derer er die Prozessleistung bewertet. Durch die Konzentration auf diese Kriterien werden Abläufe aus Kundensicht wesentlich verbessert, und die Zuverlässigkeit des Leistungsergebnisses steigt.

1.1.1.2 Prozess

Im Fokus der Optimierung steht der Prozess. Zunächst wird der aktuelle Prozess dokumentiert und seine Leistungsfähigkeit festgestellt. Danach wird er eingehender analysiert. Erst dann beginnt die Suche nach möglichen Lösungen. Schließlich wird die Lösung eingeführt und der Prozess überwacht, um die dauerhafte Verbesserung sicherzustellen. Das

Besondere an der Prozessverbesserung durch Six Sigma besteht darin, dass Prozesse mittels statistischer Methoden analysiert, gemessen und kontrollierbar gemacht werden, bevor über mögliche Lösungen nachgedacht wird.

1.1.2 Abgrenzung zu anderen Qualitätsmanagementverfahren

Viele Qualitätsmanagementverfahren (QM-Verfahren) sind nur auf die Optimierung der Qualität ausgerichtet, ohne die entstehenden Kosten ausreichend zu berücksichtigen. Six Sigma hingegen achtet gleichzeitig auf die Effizienz des Prozesses bzw. darauf, dass das Kundenbedürfnis bei effizientem Ressourceneinsatz befriedigt wird. Des Weiteren beziehen sich viele QM-Verfahren nur auf die Fertigung. Auf den Dienstleistungsbereich sind sie oft nicht anwendbar.

Im Folgenden wird Six Sigma gegenüber einigen gängigen QM-Verfahren abgegrenzt. Gleichwohl stellen diese Verfahren keinen Widerspruch zu Six Sigma dar. Häufig werden Elemente aus verschiedenen Ansätzen kombiniert und zur Prozessoptimierung genutzt. So wurde in den vergangenen Jahren Six Sigma in vielen Unternehmen um Lean-Management- und Kaizen-Methoden ergänzt.

1.1.2.1 ISO-9000-Familie

ISO 9000 ist keine Methode des Qualitätsmanagements, sondern international gültige Normen. Sie beschreiben, welche Anforderungen ein Unternehmen erfüllen muss, um bestimmten Qualitätsmanagementstandards zu entsprechen und Qualitätsmanagement zur Erhöhung der Kundenzufriedenheit einsetzen zu können. Die Normen der ISO-9000-Familie können als Nachweis gegenüber Dritten dienen oder intern zur Umsetzung von Qualitätsmanagementprojekten herangezogen werden. Gemeinsam bilden sie einen zusammenhängenden Satz von Qualitätsmanagementnormen, die das gegenseitige Verständnis im nationalen und internationalen Handel erleichtern.

Die Normen der ISO-9000-Familie beschreiben die Grundlagen und legen die Terminologie sowie acht Grundsätze für das Qualitätsmanagementsystem fest:
- Kundenorientierung
- Verantwortlichkeit der Führung
- Einbeziehung der beteiligten Personen
- Prozessorientierter Ansatz

- Systemorientierter Managementansatz
- Kontinuierliche Verbesserung.
- Sachbezogener Entscheidungsfindungsansatz
- Lieferantenbeziehungen zum gegenseitigen Nutzen

Die ISO 9001 bestimmt die konkreten Anforderungen an ein QM-System und dient als Zertifizierungsnorm. Sie fokussiert sich auf die betrieblichen Prozesse und eignet sich damit deutlich als Führungsinstrument, weil sie eine stärkere Kundenorientierung und Führungsverantwortung fordert. Sie beruht hauptsächlich auf vier Säulen:
- Verantwortung der Leitung
- Ressourcenmanagement
- Produkt-/Dienstleistungsrealisierung
- Messung, Analyse und Verbesserung

Die ISO 9004 bietet schließlich einen Leitfaden zur kontinuierlichen Verbesserung, um die Effizienz und Wirksamkeit des QM-Systems ständig zu optimieren. Das Ziel ist die Verbesserung der Leistung und der Kundenzufriedenheit.

Abgrenzung zu Six Sigma

Die ISO-9000-Familie ist ein managementorientierter Ansatz, dessen Qualitätsgedanke das gesamte Unternehmen durchdringen soll. Alle kundenrelevanten Prozesse und ihre Schnittstellen werden mithilfe der Norm betrachtet und einem kontinuierlichen Verbesserungsprozess unterworfen. Dieser prozessorientierte Ansatz der ISO-9000-Familie basiert auf dem Deming-Kreis „Plan – Do – Check – Act" (PDCA-Zyklus).

Six Sigma kann ebenfalls zur Verbesserung einzelner Prozesse eingesetzt werden. Verbesserungsprojekte mit der Six-Sigma-Methode zielen allerdings nicht auf eine kontinuierliche Verbesserung mihilfe kleiner Schritte ab, sondern auf massive Veränderung von Prozessen durch Eliminierung von zugrundeliegenden Problemen. Six Sigma muss im Gegensatz zur ISO-9000-Familie nicht das gesamte Unternehmen durchdringen.

Die Bedeutung der Normenreihe besteht vor allem darin, die Bestätigung eines hohen, international gültigen Qualitätsstandards zu erhalten und somit Kunden die Gewissheit und Sicherheit zu geben, dass diese Standards nicht nur regelmäßig überprüft, sondern auch gelebt werden. Durch diesen Zertifizierungscharakter ist die Normenreihe gerade für international tätige Unternehmen oftmals eine Grundvoraussetzung für eine Auftragsvergabe.

1.1.2.2 Lean Management

Der Ansatz „Lean Management" oder „schlankes Management" hat seinen Ursprung in Japan und ist durch schlanke Unternehmensführung und flache Hierarchien gekennzeichnet. Der Grundgedanke besteht in der Vermeidung von Verschwendung und der Konzentration auf wertsteigernde Aktivitäten. Das bedeutet: Alle Prozesse werden hinsichtlich ihres Beitrags zur Wertschöpfung untersucht, und die Anzahl nicht wertschöpfender Prozessschritte wird reduziert (durch Weglassen, Vereinfachen, Zusammenfassen oder Automatisieren). Ziel ist es, entweder ein gegebenes Resultat bei minimalem Ressourceneinsatz oder bei gegebenem Ressourceneinsatz ein maximales Ergebnis zu erzielen. Wird der Lean-Management-Ansatz von der Produktion auf die Administration und das Management erweitert, zielt er auf den Abbau von Bürokratie. Des Weiteren soll durch verstärkte Delegation eine höhere Verantwortlichkeit des einzelnen Mitarbeiters entstehen.

Abgrenzung zu Six Sigma

Im Gegensatz zur Six-Sigma-Methode konzentriert sich Lean Management in erster Linie auf Kostensenkungen und nicht auf die Anforderungen des Kunden. Dies kann den Blick auf Möglichkeiten zur Umsatzsteigerung verstellen. Reserven, die notwendig sein können, um auf veränderte Marktsituationen zu reagieren, werden abgebaut. Lean Management steht oftmals Bedürfnissen und Interessen der Mitarbeiter entgegen; Widerstände, vor allem im mittleren Management, können entsprechende Projekte scheitern lassen. Lean und Six Sigma werden jedoch immer häufiger miteinander kombiniert. Dabei integrieren Ansätze wie „Lean Six Sigma" Werkzeuge und Vorgehensweisen aus dem Lean Management in Six Sigma.

1.1.2.3 Total Quality Management (TQM)

Total Quality Management wird zuweilen auch „umfassendes Qualitätsmanagement" genannt und strebt die Marktführerschaft für alle Produkte und Dienstleistungen eines Unternehmens an. Das Verfahren erstreckt sich über alle Bereiche eines Unternehmens oder einer Organisation und versteht Qualität als Systemziel. Die eigenen Ergebnisse und Vorgehensweisen werden dabei kontinuierlich mit denen der besten Wettbewerber verglichen. TQM verfolgt das Null-Fehler-Prinzip und geht in kleinen Schritten vor, anstatt große Veränderungen anzustreben. Es bezweckt ständige Veränderung und Verbesserung, die sich auf alle Mitarbeiter stützt.

TQM wurde von William Edwards Deming in den 1940er-Jahren in den USA entwickelt, fand dort aber keine Beachtung. Als er die Methode später in Japan verfeinerte, verzeichnete sie große Erfolge. In Europa hat die „European Foundation für Quality Management" eine europäische Variante des TQM, das „EFQM-Modell for Business Excellence", entwickelt. Das EFQM-Modell zeigt anhand verschiedener Kriterien die Wirkungszusammenhänge in Unternehmen auf und dient als eine Art Checkliste für die Qualitätssicherung. Diese wird nach einem strukturierten Vorgehen (Results, Approach, Deployment, Assessment und Review = RADAR) abgearbeitet. Es werden also zuerst die zu erreichenden Ziele bestimmt, dann das Vorgehen geplant und die Umsetzung vorgenommen. Schließlich werden Vorgehen und Umsetzung bewertet und geprüft.

Abgrenzung zu Six Sigma

Bei TQM werden Projekte nicht systematisch ausgewählt, und das Verfahren wird neben der täglichen Arbeit angewendet. Außerdem bezieht es sich auf einzelne Prozesse und fokussiert nicht so systematisch auf die Kundenanforderungen wie Six Sigma. TQM wird eher als aufzeichnendes und kontrollierendes Vorgehen beschrieben, das nicht streng quantitativ orientiert ist. Zudem existieren unterschiedliche, von den ausführenden Unternehmen abhängige Interpretationen des Ansatzes, so dass nicht immer einer eindeutigen Methode gefolgt wird. Schliesslich zielt TQM auf die schrittweise Verbesserung der Qualität ab, während Six Sigma auf durchgreifende Qualitätsverbesserungen abhebt.

1.1.2.4 Kaizen

Kaizen stammt ebenfalls aus Japan (Kai = Veränderung, Zen = zum Besseren), wird häufig auch „Kontinuierlicher Verbesserungsprozess" (KVP) genannt und zielt wie Six Sigma auf Prozessverbesserung ab. Im Kern des Ansatzes steht der Mitarbeiter, dessen Fähigkeiten zur ständigen Verbesserung der Geschäftsabläufe im Einklang mit den Unternehmenszielen aktiviert werden sollen. Verschiedene Leitlinien sollen prozessorientiertes Handeln fördern (z. B. Prozesse beherrschen, verbessern und erhalten, zielgerichtet arbeiten, zusammenarbeiten usw.). Zur Umsetzung der Leitlinien werden vier Methoden eingesetzt: Zielvereinbarung, „5A" (aufräumen, aussortieren, Arbeitsplatz sauber halten, allgemeine Standards erarbeiten, Abmachungen einhalten), Suche nach Verschwendung (von Ressourcen) und Problemen im Unternehmen und Einsatz des Deming-Kreises (siehe 1.1.2.1). Die Mitarbeiter werden in Gruppen organisiert und von Moderatoren angeleitet, Prozesse kontinuierlich zu verbessern.

Abgrenzung zu Six Sigma

Bei Kaizen bzw. KVP kümmert sich die breite Masse der Mitarbeiter um die kontinuierliche Verbesserung des eigenen Prozessabschnitts in kleinen, stetigen Schritten. Bei Six Sigma hingegen werden temporäre Projekte zu Themen aufgesetzt, die vom Management zuvor bestimmt wurden. Die Mitarbeiter werden bei Kaizen als Experten für ihre Arbeit verstanden, die den besten Einblick in die jeweiligen Probleme haben und daher passende Lösungen entwickeln können. Ein wichtiges Element dieses Ansatzes ist das betriebliche Vorschlagswesen.

1.1.2.5 Business Process Reengineering

Business Process Reengineering (BPR) oder auch „Geschäftsprozessneugestaltung" entstand in den 1990er-Jahren in den USA und stellt das grundlegende Überdenken des Unternehmens und seiner Abläufe in den Vordergrund. Es zielt auf einen radikalen Wandel durch völlige Neugestaltung der relevanten Prozesse ab – im Gegensatz zur Geschäftsprozessoptimierung, die nur einzelne Prozesse effizienter gestalten will. Der Top-Down-Ansatz wird nur von einigen Mitarbeitern und Beratern im Unternehmen angewandt und stellt folgende Grundfragen: 1. „Warum machen wir das überhaupt?" und 2. „Wie würde das Unternehmen aussehen, wenn wir heute neu anfangen könnten?"

Business Process Reengineering vertritt die Auffassung, dass Unternehmen sich auf ihre Kernkompetenzen konzentrieren und aktuelle Informationstechnologie zur Prozessunterstützung intensiv nutzen sollten. Mithilfe von IT-Tools und integrierten Arbeitsabläufen soll die Ablösung von alten organisatorischen Prozessen vollzogen werden. BPR orientiert sich folglich an entscheidenden Geschäftsprozessen, die auf den Kunden ausgerichtet werden müssen.

Abgrenzung zu Six Sigma

Ein wichtiges Ziel von BPR ist das Einsparen von Personal durch Neuordnung der Organisation. Die bei Mitarbeitern vorhandenen Lösungspotenziale werden allerdings nur in geringem Maße genutzt. BPR ist keine strukturierte Methode und konzentriert sich stark auf den Einsatz von Informationstechnologie als Träger der organisatorischen Veränderung.

1.2 Definitionen und statistische Grundbegriffe

Six Sigma bedient sich statistischer Methoden. Daher ist das Verständnis statistischer Grundbegriffe unerlässlich, die im Folgenden überblicksartig erläutert werden. Detailliertere Ausführungen zu statistischen Grundlagen befinden sich im Kapitel zur Phase MEASURE (siehe Kapitel 3). Im Verlauf der Darstellung der Projektphasen befasst sich das Buch zudem tiefergehend mit der Anwendung der statistischen Methoden.

1.2.1 Variation und Mittelwert

Für die Bewertung der Güte von Prozessen wird häufig der Durchschnitt (arithmetischer Mittelwert) verwendet. Ein typisches Beispiel: „Im Durchschnitt sind die Lieferungen zu 85 Prozent pünktlich". Dieser Wert ist jedoch allein nicht als Qualitätskriterium geeignet: Denn für die Kundenzufriedenheit reicht es meist nicht aus, den Durchschnitt von Lieferzeiten oder anderen Merkmalen zu verbessern. Ein einfaches Beispiel verdeutlicht den Zusammenhang: Bei der Just-In-Time-Logistik benötigt der Kunde (z. B. ein Automobilhersteller) die garantierte Bauteillieferung innerhalb eines bestimmten Zeitraums. Für zu frühe Lieferungen stehen keine Lagerflächen bereit. Wird zu spät geliefert, kommt es zu Engpässen in der Produktion.

Alle Bauteile müssen folglich zuverlässig in dem erforderlichen Zeitfenster angeliefert werden: Ziel ist nicht die Minimierung der Lieferzeit (= Optimierung des Mittelwertes), sondern die Verringerung der Variation. Hier setzt die Six-Sigma-Methode an. Der zu verbessernde Geschäftsprozess wird dabei als mathematische Funktion beschrieben:

$$\underset{\text{Output-Variable}}{Y} = f(\underset{\text{Input-Variablen}}{X_1, X_2, X_3, \ldots, X_n})$$

Abb. 2. Unabhängige X wirken sich auf das abhängige Y aus

Y ist das Prozessergebnis (Output), die X-Variablen sind die Einflussfaktoren (Input), die das Ergebnis beeinflussen. Als Grundübel und Kennzeichen von unzuverlässigen Prozessen wird die Variation gesehen, wie im Beispiel die zu frühe oder zu späte Lieferung. Zur Steigerung der

Kundenzufriedenheit steht also das Ziel im Vordergrund, die Prozessvariation zu reduzieren. Die Verbesserung des Mittelwertes ist meist eine nachrangige Forderung.

Variation in Prozessen

Warum ist es wichtig, die Variation der Einflussfaktoren (X) zu kennen? Die Variationen (Streuungen) der X-Variablen wirken sich unmittelbar auf die Stabilität des Gesamtprozesses aus. Die Gesamtvariation des Prozesses ist die Summe der Einzelvariationen aller unabhängigen X-Variablen (siehe Abb. 3).

Die Variation ist nie gänzlich auszuschließen. Ziel ist es daher, diejenigen Einflussfaktoren zu identifizieren, deren Variationen einen besonders starken Einfluss auf das Gesamtsystem haben und es vom gewünschten Zielwert (Y) abbringen.

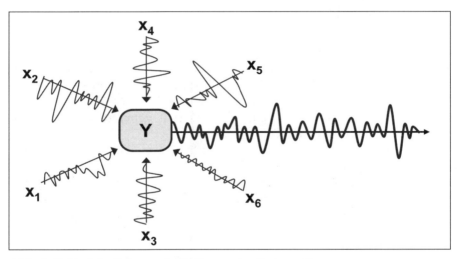

Abb. 3. Zahlreiche Faktoren beeinflussen den Prozess-Output

Die Variation ist ein zentrales Element innerhalb der Six-Sigma-Methode. Sie ist auch als „Stimme des Prozesses" zu sehen: Gelingt es, die Prozessvariation zu verstehen, können auch die wirklichen Gründe für die Streuung identifiziert, kontrolliert und beseitigt werden. Dabei werden die Ursachen in zwei Gruppen unterteilt: jene mit üblichen (also erwarteten, normalen und vorhersehbaren) Gründen für Abweichungen und jene mit speziellen (also unerwarteten, unsystematischen und nicht normalen) Gründen. Die üblichen Ursachen verursachen zumeist eine geringe Variation und können selten beeinflusst werden. Spezielle Ursachen hingegen sorgen oft für eine höhere Variation. Sie können beeinflusst werden – wenn man sie kennt.

Das grundsätzliche Vorgehen im Umgang mit der Variation lautet:

1. Das Übel der Variation erkennen:
   Der Kunde spürt die Streuung, den instabilen Prozess. Die Unzuverlässigkeit beeinträchtigt die Kundenzufriedenheit.
2. Die Variation analysieren:
   Ausmaß, Art (systematische oder zufällige Streuung) sowie Ursachen der Variation müssen ermittelt werden.
3. Den Prozess verbessern:
   Ziele sind eine ausreichend fehlerfreie Erfüllung der Kundenbedürfnisse und ein stabiler Prozess, der verlässlich und vorhersehbar ist.

1.2.2 Verteilungen

In der Statistik wird der Begriff „Verteilung" unterschiedlich verwendet. Zum einen ist er die Bezeichnung für die reale Häufigkeitsverteilung von Daten, also die Verteilung von gemessenen Werten. Zum anderen wird er auch im Zusammenhang mit Zufallsvariablen benutzt, um allgemein eine Population zu beschreiben, also eine nicht beobachtbare Grundgesamtheit. Eine Wahrscheinlichkeitsverteilung ist dabei eine Funktion, die Mengen von Ereignissen Wahrscheinlichkeiten ihres Auftretens zuordnet und damit Aussagen über die Grundgesamtheit zulässt. Eine der wesentlichen Aufgaben der Statistik besteht darin, von einer Stichprobe (also den gemessenen Werten) auf die unbekannte Grundgesamtheit (also die Wahrscheinlichkeitsverteilungen) zu schließen. Das heißt, wir messen nur einen kleinen Teil und schließen aus den Ergebnissen auf die Verteilung des Ganzen.

Ein Spezialfall und eine der wichtigsten und bekanntesten Verteilungen ist die Normalverteilung. Wie im folgenden Schraubenbeispiel erläutert ist die Normalverteilungskurve eine Verteilung, bei welcher der Zielwert (Erwartungswert) in der Mitte liegt und die typische Glockenkurve symmetrisch um den Zielwert nach außen hin abflacht. Die Kurve beschreibt dabei die Wahrscheinlichkeit, mit der ein bestimmter Wert einer Variablen (z. B. Bearbeitungsdauer) auftritt.

Werte in der Nähe des Zielwertes treten häufiger auf als Werte, die weiter davon entfernt liegen.

> **Ein Beispiel aus der Schraubenproduktion**
>
> Eine Maschine produziert Schrauben, welche im Mittel 9.8 cm lang sind. Die Maschine arbeitet jedoch nicht hundertprozentig genau, daher variiert die Länge der Schrauben leicht.
> Die Standardabweichung ist +/- 0.1 cm. Das heißt, ein Großteil der Schrauben wird zwischen 9.7 und 9.9 cm lang sein. In ganz seltenen Einzelfällen wird man jedoch eine Schraube finden, die eine deutlich höhere Abweichung hat und z. B. 11 cm lang ist.
> Nun ist es ist nicht möglich, alle Schrauben nachzumessen, um diese Werte zu erhalten. Daher wird nur ein Teil der Schrauben vermessen – in einer Stichprobe. Diese Stichprobe von z. B. 100 Schrauben liefert jedoch ein arithmetisches Mittel von 10 cm und eine Standardabweichung von 0.2 cm.
> Unterstellen wir der Schraubenproduktion eine Normalverteilung, so können wir diese aufgrund der Stichprobe näher bestimmen und für weitere Analysen nutzen. Nehmen wir an, dass die Spezifikationsgrenzen des Kunden bei 9.6 cm und 10.4 cm liegen. Wir erhalten dann einen Sigma-Wert von 2, da die Standardabweichung von 0.2 cm genau zweimal zwischen das arithmetische Mittel und die Spezifikationsgrenzen passt.

Einen ersten Hinweis auf die Streuung der gemessenen Werte gibt die Spannweite (die Differenz zwischen dem niedrigsten und dem höchsten Messwert). Auch lässt sich aus den Daten die Variation durch die Varianz und die Standardabweichung beschreiben. In Abb. 4 sind zwei Normalverteilungskurven mit unterschiedlicher Variation (Varianz) dargestellt: Die Variation ist bei der steilen Kurve geringer als bei der flacher verlaufenden. Der Wahrscheinlichkeitsbereich, also die Fläche unter der Kurve, bleibt unabhängig davon gleich (und zwar eins).

Was heißt das nun für den Kunden? Je steiler die Kurve ist (also je geringer die Variation), umso mehr Werte liegen innerhalb der von ihm akzeptierten Grenzen (Spezifikationsgrenzen, auch Leistungsgrenzen genannt). Diese Spezifikationsgrenzen (im Schraubenbeispiel 9.6 cm und 10.4 cm) werden vom Kunden definiert. Alle Produkte, die außerhalb dieser Spezifikation liegen, werden vom Kunden als fehlerhaft zurückgewiesen. Das heißt: je geringer die Variation, umso weniger Fehler treten in dem Prozess auf. Man vergleiche dazu auch Abb. 4: Man erkennt zwei Normalverteilungen, deren Erwartungswert gleich ist, die jedoch unterschiedliche Streuungen und daher unterschiedliche Verteilungen aufweisen. Ein Kunde wird mit der Ist-Normalverteilung nicht so zufrieden sein wie mit der Soll-Normalverteilung, da der Fehleranteil bei der „breiten" Kurve zu hoch ist.

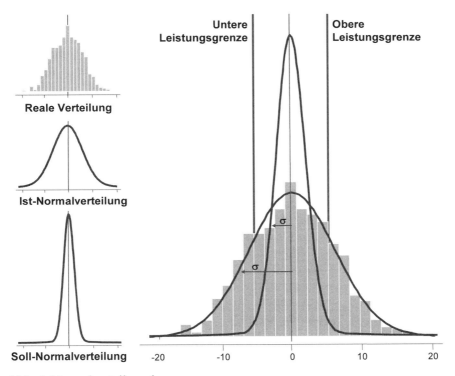

Abb. 4. Normalverteilungskurve

Um die Leistung eines Prozesses zu beurteilen, wird bei Six Sigma eine einfache Metrik angewendet: Man errechnet die Anzahl der Standardabweichungen (in Abb. 4 eingezeichnet), die zwischen den Zielwert und die Spezifikationsgrenzen „passen". Diese Anzahl ist der Sigma-Wert. Somit hat der Prozess mit der steileren Kurve (und dem kleineren σ) einen höheren Sigma-Wert als der Prozess mit der flacheren Kurve (und dem größeren σ). Ein Prozess hat sechs Sigma erreicht, wenn genau sechs Standardabweichungen dazwischenpassen. Wird in einem Six-Sigma-Projekt die Ursache für die Variation abgestellt, wird – bei gegebenen Spezifikationsgrenzen – der Sigma-Wert gesteigert und so der Fehleranteil verringert.

Definitionen	
Mittelwert	(auch: Erwartungswert, Durchschnitt) μ = Mittelwert der Grundgesamtheit oder $\bar{x}$ = arithmetisches Mittel aller Werte, die in der Stichprobe enthalten sind. Der Mittelwert wird errechnet, indem alle Stichprobenwerte addiert werden und diese Summe durch die Anzahl der Stichprobenelemente geteilt wird. Hinweis: Umgangssprachlich wird unter Mittelwert immer $\bar{x}$ verstanden.
Normalverteilung	(auch: Gauß'sche Verteilung) Verteilung von Werten in Form einer Glockenkurve. Eine Wahrscheinlichkeitsfunktion, die häufig dazu verwendet wird, um reale Verteilungen statistisch beschreiben und analysieren zu können.
Varianz	(auch: Variation, Streuung) σ^2 oder s^2; statistische Größe für die Variabilität. Die Wurzel aus der Varianz ist die Standardabweichung.
Standardabweichung	σ oder s; Maß für die Variabilität von Daten. σ ist das statistische Maß der Standardabweichung vom Mittelwert. Anders ausgedrückt: ein Maß für den durchschnittlichen Abstand eines Punktes vom Mittelwert. Vorteil von σ und s: Gleiche Maßeinheit wie μ bzw. $\bar{x}$. Als Wurzel aus der Varianz ist dieser Wert auch mit Einheit interpretierbar: Eine Varianz von 9 sek² ist schwer interpretierbar, eine Standardabweichung von der Wurzel aus 9 sek² = 3 sek schon.
Notation	Population (Grundgesamtheit): μ σ^2 σ Stichprobe: $\bar{x}$ s^2 s

1.2.3 Der Begriff "Six Sigma"

Methodisch steht hinter Six Sigma das Bestreben, Qualität mithilfe von Kennzahlen messbar zu machen. Mathematisch repräsentiert der griechische Buchstabe Sigma (σ) die Standardabweichung einer Grundgesamtheit (= Menge aller potenziellen Untersuchungsobjekte). Sigma ist also ein Indikator für die Abweichungen vom Mittelwert.

Nähme man den Namen wörtlich, so wäre es das Ziel jeder Six-Sigma-Initiative, eine Prozessfähigkeit von sechs Sigma zu erreichen. Dies würde bedeuten, zu 99.99966 Prozent fehlerfrei zu arbeiten. Diese Ausbeute an fehlerfreien Teilen wird auch Yield genannt. Ein Kunde bekommt bei einem Prozess mit sechs Sigma nur 3.4 Fehler pro eine Million Fehlermöglichkeiten zu spüren – ein sehr hohes Niveau! Allerdings kann das Ziel nicht für jeden Prozess sechs Sigma sein, das wäre oft nicht wirtschaftlich. Für jedes Projekt muss ein Zielwert definiert werden, der durch die Prozessverbesserung erreicht werden soll. Dieser kann unter oder sogar über sechs Sigma liegen. Als klassisches Beispiel kann der Luftverkehr dies verdeutlichen:

Der Frankfurter Flughafen hatte im Jahr 2005 rund 500.000 Flugbewegungen (d. h. Starts und Landungen) und keine Abstürze. Hätte der „Flugbewegungsprozess" ein Sechs-Sigma-Niveau, so gäbe es jährlich im Schnitt 1.7 Unfälle – ein inakzeptabler Wert. Hier reichen sechs Sigma nicht aus. Anders bei der Gepäckbeförderung: Bei weltweit rund 2 Mrd. Flugpassagieren gehen jährlich rund 30 Mio. Gepäckstücke verloren. Das entspricht einem Sigma-Wert von ungefähr 3.7. Hier auf einem Sechs-Sigma-Niveau zu arbeiten, wäre unwirtschaftlich.

Sigma-Niveau	Anzahl Fehler pro 1 Mio. Fehlermöglichkeiten	Yield
1 σ	690,000	31 %
2 σ	308,537	69.2 %
3 σ	66,807	93.32 %
4 σ	6,210	99.379 %
5 σ	230	99.977 %
6 σ	3.4	99.99966 %

Abb. 5. Anzahl der Fehler für ausgewählte Sigma-Niveaus

Grundsätzlich gilt: Das Qualitätsniveau muss so hoch sein, wie der Kunde es akzeptiert – zu dem Preis, den er dafür zu bezahlen bereit ist. Es geht bei Six Sigma nicht um die Steigerung der Qualität um jeden Preis, sondern um die profitable Erfüllung der Kundenbedürfnisse!

Das Ziel eines Optimierungsprojekts nach Six Sigma ist die Reduktion der Fehlerquote. Wird ein Sechs-Sigma-Niveau erreicht, liegen 99.99966 Prozent der Fälle innerhalb der vom Kunden definierten und akzeptierten Leistungsgrenzen. Dies bedeutet, dass die Variation eines einzelnen Prozess- oder Produktmerkmals so gering ist, dass bei einer Million Fehlermöglichkeiten nur 3.4 Fehler auftreten.

Definition	
Sigma-Niveau	(auch: Sigma-Wert, Sigma-Leistungsfähigkeit, Z-Wert oder Sigma) Das Sigma-Niveau kann in eine Wahrscheinlichkeit/ Yield umgerechnet werden und ist eine Messgröße für die Leistungsfähigkeit eines Prozesses (Prozessfähigkeit), gemessen in Einheiten der Standardabweichung. Das Sigma-Niveau gibt Auskunft über die Wahrscheinlichkeit, dass ein Defekt auftritt.

1.3 Elemente von Six Sigma

Six Sigma ist eine Methode, die sowohl vollständig, als auch modular genutzt werden kann. Nicht bei allen Problemstellungen ist es sinnvoll, die gesamte Methodik anzuwenden – dennoch können einzelne Elemente gute Dienste erweisen.

Innerhalb von Six Sigma existieren verschiedene Verfahren, die abhängig von der Komplexität der Aufgabe und der verfügbaren Zeit zur Anwendung kommen.

Tool	Stand-Alone-Tool (auch SAT): Einzelne ausgewählte Werkzeuge kommen zum Einsatz, um punktuelle Verbesserungen zu erzielen.
QuickHit	Kurzform des DMAIC-Verfahrens, das angewandt wird, um schnelle, einmalige Effekte zu erzielen. Diese können dazu beitragen, Akzeptanz für eventuelle Neuerungen zu schaffen.
DMAIC	Define – Measure – Analyze – Improve – Control (= definieren, messen, analysieren, verbessern, steuern): Standardmethodik zur Verbesserung bestehender Prozesse. Dies ist die Methodik, die gemeinhin gemeint ist, wenn von Six Sigma die Rede ist (obwohl Six Sigma eigentlich mehr als DMAIC ist).
DFSS/DMADV	Design for Six Sigma / Design – Measure – Analyze – Design – Verify: Methode zur Entwicklung neuer Produkte und Prozesse.

In Abb. 6 wird gezeigt, wie die verschiedenen Instrumente abhängig von der Komplexität der Aufgabe und der zur Verfügung stehenden Zeit eingesetzt werden sollten.

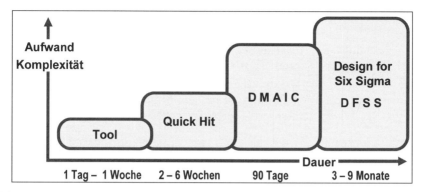

Abb. 6. Instrumente von Six Sigma

DMAIC ist die Six-Sigma-Methode zur Verbesserung bereits bestehender Prozesse, die nicht oder nicht in gewünschtem Maße die definierten Kundenanforderungen erfüllen. DMAIC wandelt ein reales in ein statistisches Problem um und ermittelt hierfür eine Lösung, die dann wiederum in eine reale Lösung transformiert wird.

DEFINE	Was ist das Problem?	Das Problem wird beschrieben und das Projekt wird gestartet.
MEASURE	Wie groß ist das zu beseitigende Problem wirklich?	Das praktische Problem wird in ein statistisches übersetzt. Messdaten werden erfasst.
ANALYZE	Wo liegen die Ursachen für das Problem?	Mithilfe der Messdaten werden die Grundursachen herausgearbeitet.
IMPROVE	Was ist die beste Lösung und was bringt diese ein?	Auf Basis der Grundursachen werden passende Lösungen entwickelt und verfeinert.
CONTROL	Wie kann die Nachhaltigkeit der Verbesserung sichergestellt werden?	Die Implementierung der Lösung wird angestoßen, und Steuerungsmechanismen zur Sicherstellung der Nachhaltigkeit werden definiert. Die Verantwortung für den Prozess wird an die Linienorganisation zurückgegeben.

1.4 Six-Sigma-Organisation

Bei den organisatorischen Aspekten sind drei Ebenen zu betrachten:
- Rollen innerhalb der Six-Sigma-Organisation
- Einbettung dieser Rollen in die Unternehmensorganisation
- Projektorganisation eines konkreten Six-Sigma-Projekts.

1.4.1 Rollen innerhalb der Six-Sigma-Organisation

In Anlehnung an fernöstliche Kampfsportarten werden die Rollen innerhalb von Six Sigma nach Gürtelfarben bezeichnet. Hierin soll der hohe Anspruch an Disziplin, Können und Präzision zum Ausdruck kommen, der von allen Beteiligten bei Six Sigma erwartet wird. In Abb. 7 sind die Six-Sigma-Rollen im Überblick dargestellt.

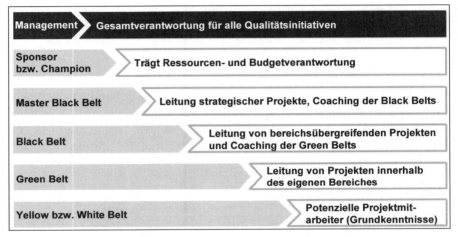

Abb. 7. Six-Sigma-Rollen

1.4.1.1 Management

Das Management ist i. d. R. der Initiator von Six-Sigma-Projekten. Ein erfolgreiches Six-Sigma-Projekt braucht einen Champion bzw. Sponsor (siehe unten) aus dem Management. Dies zeigt die Erfahrung aus verschiedensten Verbesserungsprojekten. Der Grad der Einbindung des Managements hängt jedoch stark vom Umfang und der strategischen Bedeutung des Projekts ab.

Als extremes Beispiel: Eine Einführung von Six Sigma im gesamten Unternehmen ist ohne die Unterstützung des Topmanagements undenkbar. Hier bezieht sich das Veränderungsprojekt auf die Einführung von Six Sigma selbst. Die Unternehmensleitung muss sich klar zu Six Sigma bekennen und die Vision im Unternehmen verbreiten. Ein Team aus Führungskräften ist für die Zielerreichung verantwortlich und genehmigt das Programm mit seinen Teilprojekten. Während des Six-Sigma-Projekts verfolgt das Management den Projektfortschritt – z. B. durch die Teilnahme an Lenkungsausschüssen – und erhält Projektberichte. Eine weitere wichtige Aufgabe ist die Begleitung der Six-Sigma-Ausbildung im Unternehmen und das Auszeichnen von Projektgruppen für erfolgreiche Verbesserungsprojekte.

Projektübergreifend ist das Management für die Auswahl von Black Belts zuständig und muss den Fortschritt der Umsetzung von Six Sigma im Unternehmen regelmäßig überprüfen. Kommunikation ist ebenfalls eine wichtige Aufgabe: Die Unternehmensleitung sollte bei verschiedenen Anlässen auf allen Ebenen für Six Sigma eintreten und sicherstellen, dass es bei relevanten Besprechungen thematisiert wird.

Bei vielen Verbesserungsprojekten ist die Einbindung des Topmanagements allerdings nicht zwingend erforderlich. Bei einem begrenzten Projekt, in dessen Rahmen ein Prozess mit überschaubaren Auswirkungen verbessert wird, reicht ein Sponsor oder Champion aus der mittleren Führungsebene in aller Regel aus.

1.4.1.2 Quality Leader/Programmmanager

In Unternehmen mit einer großen Six-Sigma-Organisation gibt es neben der Unternehmensleitung noch eine weitere Funktion, die zumeist als Stabsstelle organisiert ist – den Quality Leader. Dieser gibt Informationen an die Unternehmensleitung, hat Ergebnisverantwortung für den Quality-Bereich und sorgt für die interne Kommunikation rund um Six Sigma. Da Black Belts und Master Black Belts nur für einen begrenzten Zeitraum von 2-3 Jahren in der Quality-Organisation bleiben, obliegt es dem Quality Leader, das Quality Team permanent neu zu besetzen und die Weiterentwicklung der Methoden sicherzustellen.

1.4.1.3 Sponsor/Champion

Der Champion oder Sponsor eines Six-Sigma-Projekts identifiziert Projekte und stellt Ressourcen für deren Umsetzung zur Verfügung. Als Fürsprecher und Wissensquelle zugleich definiert er Projekte, die strategisch und inhaltlich mit den Unternehmenszielen konform sind. Er sorgt für die optimale Besetzung des Projektteams und stellt Black und Green Belts für die Projektarbeit frei. Er trägt ferner die Verantwortung für ein einzelnes Projekt und nimmt an Gremiensitzungen wie etwa dem Business Quality Council BQC (siehe Abschnitt 1.4.2.1) teil. Es ist wichtig, dass sich der Champion in der für das Projekt angemessenen hierarchischen Position befindet. Er sollte bei Problemen oder Engpässen genügend Entscheidungsbefugnis haben, um das Projektteam wirksam unterstützen zu können.

Im Verlauf der Projektarbeit nimmt der Sponsor/Champion an Sitzungen des Lenkungsausschusses teil und ist für die inhaltliche Abnahme von Toll Gates (Steering Committee, Toll Gates, siehe Abschnitt 1.4.3) verantwortlich. Im Falle von Widerständen gibt er dem Projektleiter Rückendeckung (z. B. bei Ressourcenengpässen) und sorgt bei Bedarf für die Beseitigung von Hindernissen. Er vertritt die Projektergebnisse der Unternehmensleitung gegenüber und sorgt für die Implementierung der Quick Wins und Lösungen.

1.4.1.4 Master Black Belt

Master Black Belts (MBB) sind hochqualifizierte Experten, die ihr Wissen an andere Belts weitergeben. Der MBB ist Veränderungsmanager, Trainer und Ausbilder, der 100 Prozent seiner Arbeitszeit auf Six Sigma verwendet. Er ist für die laufende Weiterentwicklung von Six-Sigma-Werkzeugen zuständig und regt den Wissensaustausch zwischen Black Belts an. Des Weiteren wählt er zukünftige Black Belts aus, coacht und trainiert sie. Master Black Belts leiten nur noch strategische und sehr umfassende Six-Sigma-Projekte selbst.

1.4.1.5 Black Belt

Black Belts (BB) sind Vollzeit-Verbesserungsexperten im Unternehmen, die bereichsübergreifende Projekte größeren Volumens leiten und Projektteams führen. Auch sie sind zu 100 Prozent für Six Sigma im Einsatz. In einem Projekt überwacht der BB den Fortschritt und das Budget des Projektes. Er verantwortet die Projektdokumentation. Er leistet den Wissenstransfer zu anderen Black Belts und zu Green Belts. Letztere werden von ihm gecoacht. Außerdem führt er Schulungen, wie etwa Quality Awareness Trainings (QAT), für die Mitarbeiter im Unternehmen durch.

Black Belts sind umfassend geschult und erfüllen vielfältige Anforderungen. Sie sollten im Unternehmen ein Netzwerk zum Wissensaustausch über Six Sigma aufbauen sowie durch kundenorientiertes Verhalten und begeisterungsfähiges Auftreten überzeugen. Black Belts besitzen vertiefte statistische Kenntnisse, den Blick für wirtschaftliche Zusammenhänge und sehr gute analytische Fertigkeiten. Neben der Fähigkeit, komplexe Problemstellungen zu lösen, muss ein Black Belt auch Veränderungen durchsetzen und einführen können. Häufig gelten Black Belts als Anwärter auf zukünftige Führungspositionen.

1.4.1.6 Green Belt

Green Belts (GB) werden meist aus dem unteren Management rekrutiert (z. B. Einkäufer, Meister, Ingenieure) oder sind Spezialisten, die über detaillierte Prozesskenntnisse verfügen. Sie leiten einfache Prozessoptimierungsprojekte innerhalb ihres Arbeitsumfeldes selbst oder Teilprojekte in Zusammenarbeit mit einem Black Belt. Green Belts wenden rund ein Viertel ihrer Arbeitszeit für Six-Sigma-Projekte auf. Sie integrieren die Six-Sigma-Methode in ihre tägliche Arbeit, erhalten aber keine vertiefte Ausbildung in den Methoden der Statistik und des Veränderungsmanagements. Green Belts werden durch erfahrene Black Belts oder Master Black Belts während ihres ersten Projekts begleitet. Die statistischen Auswertungen und die Beratung zum Veränderungsmanagement leistet ein Black Belt.

1.4.1.7 Weitere Beteiligte

In Six-Sigma-Projekten werden noch weitere Akteure eingebunden, die spezielle Aufgaben haben:

Financial Analyst	Auch: Net Benefit Controller. Mitarbeiter aus der Controllingabteilung, der die Projektergebnisse als neutrale Instanz kontrolliert. Er ist Ansprechpartner für alle finanziellen Aspekte des Projekts. So schätzt er den zu erwartenden Net Benefit (= finanzieller Nutzen des Projekts abzüglich der Lösungskosten) zu Projektbeginn ein und prüft den errechneten Wert zum Ende des Projekts.
Expert on Demand	Experte, der fallweise hinzugezogen wird, wenn es um fachspezifische Kenntnisse geht, die im Projekt benötigt werden.
Alle Mitarbeiter	Manchmal auch Yellow oder White Belts genannt: Mitarbeiter aus allen Bereichen, die bestimmte Elemente von Six Sigma in ihrem Arbeitsumfeld anwenden. Sie können in Projekten mitarbeiten, den Black und Green Belts zur Hand gehen und Six Sigma in ihren Alltag übertragen. Quality Awareness Trainings (QAT) erzeugen das Grundverständnis für Six Sigma bei möglichst allen Mitarbeitern im Unternehmen.

1.4.2 Einbettung von Six Sigma in das Unternehmen

Six Sigma kann auf unterschiedliche Weise eingeführt werden. GE wählte seinerzeit den Weg, die Methode fast simultan im gesamten Unternehmen einzuführen. Dies hat einige Vorteile: klarer Top-Down-Ansatz, Unterstützung durch die Unternehmensführung, Einheitlichkeit von Sprache und Kennzahlen im gesamten Unternehmen.

Viele Unternehmen scheuen jedoch die damit verbundenen Kosten oder wollen eine Methode nicht gleich im gesamten Unternehmen einführen, ohne zu verifizieren, ob sie für das Unternehmen wirklich geeignet ist. Häufig wird Six Sigma in diesen Unternehmen deshalb innerhalb einer Abteilung oder Region in einem Pilotprojekt eingeführt. Dabei werden die ersten Black und Green Belts ausgebildet und Projekterfahrungen gesammelt. Außerdem werden Erfahrungen gewonnen, auf die dann bei der Einführung im gesamten Unternehmen zurückgegriffen werden kann.

Wiederum andere, gerade kleine und mittelständische Unternehmen, bilden nur einen oder zwei Black Belts aus und lassen die neu gewonnenen Erkenntnisse in laufende Prozessverbesserungsprojekte einfließen. So entwickeln sie Schritt für Schritt Kompetenzen, die anschließend auf größere Six-Sigma-Projekte angewendet werden können.

Jeder Ansatz hat Vor- und Nachteile. Für den Erfolg der Einführung ist es entscheidend, denjenigen Ansatz zu wählen, der zum Unternehmen und seiner Historie passt. Ohne eine breite Akzeptanz im Unternehmen ist Six Sigma lediglich „yet another quality program". Durchschlagende Erfolge werden ausbleiben. Abb. 8 veranschaulicht Zeitbedarfe und Aufwände der verschiedenen möglichen Implementierungsstufen von Six Sigma im Unternehmen.

Bei der Einbindung von Six Sigma in eine Unternehmensorganisation sind verschiedene Aspekte zu beachten bzw. Fragen zu beantworten. Diese können unterteilt werden in organisatorische, mitarbeiterbezogene und finanzielle Faktoren.

Bei den organisatorischen Fragen ist etwa zu erwägen, ob es eine eigene Six-Sigma-Abteilung geben und an welcher Stelle in der Organisation sie platziert werden soll – sicherlich ist diese Entscheidung unter anderem abhängig von der Unternehmensgröße. Hieran schließt sich die Frage nach der benötigten Anzahl der verschiedenen Belts (MBB, BB und GB) und nach den Gremien zur Steuerung der Six-Sigma-Organisation an.

In Bezug auf die Mitarbeiter stellt sich die Frage, ob und in welcher Form Six Sigma Teil der Karrierepfade und auch der Zielstrukturen des Managements werden soll. Es ist festzulegen, in welchen Unternehmensbereichen Green Belts ausgebildet werden und wie lange Mitarbeiter in der Six-Sigma-Organisation tätig sein sollen. Ferner ist zu bedenken, wie geeignete Kandidaten identifiziert werden und wie sie nach ihrer Six-Sigma-Tätigkeit einzusetzen sind.

Abb. 8. Reifegradmodell der Einführung von Six Sigma

Finanzielle Fragestellungen sind schließlich, welche Net-Benefit-Ziele es pro Projekt und insgesamt pro Jahr gibt und wer den Net Benefit pro Projekt ermittelt. Schließlich ist auch die wichtige Frage zu klären, ob der Net Benefit Eingang in das Vergütungssystem finden soll: ob und in welcher Form z. B. variable Gehälter vom Net Benefit eines Six-Sigma-Projekts abhängen sollen.

Im Folgenden werden die übergreifende Six-Sigma-Organisation und die konkrete Projektorganisation erläutert. Abb. 9 zeigt den Zusammenhang zwischen den beiden Ebenen.

1.4.2.1 Business Quality Council

Das Business Quality Council (BQC) ist die übergeordnete Instanz, die Projekte beauftragt und abnimmt. Es besteht aus der Unternehmensführung (CEO, CFO usw.), dem Quality Leader, Master Black Belts (MBB und Bereichsleitern. Der Quality Leader organisiert und leitet dieses Gremium. Das BQC entscheidet, welche Quality-Projekte durchgeführt werden und legt die Projektorganisation fest. Auch die Projektergebnisse werden vom BQC abgenommen. Für jeweils die Dauer eines Jahres nach Projektabschluss werden die Projekterfolge gemessen und regelmäßig an das BQC berichtet.

1.4.2.2 Six Sigma Council

Das Six Sigma Council (SSC) besteht aus dem Quality Leader und den Master Black Belts, sie sichern gemeinsam den richtigen Einsatz der Six-Sigma-Methode im Unternehmen. Das SSC nimmt die Ergebnisse jeder Projektphase aus allen DMAIC-Projekten methodisch ab (in sogenannten Toll Gates) und entscheidet gemeinsam mit den betroffenen Abteilungen, welche Green-Belt-Projekte durchgeführt werden. Außerdem übernimmt es die Abnahme dieser Projekte.

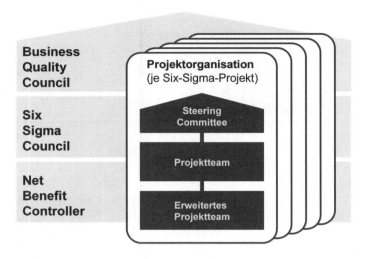

Abb. 9. Six-Sigma-Organisation und Projektorganisation

1.4.3 Projektorganisation

Die Organisation eines jeden Six-Sigma-Projekts besteht aus den folgenden Gruppen:

Gruppe	Besteht aus	Aufgaben
Steering Committee (auch: Lenkungsausschuss)	Champion, also dem Manager des Bereichs des Process Owners (Prozesseigner) und Führungskräften aller betroffenen Bereiche	Steuert das Projekt, nimmt Zwischenergebnisse ab. Es Überprüft die Umsetzbarkeit in den betroffenen Bereichen, gibt die grundlegende Richtung vor und wählt die zu verbessernden Prozesse aus. Bewilligt Ressourcen zur Umsetzung der erarbeiteten Lösungsvorschläge.
Projektteam	Projektleiter (Black Belt ggfs. Master Black Belt oder Green Belt und Teammitgliedern	Führt das Projekt durch.
Erweitertes Projektteam	Mitarbeitern aus betroffenen Bereichen	Bringt bedarfsweise Expertenwissen ein.

Steuerungsinstanzen

Von der Idee über den konkreten Projektvorschlag und die Durchführung bis zur Berechnung des Nutzens wirken die projektübergreifenden und projektbezogenen Steuerungsinstanzen zusammen: Das BQC stellt bereits vor Projektbeginn sicher, dass die Projektidee mit den Zielen und der Vision des Unternehmens im Einklang steht. Es beauftragt das Projekt und nimmt es ab, wird aber während des Projektverlaufs nur auf Anfrage aktiv. Das Six Sigma Council achtet vor allem auf methodische Aspekte, d. h. ob die Six-Sigma-Methode korrekt angewandt wurde. Das Steering Committee hingegen ist für projektinterne Entscheidungen und die korrekte inhaltliche Ausrichtung des Projekts zuständig. Nach Abschluss des Projekts übergibt das Steering Committee die Ergebnisse an die davon betroffenen Bereiche. Die Einrichtung eines Reportingsystems stellt die Nachhaltigkeit der Prozessverbesserungen sicher. Abb. 10 zeigt das Zusammenspiel der übergreifenden und projektbezogenen Controllinginstanzen.

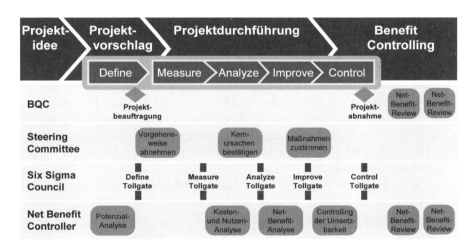

Abb. 10. Zusammenspiel der Controllinginstanzen

Am Ende jeder Phase des DMAIC-Vorgehens befinden sich Kontrollpunkte, sogenannte Toll Gates. Hier überprüft das Six Sigma Council den Projektfortschritt kontinuierlich und stellt mithilfe von Checklisten gleichzeitig sicher, dass die erforderlichen Schritte in jeder Phase eingehalten wurden. Jeder dieser Meilensteine dient dazu, den Projektverlauf stets mit der Vision und den Zielen des Unternehmens abzugleichen. Die Toll Gates sind Sollbruchstellen im Projektverlauf, also

Zeitpunkte, an denen über die Weiterführung des Projekts entschieden wird. An jedem Toll Gate kann entschieden werden, das Projekt zu stoppen. Dies kann der Fall sein, wenn sich z. B. Rahmenbedingungen geändert haben, die das Projekt überflüssig machen oder ein komplett neues Aufsetzen des Projekts erfordern. Mithilfe der Toll Gates sollen „Projektleichen" vermieden werden: Projekte, deren Ergebnis bereits im Projektverlauf obsolet wurde, beispielsweise durch Umstrukturierungen innerhalb des Unternehmens.

1.5 Projektauswahl und -vorbereitung

Die Auswahl der richtigen Projekte ist der entscheidende Schritt für den Erfolg einer Qualitätsinitiative nach Six Sigma. Dabei sind die Größe der Projekte und die Anzahl der parallel laufenden Projekte die wichtigsten Einflussfaktoren.

Six Sigma kann nur auf Prozesse angewandt werden, die messbar sind. Sowohl das Problem als auch das Ziel der Verbesserung und natürlich das Projektergebnis müssen messbar sein. Das gilt unabhängig davon, ob sich dies z. B. in Geld-, Fehler- oder Zeiteinheiten oder im Kundenzufriedenheitsgrad ausdrückt.

Projektideen können auf unterschiedliche Weise generiert werden: Externe Quellen sind spontane Rückmeldungen von Kunden, das Beschwerdemanagement oder Umfragen bei Kunden und Lieferanten. Interne Quellen für Projektideen können Brainstormings oder interne Analysen sein. Durch den Abgleich von Unternehmenszielen mit der tatsächlichen Situation können ebenfalls Projektideen entstehen. Hierbei ist zu beachten, dass Six Sigma sich nicht für kurzfristige Problemlösungen eignet. Des Weiteren ist zu überlegen, ob und welche anderen Prozesse betroffen sein könnten und wer an diesen beteiligt ist.

Mögliche Themen für Six-Sigma-Projekte sind:
- Erlössteigerungen, z. B. durch höhere Produktqualität oder einen verbesserten Angebotsprozess
- Kostensenkungen:
  - Direkte Einsparungen im Produktionsprozess, z. B. durch Verminderung von Ausschuss, Reduktion von Nacharbeiten bei Fehlern oder durch Reduktion der Durchlaufzeiten
  - Indirekte Einsparungen in unterstützenden Prozessen, z. B. bei der Qualitätssicherung, im Einkauf, im Backoffice oder der Abrechnung

- Projekte, die aus strategischen Gründen durchgeführt werden, aber keinen quantitativ messbaren Net Benefit bewirken, z. B. Erhöhung der Mitarbeiter- oder Kundenzufriedenheit

Die Projektarbeit bindet immer Ressourcen und erzeugt oft Instabilität im Unternehmen. Es ist daher äußerst wichtig, bereits bei der Projektauswahl strukturiert vorzugehen. Erfahrungsgemäß werden häufig Projekte gestartet, für die Six Sigma nicht die geeignete Methode ist.

Ein hilfreiches Schema, das Kriterien für DMAIC-Projekte abfragt und eine eindeutige Entscheidung für oder gegen ein Projekt ermöglicht, zeigt Abb. 11.

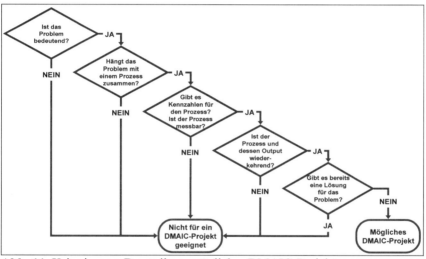

Abb. 11. Kriterien zur Beurteilung möglicher DMAIC-Projekte

Praxistipps zur Projektauswahl

- Erstellen Sie eine Liste mit Projektideen (z. B. mithilfe von Interviews mit den Bereichsleitern und dem Vorstand Ihres Unternehmens).
- Für jede Projektidee:
  - Analysieren Sie die Kundenanforderungen genau.
  - Analysieren Sie die betroffenen Unternehmensbereiche.
  - Analysieren Sie die vom Projekt möglicherweise beeinflussten Prozesse.
  - Beschreiben Sie das Problem und die Zielsetzung genau sowie

> hinterlegen Sie dies mit Zahlen, Daten und Fakten.
> - Lassen Sie das Potenzial der Verbesserung schätzen (z. B. Umsatzsteigerung, Kostensenkung, Mitarbeiter- und Kundenzufriedenheit).
> - Bewerten Sie jeden Punkt und stellen Sie eine Rangfolge auf.
> - Stellen Sie sicher, dass die Projekte in die Unternehmensstrategie passen.
> - Skizzieren Sie einen Projektvorschlag (Project Proposal) für jedes dieser Projekte.
> - Vermeiden Sie „Weltverbesserungsprojekte"!
> Projekte mit zu großem Umfang oder zu viele Projekte können eine Six-Sigma-Initiative schnell in Verruf bringen. Sind erste Erfolge realisiert, kann die Anzahl und Größe der Projekte gesteigert werden.
> - Optimieren Sie das Projektportfolio:
> Bei mehreren parallel laufenden Projekten sollte ein Gleichgewicht zwischen effizienzsteigernden bzw. kostensenkenden Vorhaben bestehen und solchen, die dem Kunden einen direkten Nutzen bringen.

1.5.1 Projektvorbereitung

Diese Phase könnte auch „Pre-DEFINE" genannt werden, denn sie ist die Vorstufe zur ersten Phase im DMAIC-Verfahren. Und sie braucht Zeit. Hier wird geklärt, welche Personen und sonstigen Ressourcen benötigt werden: Wer wird gebraucht, um den Erfolg des Projekts zu garantieren? Ein Erfolgsfaktor ist ein Team, das aus möglichst wenigen, dafür aber stark involvierten Mitarbeitern, besteht. Die optimale Gruppengröße hängt zwar deutlich vom jeweiligen Projekt ab, jedoch hat sich in der Praxis eine Kernteamgröße von vier bis sechs Personen am besten bewährt. Dieses Team wird mehr Erfolg bringen als viele Personen, die nur mittelbar zum Projekt beitragen können – sowohl zeitlich als auch inhaltlich.

Vorgespräche mit der Unternehmensleitung sichern deren Unterstützung für das Projekt. Dem Management sollte dabei klar werden, was geschieht, wenn das Projekt nicht durchgeführt würde. Natürlich sollte es auch erfahren, wie das Projekt die derzeitige Situation (selbstverständlich zum Besseren!) verändern wird. Wichtig ist es hier, nach konkreten Kennzahlen zu suchen, die geändert werden können. Man sollte sich also bereits vor Beginn des eigentlichen Projekts auf Zahlen konzentrieren.

1.5.2 Managemententscheidung und Projektbeauftragung

Um den Projektauftrag zu erhalten, sind noch einige letzte Schritte hilfreich. Ist die Projektidee entwickelt und der Projektleiter bestimmt, muss ein Projektantrag (Project Proposal) erstellt und das Projekt im Business Quality Council (siehe Abschnitt 1.4.2.1) vorgestellt werden. Wenn das BQC die Freigabe dafür erteilt hat, kann das Projekt beginnen.

Abb. 12. Pre-DEFINE – der Weg zum Six-Sigma-Projekt

1.6 Zusammenfassung

Das zentrale Ziel von Six Sigma besteht darin, Kundenwünsche auf profitable Weise zu erfüllen. Dies geschieht mittels des erprobten und weltweit erfolgreichen Werkzeugkastens DMAIC. Zur Umsetzung von Six-Sigma-Projekten ist eine entsprechende organisatorische Einbettung innerhalb des Unternehmens vonnöten. Bereits vor Beginn eines Projekts muss die Projektidee sauber ausgearbeitet werden. Six Sigma ist jedoch viel mehr als „noch eine weitere Qualitätsmethode"; es ist ein Weg zur konsequenten Ausrichtung eines Unternehmens auf die Anforderungen seiner Kunden.

Mit diesem Bewusstsein wenden wir uns nun dem eigentlichen Projektablauf DMAIC zu:

DEFINE – MEASURE – ANALYZE – IMPROVE – CONTROL

DEFINE
Kunden definieren, Kundenstimme einfangen und Projekt etablieren

1. Auswählen der Projekt-CTQs
- Wer ist der Kunde?
- Einholen der Voice of the Customer (VOC)
- Umwandlung in messbare Kriterien (CTQ)
- Priorisierung der CTQs

Voice of the customer (VOC)	Kundenbedürfnis (Problem, Bedarf, Sorge)	Output-Charakteristikum
Die Reparaturen dauern zu lange	Senkung der durchschnittlichen Reparaturdurchlaufzeit	Durchschnittliche Reparaturdurchlaufzeit
Wir haben zu viele Langläufer-Reparaturen	Steuerung der Reparaturen	Anzahl Vorgänge, die aktives Eingreifen erfordern (Dauer >20 Werktage)
Es gibt keine Informationen über den Stand der Reparatur	Bereitstellung von Informationen zu Reparaturstatus	Anzahl der Anfragen bez. Reparaturstatus
Die Ersatzteil- oder Pool-Bestände (Lager) sind zu hoch	Niedrigere Bestände	Anzahl von Teilen, die gekauft wurden, während ein identisches Teil im Reparaturprozess war

2. Erstellen der Project Charter
- Business Case
- Problem Statement
- Goal Statement (SMART)
- Scope (In/Out of Frame)
- Team Roles
- Milestones

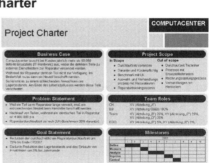

3. Prozessbeschreibung auf der Makroebene: SIPOC

Prozessüberblick und Beauftragung des Projekts

2 DEFINE

Die DEFINE-Phase ist der grundlegende Schritt im DMAIC-Prozess, in dem das Verständnis für die Projektinhalte und deren Auswirkungen entsteht. Nachdem in der Projektvorbereitungsphase (siehe Abschnitt 1.5.1) aus den Unternehmenszielen eine Projektidee abgeleitet wurde, gilt es nun, die Ziele des Vorhabens zu präzisieren und in konkrete Erfolgsfaktoren umzuwandeln. Die Bedeutung der DEFINE-Phase ist nicht zu unterschätzen: Was hier nicht berücksichtigt, definiert und verstanden wurde, kann später nur schwerlich sinnvoll gemessen, analysiert, verbessert und kontrolliert werden.

DEFINE gibt Antwort auf folgende Fragen: Was sind die Anforderungen unserer Kunden? Was wollen wir mit dem Verbesserungsprojekt erreichen? Wie sieht der aktuelle Prozess aus? Die Kernfrage lautet also: Was ist das Problem?

Daher ist die stringente Bearbeitung der einzelnen Schritte innerhalb von DEFINE besonders wichtig.

Folgendes ist hier zu tun

- Den Kunden identifizieren, die Stimme des Kunden (Voice of the Customer, VOC) einholen, Kundenanforderungen messbar machen und die aktuelle Unternehmenssituation anhand vorliegender Zahlen und Daten erfassen
- Die Project Charter entwickeln
- Den zu verbessernden Prozess darstellen

2.1 Auswählen der wichtigsten CTQs

Der Filterprozess von der häufig zunächst unpräzisen Voice of the Customer (VOC) bis hin zu den Project Ys – jenen messbaren Kriterien, an denen später der Projekterfolg gemessen wird – ist in Abb. 13 dargestellt und wird in den folgenden Abschnitten erläutert.

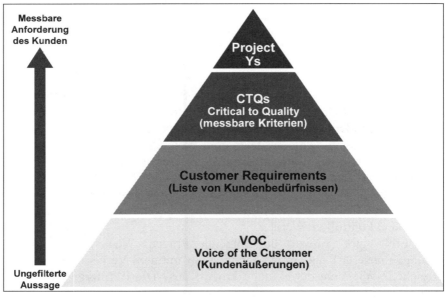

Abb. 13. Von der VOC über die CTQs zu den Project Ys

2.1.1 Wer ist der Kunde?

Um die Stimme des Kunden einzufangen, ist zunächst zu bestimmen, wer überhaupt der Kunde des zu untersuchenden Prozesses ist. Der Begriff „Kunde" ist dabei im übertragenen Sinne zu verstehen und kann auch einen internen Abnehmer eines Prozessoutputs bezeichnen. Gleichzeitig stellt die Wortwahl klar, dass ein interner Empfänger den gleichen Anspruch auf Qualität hat wie ein externer Kunde. Hier muss auch gefragt werden, wie der Kunde den Prozess wahrnimmt, was er von ihm benötigt, um seine eigenen Prozesse durchzuführen und worauf er bei der Messung der Prozessleistung achtet. Eine „Outside-In-Sichtweise" gewährleistet außerdem, dass der Prozess in seiner Gesamtheit und nicht etwa aus interner Unternehmenssicht – und damit unvollständig – betrachtet wird.

Zunächst sind also Kunden aufzulisten, die von dem Prozess etwas erwarten bzw. beziehen. Diese werden dann segmentiert (z. B. regional, nach Umsatz, Branche) und möglichst genau beschrieben. Denn nicht jede

Kundengruppe hat die gleichen Bedürfnisse und nicht jeder Kunde hat die gleiche wirtschaftliche Bedeutung für das Unternehmen.

2.1.2 Einholen der Voice of the Customer

Gemäß ihrer Zuordnung zu einem bestimmten Segment liefern die verschiedenen Kundengruppen ihre Voice of the Customer (VOC), also ihre Bedürfnisse. Diese „Stimme des Kunden" kann durch verschiedene Methoden ermittelt werden, etwa durch Fokusgruppen, Umfragen, Marktanalysen u. ä. Auch ein gut auswertbares Beschwerdemanagement kann wichtige VOCs liefern – schließlich erhebt der Kunde nirgendwo anders seine Stimme so deutlich wie bei seinen Beschwerden.

Das Einsammeln der Kundenstimmen geschieht in aller Regel nicht „aus dem Nichts" – häufig liegen schon Aussagen vor (etwa im bereits erwähnten Beschwerdemanagement oder in früher durchgeführten Befragungen). Es ist zu prüfen, inwieweit diese Stimmen für das aktuelle Projekt hilfreich sein können – unnötiger Aufwand für den Kunden und das Projektteam kann so vermieden werden.

Beim Sammeln der Kundenstimmen sollten Sie einige Hinweise beachten:
- Eine persönliche Sichtweise oder Voreingenommenheit der Person, welche die Kundenstimme einsammelt, kann das Ergebnis verfälschen.
- Welche Beziehung besteht zu dem befragten Kunden?
- Wie sehen die zeitlichen Beschränkungen aus?
- Welches Budget ist verfügbar?
- Wie genau müssen die Ergebnisse sein, um mit dem Projekt fortfahren zu können?
- Stellen Sie sicher, dass die Kundenerwartungen zu den Absichten und Aktivitäten des Unternehmens passen.

Verschiedene Werkzeuge bzw. Methoden zum Sammeln von Kundenstimmen liefern unterschiedliche Ergebnisse. Entscheidungsfaktoren zur Auswahl eines Tools sind z. B. die Frage, ob das Tool wirklich neutrale, statistisch messbare Ergebnisse liefert oder wie aufwendig die Ermittlung der Kundenstimmen durch eine bestimmte Methode ist. Weitere Kriterien sind die Neutralität der Daten, die mit einem Tool ermittelt werden können, oder die Geschwindigkeit, mit der die Kundenstimmen verfügbar und anwendbar gemacht werden können.

In Abb. 14 weden die Vor- und Nachteile von verschiedenen Methoden dargestellt.

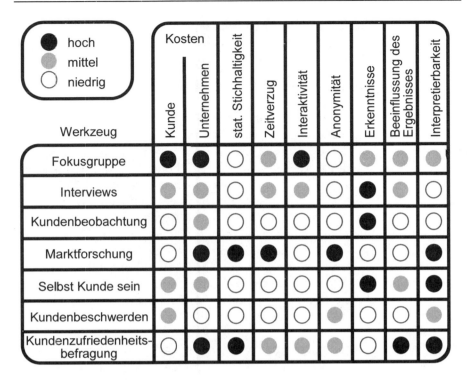

Abb. 14. Vergleich von Methoden zum Sammeln von Kundenstimmen

Je mehr VOCs ermittelt werden, desto mehr müssen sie der Übersichtlichkeit halber zusammengefasst bzw. gruppiert werden – etwa nach Themen, Produkten, Kundensegmenten oder nach betroffenen (Teil-)Prozessen. So entsteht eine sortierte Liste von Anforderungen (Customer Requirements). Diese liegen jedoch noch nicht in quantifizierbarer, also messbarer Form, sondern i. d. R. als Beschwerden oder qualitative Aussagen vor (etwa: „Nie erreiche ich jemanden an der Hotline!").

2.1.3 Umwandlung in messbare Kriterien

Im nächsten Schritt werden die Kundenstimmen (VOC) in spezifische, messbare Outputkriterien „übersetzt". Diese spezifischen Kundenanforderungen werden „Critical to Quality" (CTQ) genannt: Sie beschreiben ein Merkmal eines Prozesses, Produkts oder Systems, das sich direkt auf die vom Kunden wahrgenommene Qualität auswirkt. Hier kommt es also darauf an, die Messbarkeit zu gewährleisten. Lautet eine Kundenstimme etwa: „Es dauert sehr lange, bis ich bei einem Anruf bei Ihrer Hotline mit einem Kundenbetreuer verbunden werde.", so würde die messbare Charakteristik des Outputs die Wartezeit in Sekunden definieren, die maximal verstreichen darf, bis der Kunde einen Gesprächspartner erhält. Dabei ist vor allem zu klären, ab welcher Dauer eine Wartezeit als „lang" gilt.

Die Übersetzung von VOCs in messbare Kriterien erfolgt in zwei Schritten. Zunächst wird die ungefilterte Aussage des Kunden analysiert: Was ist das tatsächliche Problem des Kunden? Was will er wirklich? Daraus resultiert das Kundenbedürfnis.

Nun lassen sich messbare Aussagen formulieren. Dazu wird im zweiten Schritt gefragt, welche messbaren Faktoren anzeigen können, ob das jeweilige Kundenbedürfnis erfüllt wird: das Output-Charakteristikum. Auch die Frage nach der Messbarkeit selbst ist hilfreich: Wird es möglich sein, dieses CTQ objektiv zu erfassen und zu messen?

Den Zusammenhang zeigt Abb. 15 anhand des Beispielprojekts zur Reparaturdurchlaufzeit (der Kunde ist in diesem Fall eine interne Abteilung). In einigen Fällen kann als Schritt vor dem Output-Charakteristikum noch eine zusätzliche Spalte hilfreich sein: die Zielbeschreibung der spezifischen Anforderung.

Voice of the customer (VOC)	Kundenbedürfnis (Problem, Bedarf, Sorge)	Output-Charakteristikum
Die Reparaturen dauern zu lange	Senkung der durchschnittlichen Reparaturdurchlaufzeit	Durchschnittliche Reparaturdurchlaufzeit
Wir haben zu viele Langläufer-Reparaturen	Steuerung der Reparaturen	Anzahl der Vorgänge, die ein aktives Eingreifen erfordern (Dauer >20 Werktage)
Es gibt keine Informationen über den Stand der Reparatur	Bereitstellung von Informationen zum Reparaturstatus	Anzahl der Anfragen bez. Reparaturstatus
Die Ersatzteil- oder Pool-Bestände (Lager) sind zu hoch	Niedrigere Bestände	Anzahl von Teilen, die gekauft wurden, während ein identisches Teil im Reparaturprozess war
Ungefilterte Aussage des Kunden	Was ist das tatsächliche Problem des Kunden? Was will der Kunde?	Messbare Anforderung in Abstimmung mit dem Kunden

Abb. 15. VOC-Übersetzungsmatrix

Abschließend müssen die so ermittelten CTQs nochmals mit dem Kunden abgeglichen werden: Beschreiben sie wirklich, was sich der Kunde wünscht? Denn: Eine fehlerhafte Interpretation der Kundenstime kann fatale Folgen für den Projekterfolg haben. Auch ein Abgleich mit den zuvor erhobenen Umfragedaten sollte zu diesem Zeitpunkt vorgenommen werden.

2.1.4 Priorisierung der CTQs

Kein Projekt kann unzählige CTQs gleichzeitig in Angriff nehmen. Daher sind nun im letzten Schritt der CTQ-Auswahl diejenigen Anforderungen auszuwählen, an deren Erfüllung der Projekterfolg gemessen werden kann: die sogenannten Project Ys (siehe Abschnitt 1.2.1).

Eine nützliche Methode zur Priorisierung der wichtigsten CTQs, die im Projekt bearbeitet werden sollen, ist das Kano-Modell. Dr. Noriako Kano entwickelte es 1978 an der Universität Tokio und stellte damit ein Werkzeug zur Verfügung, mit dessen Hilfe Kundenbedürfnisse in drei Kategorien unterteilt und deren Auswirkungen auf die Kundenzufriedenheit erklärt werden können. Abb. 16 zeigt das Kano-Modell.

Die drei Kategorien beim Kano-Modell sind:
- Grundforderungen („Dissatisfiers" oder „Must be"). Sie verkörpern Kriterien, die ein Produkt, eine Dienstleistung oder ein Prozess unbedingt erfüllen muss. Bietet die angebotene Leistung diese Kriterien nicht, so ist der Kunde unzufrieden. Sind die Kriterien vorhanden, wird der Kunde jedoch nicht explizit zufrieden sein (womöglich merkt er gar nicht, dass die Anforderung erfüllt ist), sondern lediglich nicht unzufrieden sein. Beim Kauf eines Bürorechners wären die Grundanforderungen vermutlich die Leistungsfähigkeit des Prozessors und die Festplattengröße. In unserem Beispiel zur Reparaturdurchlaufzeit ist dies eine akzeptable Durchlaufzeit.
- Leistungsforderungen („Satisfiers" oder „More is better"). Der Zufriedenheitsgrad verhält sich proportional zum Erfüllungsgrad der Anforderung: Je höher der Erfüllungsgrad, desto zufriedener ist der Kunde. Sie beseitigen Unzufriedenheit und schaffen Zufriedenheit. In der Regel werden Leistungsforderungen vom Kunden ausdrücklich verlangt. Oft stellt der Preis in dieser Kategorie ein wichtiges Kriterium dar: Je weniger der Kunde für ein Mindestmaß an Leistung bezahlt, desto zufriedener ist er in der Regel. Am Beispiel des Bürocomputers könnten Satisfiers die Ausstattung mit einer Netzwerkkarte oder einem bestimmten Betriebssystem sein.
- Begeisterungsforderungen („Delighters"). Diese Produktkriterien haben den höchsten Einfluss auf die Zufriedenheit des Kunden. Sie werden

vom Kunden in der Regel nicht erwartet und auch nicht explizit formuliert. Ihr Ausbleiben erzeugt allerdings auch kein Gefühl der Unzufriedenheit. Im Bürocomputer-Beispiel sind Begeisterungsfaktoren vermutlich ein besonders umfangreiches Servicepaket oder ein spezielles, zur Einrichtung passendes Design. Im Beispiel zur Reparaturdurchlaufzeit könnte es sich dabei z. B. um die Möglichkeit handeln, den Fertigstellungstermin genau vorherzusagen.

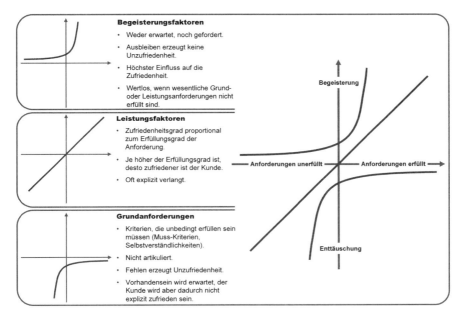

Abb. 16. Das Kano-Modell

Im Zeitverlauf können Anforderungen die Kategorie wechseln: Was früher noch ein Begeisterungsfaktor war, kann zu einem Leistungsfaktor und in der Folge sogar zu einer Grundanforderung werden. Bei Computern wäre das z. B. die WLAN-Fähigkeit, die heute von Laptops standardmäßig erwartet wird. Das Ausmaß der Kundenzufriedenheit hängt also nicht linear vom Erfüllungsgrad der einzelnen Kriterien ab, sondern ergibt sich aus den drei Kategorien zusammen.

Sehr viele Prozessverbesserungsaktivitäten konzentrieren sich auf die Leistungsfaktoren, weil davon ausgegangen werden kann, dass Unternehmen die Grundanforderungen von Kunden bereits erfüllen.

Zusammenfassend gilt: Je grundlegender die Anforderung ist, desto höher ist die Priorität des CTQ. Und: Meist sind Begeisterungsfaktoren bei Six-Sigma-Projekten nicht relevant. Sollen nur Begeisterungsfaktoren verbessert werden, ist ein solches Projekt in der Regel weder nötig noch empfehlenswert. Auch wäre es wenig sinnvoll, Begeisterungsfaktoren zu verbessern, wenn Defizite bei einer Leistungsanforderung oder gar einer Grundanforderung bestehen. Begeisterungsfaktoren können jedoch durchaus im Rahmen von Six-Sigma-Projekten quasi nebenbei entwickelt werden.

2.2 Erstellen der Project Charter

Zum Abschluss der DEFINE-Phase ist eine Komprimierungsleistung vonnöten: In knapper Form müssen die Rahmenbedingungen und Ziele des Verbesserungsprojektes in knapper Form festgehalten werden. Die bisher ermittelten Daten fließen in ein zentrales Dokument ein, die Project Charter. Alternative Bezeichnungen dafür sind Team Charter, Project Proposal, Projektauftrag, Projektblatt, Aufgabenblatt oder Projektdefinition – wie auch immer es genannt wird, es enthält folgende Elemente:

Business Case (Situation)	Wie ist der aktuelle Zustand des Unternehmens und des Kunden bezogen auf das zu behandelnde Problem? Was passiert, wenn das Projekt nicht durchgeführt wird?
Problem Statement (Problem)	Was ist der Auslöser für das Projekt? Welche Probleme haben dazu geführt, es aufzusetzen?
Goal Statement (Ziele, Nutzen)	Was soll mit dem Projekt erreicht werden? Welcher Prozess soll verbessert werden? Welcher zusätzliche Umsatz oder Gewinn kann durch das Projekt erzielt werden? Können Kosten eingespart werden, und welchen zusätzlichen (nicht-finanziellen) Nutzen stiftet das Projekt?
Project Scope (Projektgrenzen)	Was wird behandelt und was nicht? In welchem inhaltlichen Rahmen bewegt sich das Projekt?
Team Roles (Personen)	Wer ist der Initiator des Projekts? Wer arbeitet im Projektteam mit? Wer ist für den aktuellen und zukünftigen Prozess verantwortlich und erhält nach dem Abschluss die Ergebnisse?
Zeitrahmen	Bis wann soll das Projekt abgeschlossen sein?

2.2.1 Funktionen der Project Charter

Dass die Project Charter auch häufig „Team Charter" genannt wird, verdeutlicht ihre Kommunikationsfunktion: Sie definiert die Mission des Teams und den Fokus des Projekts. Sie vermittelt dadurch allen Teammitgliedern die Projektausrichtung. Nicht zuletzt stellt sie auch einen Vertrag zwischen Champion und Projektteam dar.

Dokumentation

Als Dokumentationsinstrument hält die Project Charter die Erwartungen an das Projekt und den Projektfokus (In & Out of Scope) fest. Außerdem dokumentiert sie die projektspezifische Unternehmenssituation als Ausgangssituation sowie die konkrete Problembeschreibung. Schließlich enthält sie die spezifische und messbare Zielbeschreibung, das Projektteam mit Verantwortlichkeiten und Rollen sowie den Zeitplan mit den wichtigsten Meilensteinen.

Orientierungshilfe im Projektverlauf

Die Project Charter ist ein wirkungsvolles Werkzeug zur Festlegung der gemeinsamen Marschrichtung im Team. Mit ihrer Hilfe kann überprüft werden, ob die verabschiedeten Zielvorstellungen wie geplant verfolgt werden und ob sich das Team immer noch innerhalb der gesetzten Grenzen (inhaltlich wie zeitlich) bewegt.

Kommunikationswerkzeug

Als Kommunikationsinstrument enthält die Project Charter alle wesentlichen Informationen auf einem Blatt. Diese Komprimierung ermöglicht neuen Teammitgliedern und Experts on Demand einen schnellen Einstieg in die Thematik.

Vertrag zwischen Sponsor und Team

Die Project Charter dient ferner als Abkommen zwischen dem Champion und dem Projektteam. Beide Seiten können sich auf die Inhalte dieses Abkommens berufen.

2.2.2 Bestandteile der Project Charter

Die Project Charter ist die Landkarte des Projekts und erklärt das zu bearbeitende Problem in sachlicher, strukturierter und messbarer Form. Die Project Charter enthält die wichtigsten beschreibenden Daten des Vorhabens und wird bei Bedarf im Zeitverlauf aktualisiert: So behalten alle Teammitglieder die Ziele und den Projektstatus im Blick.

Business Case

Der Business Case (Unternehmenssituation) wird i. d. R. vom Projektleiter beschrieben und mit dem Champion abgestimmt. Im Zentrum steht dabei die Notwendigkeit des Projekts. Er beantwortet die Frage nach der Ausgangssituation des Unternehmens vor Beginn des Projekts und zeigt auf, warum es gerade jetzt durchgeführt werden muss. Der Business Case schildert die Konsequenzen, mit denen zu rechnen ist, wenn das Projekt nicht durchgeführt wird und prüft, ob es im Einklang mit den allgemeinen Unternehmenszielen steht.

Hilfreiche Fragen zur Ermittlung des Business Case

- Warum sollte das Projekt durchgeführt werden und warum gerade jetzt?
- Welche Konsequenzen hätte es, wenn dieses Projekt nicht durchgeführt würde?
- Welche Priorität hat das Projekt im Vergleich zu anderen Aktivitäten oder konkurrierenden Projekten?
- Seit wann ist das Problem bekannt?
- Wodurch wurde man auf das Problem aufmerksam (z. B. durch eigene Messungen oder Input von Kunden, Herstellern oder Mitarbeitern)?
- Gab es interne Veränderungen, die das Problem ausgelöst haben (könnten)?
- Haben sich die Anforderungen an den Prozess verändert?
- Gab es bereits Versuche, das Problem zu lösen? Wenn ja, mit welchen Ergebnissen?
- Stimmt das Projekt mit den Unternehmensinitiativen und -zielen überein?

Problem Statement

Das Problem Statement (Problembeschreibung) charakterisiert den Kern des Problems – und zwar messbar und spezifisch. Hier ist darauf zu achten, dass keine Ursachen beschrieben, Schuldige benannt oder Vermutungen geäußert werden. Auch Ziele oder gar Lösungen sind hier noch nicht gefragt. Es geht einzig um eine präzise Beschreibung des Problems und seiner Symptome als Grundlage für das gemeinsame Verständnis.

> **Hilfreiche Fragen zur Ermittlung des Problem Statements**
>
> - Wann, wo und in welchem Ausmaß tritt das Problem auf?
> - Wo werden die Anforderungen des Kunden nicht erfüllt?
> - Welchen Umfang hat das Problem?
> - Welche negativen Auswirkungen (wie etwa Kosten, Kunden- oder Mitarbeiterunzufriedenheit) sind auf dieses Problem zurückzuführen?
> - Wie und an welcher Stelle im Prozess kann das Problem gemessen werden?
> - Gibt es bereits Erkenntnisse über Kosten, die das Problem verursacht? Wo und in welcher Form werden diese Informationen erfasst? Wie drückt sich das Problem in diesen Zahlen bzw. Daten aus?

Goal Statement

Das Goal Statement (Zielbeschreibung, Zieldarstellung) legt fest, welche Verbesserungen von dem Projekt innerhalb einer definierten Zeitspanne erwartet werden. Außerdem erläutert es die Auswirkungen des Projekts auf die Unternehmensziele. Bei der Entwicklung des Goal Statements hilft es, sich an die Formel SMART zu halten (siehe Abb. 17).

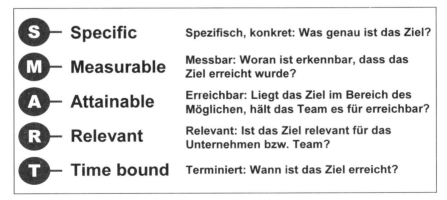

Abb. 17. SMART

Wichtig: Auf keinen Fall darf die Zieldarstellung bereits Lösungen oder Lösungsideen beinhalten. Denn es sollen innovative und kreative

Lösungen auf Basis einer genauen Problemanalyse erarbeitet werden. Ein DMAIC-Projekt ist ergebnisoffen. Wenn es bereits Lösungen gibt, ist der Aufwand für ein DMAIC-Verbesserungsprojekt überflüssig.

Hilfreiche Fragen zur Ermittlung des Goal Statements

- Welche Vorgaben oder Anforderungen gibt es für den Soll-Zustand? Wer äußert diese (Kunde, Unternehmensleitung, interner Kunde)?
- Gibt es vergleichbare Prozesse oder Bereiche innerhalb oder außerhalb des Unternehmens, an denen sich das Projektziel orientieren sollte?
- Wie drückt sich das Ziel in den Zahlen oder Daten aus, die auch das Problem beschreiben?
- Welche zeitlichen Vorgaben gibt es für die Erreichung des Zieles? Gibt es extern vorgegebene Terminvorgaben?
- Wie hoch ist der zu erwartende Nutzen?

Project Scope

Der Project Scope (Projektumfang) beschreibt Themen und Rahmenbedingungen des Projekts. Da er auch festhält, welche Themen nicht Gegenstand des Projekts sein sollen, liefert er eine klare und eindeutige Abgrenzung zu anderen Projekten. So erhält das Team ein gemeinsames Verständnis der Projektgrenzen.

Hilfreiche Fragen zur sinnvollen Abgrenzung des Project Scope

- Auf welchen Prozess konzentriert sich das Team?
- Wo liegen die Grenzen des zu verbessernden Prozesses, was ist der Anfangs- und was der Endpunkt?
- Wo liegen (sofern relevant) die Einflussgrenzen des Teams?
- Unter welchen Beschränkungen muss das Team arbeiten, welche zeitliche Verpflichtung ist den Teammitgliedern auferlegt?
- Sind bereits andere Projekte geplant oder gestartet, mit denen es Überschneidungen oder Konflikte geben könnte?
- Lässt sich das Problem gut eingrenzen (etwa auf einen Unternehmensbereich, eine Region bzw. einen Produkt- oder Servicetyp) oder

> hat es besonders weitreichende Auswirkungen?
> - Müssen einzelne Bereiche oder Prozesse von dem Projekt ausgenommen werden?

Ein geeignetes Werkzeug zur Ermittlung des Project Scope ist die Methode „In-the-Frame/Out-of-the-Frame". Durch Visualisierung über einen Bilderrahmen klären die Teammitglieder, welche Themen innerhalb und welche außerhalb des Projektrahmens liegen.

> **Praxistipps zur Methode In-the-Frame/Out-of-the-Frame**
>
> - Zeichnen Sie einen großen Bilderrahmen auf ein Flipchart, ein Whiteboard oder eine Moderationswand.
> - Im nächsten Schritt sammelt das Team auf Post-its oder Karteikarten – z. B. durch ein Brainstorming – Aspekte aus folgenden Bereichen: Zeitrahmen, Ressourcen, involvierte Bereiche und Ebenen, betroffene Prozesse, Resultate des Projekts, erforderliche Teammitglieder und Ressourcen.
> - Danach werden die Elemente innerhalb oder außerhalb des Rahmens angepinnt oder aufgeklebt. So erhalten Sie einen schnellen Überblick über den Scope des Projekts.
> - Elemente, die vom Team nicht eindeutig zugeordnet werden können, werden auf dem Rahmen befestigt und mit dem Champion oder möglichen Experten diskutiert, um eine Lösung herbeizuführen.

Das Ergebnis des SIPOC (d. h. Prozessanfang und -ende) wird zur Präzisierung der Project Charter nachträglich ergänzt (siehe Abschnitt 2.2.4).

Team Roles

Der Bereich „Team Roles" (Projektteam, Teamrollen) in der Project Charter gibt an, wer am Projekt beteiligt ist. Neben dem Projektleiter sowie den direkten und ständigen Teammitgliedern wird hier auch festgehalten, wer der Champion (Sponsor) des Projekts ist. Außerdem beantwortet dieses Kapitel die wichtige Frage nach den Ressourcen und in welchem Ausmaß sie zur Verfügung stehen. Ebenfalls verzeichnet sind Mitarbeiter, die fallweise hinzugezogen werden können: die Experts on Demand.

Milestones

Schließlich enthält die Project Charter einen groben Projektplan, also die Meilensteine des Projekts. In DMAIC-Projekten sind dies üblicherweise die geplanten Termine für den jeweiligen Abschluss der fünf Phasen DEFINE, MEASURE, ANALYZE, IMPROVE und CONTROL.

2.2.3 Beispiel für eine Project Charter

Die Project Charter des Beispielprojektes „Reparaturdurchlaufzeiten" ist in Abb. 18 dargestellt.

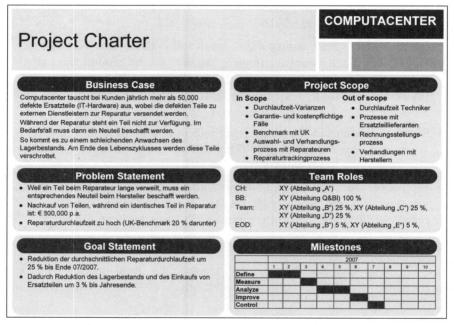

Abb. 18. Project Charter am Beispiel des Projekts „Reparaturdurchlaufzeiten"

2.2.4 Prozessbeschreibung auf der Makroebene: SIPOC

Um ein Six-Sigma-Projekt sauber aufzusetzen, sind Anfang und Ende des zu betrachtenden Prozesses, die Prozessschritte mit ihren Inputs (Eingangsfaktoren) und Outputs (Ergebnissen) eindeutig festzulegen.

Hierzu ist es ausreichend, den Prozess auf einer Makroebene (High Level) zu betrachten – also nicht detailliert, sondern auf die wichtigsten

Prozessschritte reduziert. Zur Darstellung des Prozesses ist der SIPOC ein hilfreiches Instrument.

SIPOC steht für: Supplier – Input – Process – Output – Customer. Der SIPOC stellt den Prozess im Zusammenhang mit seinen Vorbedingungen, Beteiligten und Ergebnissen dar.

Wichtig: Betrachten Sie die Prozessschritte aus Kundensicht! Die interne Sicht ist hier nicht relevant. Außerdem müssen hier tatsächlich gelebte Prozesse und nicht etwa Soll-Prozesse dokumentiert werden. Für den Fall, dass in verschiedenen Abteilungen oder Regionen unterschiedliche Prozesse für den gleichen Output angewandt werden, muss für jede dieser Prozessvarianten ein SIPOC erstellt werden.

Definitionen	
Supplier	Lieferanten, die Input für den Prozess bereitstellen
Input	Materialien, Ressourcen oder Daten, die für die Ausführung des Prozesses notwendig sind
Process	Reihe von Schritten oder Aktivitäten, die zu einem gewünschten Resultat (Output) führen sollen
Output	Ergebnisse eines Prozesses, also etwa Zwischenziele oder Teilergebnisse. Das können Produkte oder Dienstleistungen sein, aber auch weitere Prozesse, Pläne oder Ressourcen.
Customer	Interner oder externer Kunde, der den Output des Prozesses erhält

Um einen SIPOC zu erstellen, sollten die folgenden Schritte im Team erarbeitet werden: Zunächst wird der zu überprüfende Geschäftsprozess eindeutig definiert. Hierzu ist es unerlässlich, innerhalb des Projektteams Übereinstimmung zu Prozessanfang und -ende zu erzielen – die Diskussion darüber dauert oft überraschend lange, ist aber für das gemeinsame Verständnis wichtig. Der Prozess sollte eindeutig bezeichnet werden. Im nächsten Schritt werden mithilfe eines Brainstormings (siehe auch Abschnitt 5.1.1.1) die relevanten Prozessschritte ermittelt. Im Sinne einer Makrobetrachtung sollte der Prozess fünf bis maximal sieben Schritte enthalten. Sollten sich im Verlauf des SIPOC mehr Prozessschritte ergeben, dann ist das Aggregationsniveau nicht hoch genug, d. h., das Team betrachtet den Prozess zu detailliert. In der DEFINE-Phase ist es unbedingt erforderlich, sich auf die Makrobetrachtung zu beschränken. Eine detaillierte Prozessanalyse wird zu gegebener Zeit in der ANALYZE-Phase vorgenommen.

52 DEFINE

Zuweilen wird der SIPOC auch COPIS genannt, um die Rolle des Kunden stärker zu betonen. In jedem Fall wird zuerst der Output aus Kundensicht identifiziert. Danach werden die Empfänger des Outputs (= Kunden) ermittelt und die Lieferanten mit ihren Inputs bestimmt. Die Benennung des Tools ist daher zweitrangig – wichtig ist, dass Start und Ende des Prozesses und die wirklich wichtigen Schritte aus Kundensicht dargestellt werden.

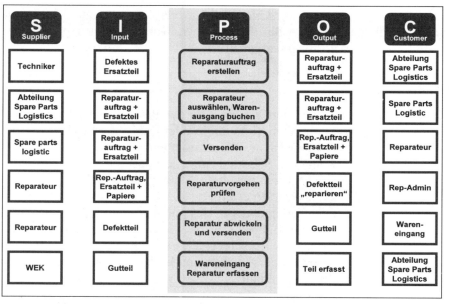

Abb. 19. Beispiel für SIPOC anhand des Reparaturprozess-Projektes

---

Praxistipps zur Prozessbeschreibung/SIPOC

- Im ersten Schritt sollten Sie Prozessschritte auf Karteikarten oder Post-its notieren. Wichtig: Notieren Sie nur einen Schritt pro Karte und verwenden Sie aktive Verben, also z. B. „Auftrag annehmen" anstatt „Auftragsannahme". Die korrekte Formulierung ist wichtig, weil die Tätigkeiten dadurch eindeutig definiert werden.
- Legen Sie noch keine Reihenfolge fest und besprechen Sie die Prozessschritte nicht im Detail.
- Sobald alle Schritte notiert sind, bringen Sie diese in die richtige Reihenfolge. Sollten mehr als sieben Schritte ermittelt worden sein, fassen Sie diese in Kategorien zusammen und benennen diese Gruppen.

- Die Bezeichnung einer Kategorie ist üblicherweise einer der Makro-Prozessschritte.
- Stellen Sie hier noch keine Subprozesse oder Ja/Nein-Verzweigungen dar. Dieser Schritt folgt in der ANALYZE-Phase.

Abschließend wird die Project Charter angepasst und – falls erforderlich – zwischen dem Team und dem Prozesseigner diskutiert, um das Erarbeitete zu verifizieren.

Der Nutzen des SIPOC ist vielfältig. Zum einen zwingt er das Team dazu, sich mit den Inputs der Lieferanten und den Kunden der Prozessschritt-Outputs zu beschäftigen. Er schafft außerdem ein gemeinsames Verständnis über den Prozess und sorgt so für Transparenz; das Team wird involviert. Des Weiteren dient er in komplexen Projekten als wirkungsvolles Instrument, um den Project Scope einzugrenzen und sich auf die wesentlichen Prozessschritte zu fokussieren. In der MEASURE-Phase hilft er bei der Identifikation von Messpunkten.

2.3 Zusammenfassung der Projektphase DEFINE

Die erste Phase im DMAIC-Vorgehen ist entscheidend für das Verstehen der Projektinhalte und deren Auswirkungen. In der DEFINE-Phase wurde ein Kunde identifiziert und seine Stimme (VOC) in messbare Kriterien (CTQ) umgewandelt. Die aktuellen Unternehmensdaten wurden ermittelt und analysiert. Es wurde eine Project Charter erarbeitet, die wichtige Aspekte wie Problem, Ziel und Umfang des Projektes enthält. Außerdem wurden finanzielle und Soft Benefits des Projektes geschätzt. Der Prozess wurde auf Makroebene mittels des SIPOC dargestellt. Mit diesen Kenntnissen geht es nun in die MEASURE-Phase.

MEASURE

Ein Messsystem erarbeiten, Messwerte erheben und Prozessleistung berechnen

4. Wichtigste Outputmesskriterien auswählen

- CTQ Tree
- Quality Function Deployment (QFD)
- Messpunkte festlegen

5. Datenerfassung planen und durchführen

- Vorbereitung Datenerfassungsplan
- Datenarten
- Operationale Definition
- Messsystem-Analyse
- Stichprobe
- Strategie der Stichprobenerhebung
- Messung durchführen
- Lagemasse und Varianz
- Grafische Darstellung

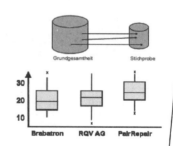

6. Aktuelle Prozessleistung berechnen

$$DPMO = \frac{D}{N \times O} \times 1.000.000$$

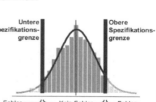

- Normalverteilung
- Stetige/diskrete Daten
- First pass versus Final Yield
- Kurzfristig versus langfristig

Messwerte und Prozessleistung

3 MEASURE

In der MEASURE-Phase besteht die Hauptaufgabe darin, zunächst die Messung der tatsächlichen Prozessleistungsfähigkeit gründlich vorzubereiten und die Messung entsprechend durchzuführen.

Auf Basis der in DEFINE ermittelten CTQs sind nun die Outputmesskriterien zu präzisieren. Diese stehen hier im Vordergrund, weil sie Schlüssel zum Verstehen der Prozessleistung sind: Das Projektteam muss verstehen, worin genau der Prozessoutput besteht und welche Messkriterien für den Kunden eingesetzt werden sollen. Nur so kann es in den weiteren Schritten Rückschlüsse auf die zu verändernden Inputfaktoren ziehen. Wenn die Messkriterien präzise ermittelt wurden, kann an ihnen abgelesen werden, inwieweit der Prozess die Kundenbedürfnisse erfüllt.

Die zweite Phase im DMAIC-Prozess beantwortet also folgende Fragen: Was genau wollen wir messen? Wie ist das Ziel am besten zu messen und welche Arten von Daten haben wir? Wie gut oder schlecht läuft der aktuelle Prozess? Die Kernfrage für diese Phase lautet: Wie groß ist das zu beseitigende Problem wirklich?

Folgendes ist hier zu tun

- Kundenanforderungen vervollständigen. Dabei werden Outputwerte und Zielleistung des Prozesses sowie Spezifikationsgrenzen und Fehlerdefinitionen festgelegt.
- Den Datenerfassungsplan entwickeln.
- Die aktuelle Prozessleistung (d. h. den Sigma-Wert) berechnen.

Es ist in besonderer Weise darauf zu achten, dass die Messungen sorgfältig ausgewählt und präzise vorbereitet werden, um ihren Nutzen zu gewährleisten – davon hängt der Projekterfolg entscheidend ab. Es geht hier nicht darum, möglichst viele Daten zu erheben, sondern um die richtigen Daten, die zur Verbesserung des Prozesses notwendig und sinnvoll sind.

3.1 Die wichtigsten Outputmesskriterien auswählen

Aus dem generischen Kundenbedürfnis wurde in der DEFINE-Phase zunächst eine spezifischere Beschreibung des aus Kundensicht wichtigsten Outputmerkmals ermittelt. In der MEASURE-Phase sind nun die dazugehörigen messbaren Kriterien – Outputmesskriterium, Zielwert, Spezifikationsgrenzen und Fehlerdefinition – zu erarbeiten und durch den Kunden mit Werten zu ergänzen. Nur wenn das Projektteam versteht, welche Leistung für den Kunden akzeptabel ist und wie er einen Fehler definiert, kann die Prozessleistung aus der Sicht des Kunden beurteilt werden.

Folgende Definitionen gelten für die messbaren Kriterien:

Definitionen	
Outputmesskriterium	Das wichtigste messbare Kriterium aus der Sicht des Kunden, z. B. die Zeitspanne zwischen Bestellung und Lieferung, die Durchlaufzeit eines Prozesses oder das Maß eines Produktes (Gewicht, Durchmesser usw.).
Zielwert	Wert, den der Prozess oder das Merkmal erfüllen muss.
Spezifikationsgrenzen	Leistungsvorgabe für den Prozess oder ein Merkmal, deren Über- oder Unterschreiten als nicht akzeptabel gilt.
Fehlerdefinition	Beschreibung eines Fehlers bezogen auf das Abweichen von den Spezifikationsgrenzen.

Zur Umwandlung in messbare Kriterien dient der CTQ Tree (CTQ-Baum). Einen CTQ Tree zeigt Abb. 20 am Beispiel des Projektes zur Reduzierung der Reparaturdurchlaufzeit.

Die wichtigsten Outputmesskriterien auswählen 57

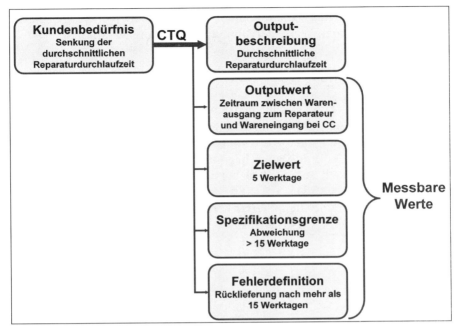

Abb. 20. CTQ Tree

Wichtig: Der CTQ Tree wird im Dialog mit dem Kunden erarbeitet. Hier ist der Kunde gefordert: Er teilt mit, welche Toleranzgrenzen er zu akzeptieren bereit ist und was er als Fehler definiert.

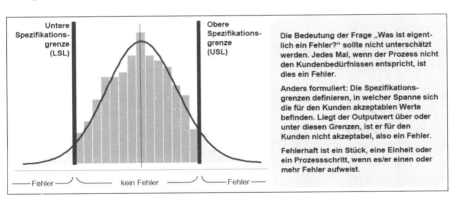

Abb. 21. Fehler

Um zu einem späteren Zeitpunkt den Sigma-Wert des Prozesses, also die Prozessleistung, zu berechnen, ist noch ein weiterer Wert notwendig: die Fehlermöglichkeit. Sie ist definiert als die Gesamtzahl aller in einem

Prozess überhaupt möglichen Fehler. Verschiedene Werkzeuge helfen dabei, diese messbaren Werte der Outputbeschreibung zu ermitteln.

3.1.1 Requirement Tree

Der Requirement Tree (Bedürfnisbaum) eignet sich insbesondere bei komplexen Prozessen mit vielen Abhängigkeiten bzw. Einflussfaktoren, da er die Informationen über Kundenbedürfnisse in logische Hierarchien strukturiert. Der Bedürfnisbaum beginnt mit den allgemeinen Kundenbedürfnissen, die sich aus dem zu betrachtenden Prozess ergeben. Diese bilden die Hauptäste des Baumes. Im nächsten Schritt werden die Hauptbedürfnisse immer detaillierter heruntergebrochen, bis man alle Einflussfaktoren auf den CTQ erfasst hat.

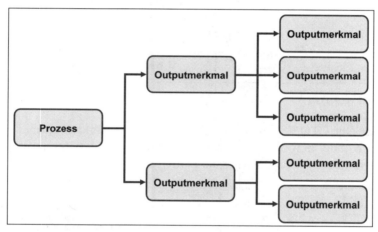

Abb. 22. Requirement Tree

3.1.2 Quality Function Deployment

Quality Function Deployment (QFD) ist ein strukturiertes Instrument zur Entwicklung von Produkten und Dienstleistungen auf Basis von Kundenanforderungen. Hier wird QFD dazu verwendet Messkriterien zu erarbeiten, die am besten geeignet sind die CTQs abzubilden. Mit QFD werden Messkriterien zu den Kundenbedürfnissen erarbeitet und deren Priorität ermittelt.

Diese Zusammenhänge zeigt Abb. 23 am Beispiel des Projektes zur Reduzierung der Reparaturdurchlaufzeit.

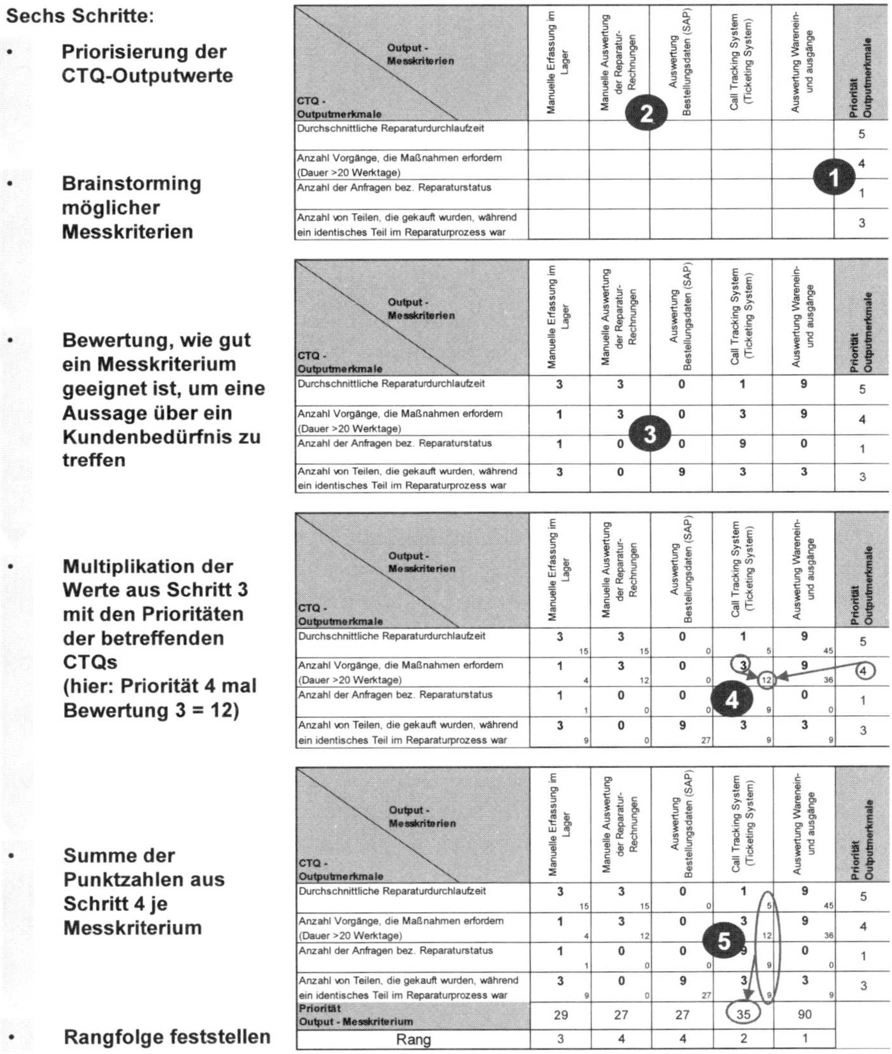

Die wichtigsten Outputmesskriterien auswählen   59

Sechs Schritte:

- **Priorisierung der CTQ-Outputwerte**

- **Brainstorming möglicher Messkriterien**

- **Bewertung, wie gut ein Messkriterium geeignet ist, um eine Aussage über ein Kundenbedürfnis zu treffen**

- **Multiplikation der Werte aus Schritt 3 mit den Prioritäten der betreffenden CTQs (hier: Priorität 4 mal Bewertung 3 = 12)**

- **Summe der Punktzahlen aus Schritt 4 je Messkriterium**

- **Rangfolge feststellen**

Abb. 23. Quality Function Deployment

Für viele CTQs ist das geeignete Messkriterium offensichtlich. Bei anderen hingegen kann die Suche schwierig sein. Kreativtechniken wie Brainstorming helfen hier meist weiter. Für viele Messkriterien stellen beispielsweise ERP-Systeme passende Daten bereit. In anderen Fällen stehen aber keine Daten zur Verfügung, d. h. es muss wirklich gemessen werden. In jedem Fall ist es empfehlenswert, viele mögliche Messkriterien in Erwägung zu ziehen und in der QFD zu bewerten – oft können durch geschickte Kombination und kreative, unkonventionelle Ideen Aufwände bei der Messung reduziert werden.

> **Vorgehensweise bei QFD**
>
> (siehe Abb. 23)
> - Tragen Sie in die Zeilen die wichtigsten CTQs aus Kundensicht ein.
> - Priorisieren Sie die CTQs auf einer Skala von 1 (niedrige Priorität) bis 5 (hohe Priorität).
> - Führen Sie ein Brainstorming durch mit dem Ziel, möglichst viele Messkriterien für die CTQs zu erhalten.
> - Tragen Sie die Messkriterien in die Spalten ein.
> - Tragen Sie an den Schnittstellen von Messkriterien und Kundenbedürfnissen den Zusammenhang zwischen beiden Werten ein. Hierzu ist die folgende Fragestellung hilfreich: „Wie gut ist das Messkriterium geeignet, um eine Aussage über das Kundenbedürfnis zu treffen?" Verwenden Sie hierzu die folgenden Gewichtungen: stark (9 Punkte), mittel (3 Punkte), schwach (1 Punkt) oder gar kein Zusammenhang (0 bzw. kein Eintrag). Wichtig: Verwenden Sie besser die Gewichtungen 9–3–1 und nicht etwa eine Skala von 1 bis 10. Diese Vorgehensweise ist hilfreich, um signifikante Unterschiede in der Bewertung zu erzeugen.
> - Führen Sie die Bewertung so lange durch, bis für jedes CTQ mindestens eine 9 in der Zeile steht. Gegebenenfalls müssen Sie dafür zurück zu Punkt 3, um bessere Messkriterien für das CTQ finden.
> - Multiplizieren Sie die Gewichtung des Messkriteriums mit den Prioritäten der betreffenden CTQs. Addieren Sie diese Produkte für jedes Messkriterium (d. h. die Summe pro Spalte).

Die daraus entstehende Summe gibt nun die Priorität jedes Messkriteriums an. Die Kriterien mit den höchsten Werten werden i. d. R. die wichtigsten Outputmesskriterien sein. Grundsätzlich sind Kriterien vorzuziehen, die mindestens einmal eine 9 erhalten haben. Für den Fall, dass dies auf mehrere Messkriterien zutrifft, kann pragmatisch entschieden werden: Dasjenige Messkriterium, dessen Messung weniger Aufwand verursacht, ist zu präferieren. Wichtig: Das Ergebnis gibt Hinweise, die nicht blind zu befolgen sind, sondern als Entscheidungsunterstützung dienen und im Team noch verifiziert werden sollten. Wichtig ist, dass für jedes CTQ mindestens ein Messkriterium gefunden wird, das den CTQ mittels einer 9 gut beschreibt, so dass jedes CTQ ausreichend gemessen wird.

Quality Function Deployment (auch House of Quality (HOQ) aufgrund des dachförmigen Aussehens der Matrizen) wurde in den 1970er Jahren im japanischen Schiffsbau zum ersten Mal eingesetzt, wurde seitdem stetig weiterentwickelt und erweitert. Diese Methode setzt bei den aus Kundensicht kaufentscheidenden Merkmalen an und erarbeitet mittels eines strukturierten Verfahrens schrittweise Produkt- und Prozessmerkmale. QFD integriert die Kundenstimme konsequent in die Produktentwicklung.

3.1.3 Messpunkte festlegen

Nach der Ermittlung der wichtigsten Outputmesskriterien ist nun festzulegen, an welcher Stelle im Prozess diese nun gemessen werden sollen. Anhand des SIPOC (siehe Abschnitt 2.2.4) wurden zunächst die wesentlichen Prozessschritte ermittelt. Nun ist es an der Zeit, Subprozesse zu betrachten und Experten zu befragen: An welcher Stelle im Prozess werden bereits Daten erfasst? Hier kann dann ein Messpunkt gesetzt werden. Messkriterien können auch wiederholt an verschiedenen Stellen im Prozess angewandt werden.

Im Beispiel des Projektes zur Reduzierung der Reparaturdurchlaufzeit sind dies vor allem die Warenausgangsbuchung (wenn das defekte Teil das Lager Richtung Reparateur verlässt) und die entsprechende Eingangsbuchung (wenn das reparierte Teil wieder im Lager ankommt).

3.2 Datenerfassung planen und durchführen

Bei jeder Messung besteht die Gefahr, dass die Messung wertlos wird – falls die falschen Daten gemessen werden, das falsche Messsystem verwendet wird oder den Messenden Fehler unterlaufen. Ein präziser Datenerfassungsplan stellt sicher, dass das Richtige gemessen wird und diese Fehler vermieden werden. Er ist absolut grundlegend, um die Messung durchzuführen und danach auch verwertbare Ergebnisse zu erhalten. Messungen können von vielen Faktoren beeinflusst werden, wie etwa von Rahmenbedingungen (z. B. Temperatur, Druck und anderen äußeren Einflüssen). Auch kann der „Faktor Mensch" die Messergebnisse unbewusst beeinflussen. In jedem Fall führen fehlerhafte Messungen dazu, dass die Ergebnisse der ANALYZE-Phase auf falschen Annahmen bzw. Daten basieren.

Kurz: Der Datenerfassungsplan legt fest, wer was wann und wie misst.

3.2.1 Vorbereitung des Datenerfassungsplans

Auf Basis der in der Phase DEFINE gewonnenen Erkenntnisse wird nun ein Messkonzept entwickelt. Im ersten Schritt – noch vor der eigentlichen Datenerfassung – sind Ziele und Zweck der Messung zu bestimmen. Welche Daten müssen erfasst werden, und aus welchem Grund soll das geschehen?

Hilfreiche Fragen zur Definition der Ziele

- Was ist der Zweck der Datenerfassung?
- Welche Art von Daten wird in der ANALYZE-Phase notwendig sein?
- Welche Segmentierungsfaktoren werden für die spätere Analyse benötigt?
- Welche Fragen müssen mit den erhobenen Daten beantwortet werden können? Welche Daten werden diese Antworten liefern?
- Welche Daten werden benötigt, um die Leistungsfähigkeit des Prozesses im Verhältnis zu den Kundenbedürfnissen zu bestimmen?
- Wie müssen die Daten dargestellt und analysiert werden?
- Welche Daten müssen gar nicht gemessen werden, da sie bereits vorliegen?

Der Datenerfassungsplan ist besonders wichtig, wenn Daten nicht maschinell oder durch Systeme bereitgestellt werden. Bei manueller Ermittlung der Daten ist die präzise Beschreibung der Vorgehensweise erfolgskritisch. Da der Datenerfassungsplan genau beschreibt, wie Daten zu ermitteln sind, legt er den Grundstein für korrekt erfasste Daten und hat somit große Bedeutung für den weiteren Verlauf des Projektes.

Segmentierungsfaktoren

Während man aus Kostengründen immer versuchen wird, nur so viele Messkriterien wie nötig zu messen, ist es bei den Segmentierungsfaktoren umgekehrt: Es sollten möglichst viele Segmentierungsfaktoren erfasst werden – auch auf den ersten Blick überflüssige Informationen können später hilfreich sein: Denn auf Basis möglichst vieler Segmentierungsfaktoren können kreative und innovative Lösungen gefunden werden. Hier ist der externe Blick eines Black Belts oft hilfreich, um den Blick über den Tellerrand zu fördern. Es ist gut möglich, dass unter vielen verschiedenen Faktoren genau derjenige dabei ist, der das Team auf die richtige Spur zur

Ermittlung der Fehlerursachen bringt. Werden alle denkbaren – und durchaus auch die „undenkbaren" – Faktoren berücksichtigt, ermöglicht dies eine weitaus intensivere und fruchtbarere Untersuchung in der ANALYZE-Phase.

Die Segmentierung von Daten kann schon in der MEASURE-Phase dazu führen, dass man Fehlerursachen auf die Spur kommt. Unterscheiden sich z. B. die Prozessdurchlaufzeiten in verschiedenen Regionen stark voneinander, kann dies ein Hinweis für weitere Nachforschungen sein. Eventuell sind in unterschiedlichen Regionen andere Speditionen zuständig, so dass hier Auslöser für Fehler liegen können.

Hilfreiche Fragen zur Ermittlung von Segmentierungsfaktoren	
Wer?	Abteilung, Zweigstelle, Vertriebsmitarbeiter, Lieferanten, Kunden nach Größe oder Art
Welche Art?	Kommunikationsmedium, Art der Datenübermittlung
Wann?	Monat, Wochentag, Tageszeit (an sich reichen jedoch das Datum und die Uhrzeit, da hieraus die anderen Werte abgeleitet werden können)
Wo?	Region, Strecke, Marktsegment, Stadt

Wichtig: Erfassen Sie auch Schlüsselinformationen (wie Kunden- und Auftragsnummern usw.) unbedingt mit, da Sie hieraus weitere Informationen ermitteln können. Achten Sie außerdem darauf, möglichst viele Segmentierungsfaktoren zu sammeln. Falls Sie später feststellen sollten, dass Ihnen möglicherweise Daten fehlen, ist es schwierig, diese nachzuerfassen. Dies trifft insbesondere zu, wenn nicht genügend Segmentierungsfaktoren definiert wurden.

Im Beispiel zur Reduzierung der Reparaturdurchlaufzeit erstrecken sich die Segmentierungsfaktoren vom Wert des Teiles, der Höhe der Reparaturkosten über die Entfernung des Reparateurs, Art und Hersteller des Teils, Garantiefall versus kostenpflichtiger Reparatur bis hin zum Wochentag des Warenaus- und -eingangsdatums.

3.2.2 Datenarten

Bei der Vorbereitung des Datenerfassungsplans ist die Art der Daten zu berücksichtigen, denn sie bestimmt die Aussagekraft der späteren Analyseergebnisse, die Darstellung der Daten und die Analysetools. Grundsätzlich gibt es zwei Datenarten: stetige und diskrete Daten.

- Stetige Daten sind Daten, die auf einer Skala oder in einer stetigen, ununterbrochenen Folge gemessen oder abgelesen werden können, z. B. Temperatur (in Grad) oder Zeit (in Sekunden, Minuten, Stunden, Tagen usw.).
- Diskrete Daten können in Gruppen eingeteilt werden, also z. B. Ja/Nein, männlich/weiblich, Wochentage, Fehler/kein Fehler oder schwarz/weiß.

Am Beispiel des Projektes zur Reduzierung der Reparaturdurchlaufzeit kann dies leicht verdeutlicht werden. Stetige Daten sind z. B. die Zeit zwischen Versand an den Reparateur und Wareneingang des reparierten Teils in Stunden. Diskrete Daten erhält man beispielsweise bei der Erfassung, ob das reparierte Teil pünktlich geliefert wurde (Ja/Nein). Stetige Daten können auch in diskrete Daten umgewandelt werden, etwa indem sie in Gruppen zusammengefasst werden. Der umgekehrte Fall funktioniert jedoch nicht.

Die folgende Tabelle zeigt die Unterarten (Skalenniveaus) von Daten:

Datenart	Skala	Eigenschaften und Verwendung
Diskret	Nominal	Die Ausprägung unterliegt keinerlei Ordnung. Nominale Daten sind zum Beispiel Farben. Bezogen auf ein Unternehmen können diskrete Daten Niederlassungsstätten oder -gebiete sein (West, Ost, Nord, Süd).
Diskret	Ordinal	Es liegt eine Ordnung vor. Abstände können aber nicht sinnvoll interpretiert werden. Bei Befragungen zur Kundenzufriedenheit, bei der Wertungen wie „sehr zufrieden", „zufrieden", „unzufrieden" abgegeben werden, sind die Abstände unklar: „Sehr zufrieden" ist nicht doppelt so gut wie „zufrieden". Schulnoten sind ein weiteres Beispiel: Eine Zwei ist mitnichten doppelt so gut wie eine Vier.
Stetig	Metrisch	Die Daten liegen in Zahlen vor, die interpretiert werden können. Ebenso können Differenzen und Verhältnisse zwischen ihnen bestimmt werden.

Bei der Unterscheidung der Datenarten kann man auf folgende Gedankenstütze zurückgreifen: Verhältnisse stetiger Daten können sinnvoll interpretiert werden (20 Werktage Durchlaufzeit sind doppelt so viel wie 10 Werktage). Dies gilt nicht für diskrete Daten, denn es gibt keine „halben Fehler". Als Regel gilt: Je mehr stetige Daten gemessen werden können, umso aussagekräftiger wird die Datenanalyse sein. Diskrete Daten sollten nur dann erfasst werden, wenn die Erfassung eines stetigen Merkmals nicht möglich oder zu aufwendig ist.

3.2.3 Operationale Definition

Die operationale Definition ist die präzise Beschreibung des Vorgehens bei der Messung. Sie ist notwendig, weil unterschiedliche Personen Daten auf verschiedene Weise messen würden, wenn das Vorgehen nicht eindeutig definiert wäre. Klare, verständliche und eindeutige Anweisungen für die mit der Messung Beauftragten sind daher elementar für die Qualität der Datenerhebung.

> **Hilfreiche Fragen zur Ermittlung der operationalen Definition**
>
> - Was wird gemessen und was nicht?
> - Wie, wo, wann und von wem werden die Daten erfasst und die erfassten Daten registriert?
> - Wie viel Zeit steht für die Messung zur Verfügung?
> - Wie wird die Messung definiert (z. B. Start- und Endpunkt)?
> - Welcher Stichprobenplan wird herangezogen?
> - Wie wird sichergestellt, dass die Messung stabil ist, also die Variation innerhalb des Messsystems nicht zu groß ist?
> - Wie oft wird gemessen?
> - Welche äußeren Umstände sind zu berücksichtigen?

Die Gefahr bei unklaren Anweisungen zur Messung liegt in der unterschiedlichen Interpretation einer Anweisung durch verschiedene Messende. Im schlimmsten Fall misst jeder Messende anders und die Messung ist wertlos, da die Daten nicht vergleichbar sind.

Deshalb ist es wichtig, dass die operationale Definition so formuliert ist, dass jeder Messende darunter das Gleiche versteht und eindeutige Angaben erhält, was und wie zu messen ist. In der Praxis ist es hilfreich, die operationale Definition einem Unbeteiligten vorzulegen und ihn zu fragen, was er auf Basis dieser Anleitung messen würde.

Mess-Skala

Ein weiterer wichtiger Aspekt der operationalen Definition ist die Auswahl der Mess-Skala. Grundsätzlich gilt: Je feiner, desto besser. Allerdings muss man auch zumeist feststellen: Je feiner, desto aufwendiger. Deshalb sollte man versuchen, ein sinnvolles Detaillierungsniveau zu erreichen. Das Projekt sollte die Skala zudem immer eine Stufe kleiner als der Kunde wählen. So erhält man einen besseren Eindruck von der Prozessvariation. Misst zum Beispiel der Kunde eine Durchlaufzeit in Tagen, sollte das Projektteam diese in Stunden messen.

Datenerfassungsformulare

Vollständig wird die operationale Definition, wenn die Datenerfassungsformulare generiert werden. Sie enthalten eine Beschreibung der Daten, die erfasst werden sollen, und Felder, in welche die Daten eingetragen werden. Des Weiteren sollte der Name des Messenden und das Datum aufgenommen sowie Platz für Anmerkungen gelassen werden. Wichtig: Schlüsselfaktoren zur Segmentierung der Daten müssen hier ebenfalls berücksichtigt sein. Sonst fehlen diese Daten bei der Auswertung.

Grundsätzlich ist es empfehlenswert, das Fehlerrisiko zu reduzieren: Die Datenerfassungsformulare sind deshalb deutlich zu beschriften und so einfach wie möglich zu gestalten. Außerdem sollten sie nur Informationen enthalten, die auch wirklich verwendet werden und vor dem tatsächlichen Einsatz getestet wurden.

Die häufigste Form des Datenerfassungsformulars ist der Prüfbogen (Check Sheet, siehe Abb. 24). Damit wird erfasst, wie häufig ein Ereignis (z. B. ein Fehler) eintritt.

Prüfbogen
Projekt "Reduzierung Reparaturdurchlaufzeit"   *computacenter*
Zeitraum: _____   Erfasser/in: _____

Rahmendaten			Anstoß und Fehler					
			Anstoß für Anfrage			Ergebnis		
Laufende Nr	Reparateur	Anz. Werktage seit Warenausgang	Kundenanfrage	Trackingtool-Alarm	Fehler CC	Fehler Reparateur	Fehler in Defektbeschreibung	kein Fehler
1	Brabatron	23		x			x	
2	RQV AG	7	x					x
3	PairRepair	12		x		x		
...								

Abb. 24. Prüfbogen

Auf dem Häufigkeitsprüfbogen (Frequency Plot Check, siehe Abb. 25) wird die Messung anhand einer Skala vorgenommen. Er schafft einen Überblick darüber, wie oft Ereignisse oder Fehler vorkommen. Deshalb sollte er zur Messung stetiger Daten verwendet werden.

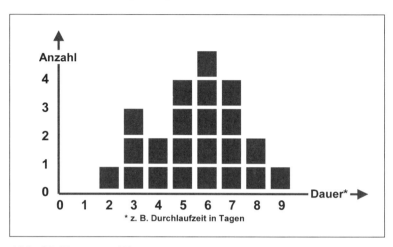

Abb. 25. Frequency Plot

Abb. 26. Beispiel für ein Konzentrationsdiagramm (hier: E = Eintrag fehlt, F = fehlerhaft, A = Rechenfehler)

Beim Konzentrationsdiagramm (Concentration Diagram) wird die Abbildung eines geprüften Objektes direkt beschriftet und der Fehler dort erfasst, wo er tatsächlich vorkommt. Dies ist zum Beispiel bei Formularen denkbar, wenn herausgefunden werden soll, bei welchen Einträgen Kunden die meisten Fehler machen (siehe Abb. 26).

3.2.4 Mess-System-Analyse (MSA)

„Wer viel misst, misst viel Mist". Daher: Bevor mit der eigentlichen Messung begonnen werden kann, muss das Messsystem selbst geprüft werden. Ziel dieser Prüfung ist es, die Genauigkeit und Beständigkeit der Messung sicherzustellen und die Variation im Messprozess so gering wie möglich zu halten. Denn es gilt die Formel: Gesamtvariation = Prozessvariation + Variation des Messsystems. Weist das Messsystem eine zu große Variation auf, kann dies zu falschen Schlussfolgerungen führen – spätestens in der IMPROVE-Phase.

Folgende Aspekte müssen überprüft werden	
Genauigkeit	Wie genau ist die Messung? Gibt es einen Unterschied zwischen einer durchschnittlichen Messung und einem Referenzwert? Gibt der Messwert die Realität wieder?
Wiederholbarkeit (Repeatability)	Können Daten auf einheitliche Weise wiederholt erhoben werden? Tritt eine Variation auf, wenn dieselbe Person die gleiche Einheit mit der gleichen Messanordnung wiederholt misst?
Reproduzierbarkeit (Reproducibility)	Gleichen sich die Messergebnisse, wenn sie von mehreren Personen durchgeführt werden (bei identischer Messanordnung)?
Stabilität	Bleiben Genauigkeit, Wiederholbarkeit und Reproduzierbarkeit über einen längeren Zeitraum erhalten?

Vor der MSA (auch Gage R&R) sollte das Projektteam festlegen, welche dieser Aspekte wesentlich sind. Genauigkeit ist zum Beispiel häufig relevant, wenn Personen Daten erheben und es dabei auf deren Urteilsvermögen ankommt. Die Wiederholbarkeit kann ein wichtiger Aspekt sein, wenn Personen oder Geräte wiederholt Messungen durchführen müssen. Die Reproduzierbarkeit ist wichtig, wenn viele verschiedene Personen

Daten erheben und es somit darauf ankommt, dass sie alle zum gleichen Ergebnis kommen. Die Stabilität schließlich ist der übergreifende Faktor und bedeutsam, wenn Messungen über einen längeren Zeitraum vorgenommen werden.

Wichtig: Auch bei maschinell erfassten Daten sollte das Messsystem analysiert werden. Zudem lassen sich die Aspekte Wiederholbarkeit und Reproduzierbarkeit mathematisch erfassen.

In unserem Beispiel zur Reduzierung der Reparaturdurchlaufzeit wurden Daten aus dem SAP-System erhoben. Auch hier wurde eine Mess-System-Analyse durchgeführt: Die Daten wurden mit den ‚offiziell' von der entsprechenden Abteilung monatlich gemeldeten Durchschnittswerten verglichen. Dabei wurden in einigen Monaten große Abweichungen festgestellt: Hier sind manuelle Datenbereinigungen (sinnvoll und erklärbar) durchgeführt worden. Diese fanden sich in den gemessenen Daten jedoch nicht wieder. Ergebnis: Jene Monate wurden von der weiteren Betrachtung ausgeschlossen.

Minitab bietet drei Methoden, nach denen Sie vorgehen können:

Methode	Datenart
ANOVA-Methode	Stetige Daten
$\overline{X}$ and R -Methode	Stetige Daten
K-Methode	Diskrete Daten

Ziel der Messsystemanalyse ist es, eine eine generelle Aussage treffen zu können, ob das Messsystem brauchbar ist oder nicht. Um dies zu testen, werden die Aspekte Wiederholbarkeit und Reproduzierbarkeit getestet.

Es gilt als Richtlinie: Der Anteil von der Variation des Messsystems an der Gesamtvariabilität sollte nicht größer als 0.1 (10 %) sein.

Eine gute Möglichkeit der Analyse bietet die Varianzanalyse. Dafür benötigen Sie die Kenntnisse von Abschnitt 5.2.4.1, alternativ können Sie aber auch die $\overline{X}$ and R-Methode anwenden.

Anwendung in Minitab

Die Daten müssen folgendermaßen aufbereitet sein:
- Sie haben eine Spalte mit allen Messergebnissen.
- Sie haben eine Spalte, in der die verschiedenen Prüfer aufgelistet sind.
- Sie haben eine Spalte, in der die Zeitpunkte (Messwiederholungen) aufgelistet sind.
- Sie haben eine Spalte für die Untersuchungsobjekte.

Nun können Sie die Wiederholbarkeit und Reproduzierbarkeit testen.

Stat ⇨ Quality Tools ⇨ Gage Study ⇨ Gage R&R Study (crossed)

Es öffnet sich ein Fenster, das in Abb. 27 zu sehen ist.

Sie erhalten dann sowohl einen grafischen Output (siehe Abb. 28), als auch einen „Textoutput". In den Grafiken können verschiedenste Zusammenhänge analysiert werden.

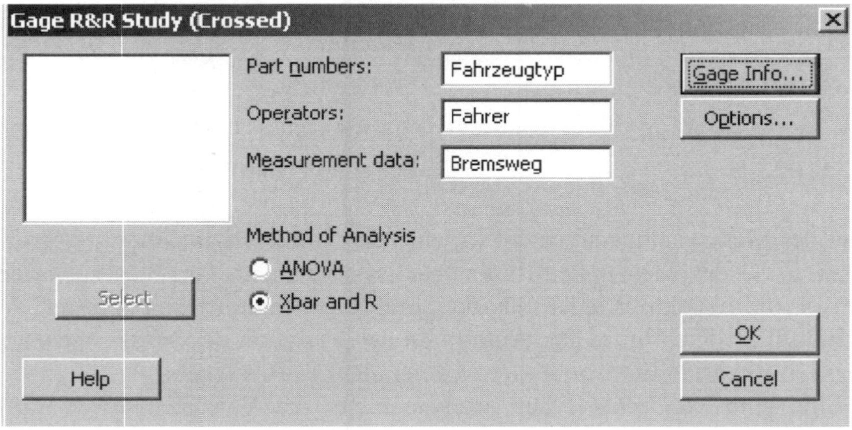

Abb. 27. Fenster beim Öffnen der Gage R&R-Analyse

Die erste Grafik aus Abb. 28 erläutert den Anteil der systematischen Streuung von Gage R&R an der gesamten Streuung. Diese sollte so gering wie möglich sein, auf alle Fälle unter 10 %. Die anderen Grafiken erläutern intuitiv Zusammenhänge zwischen Operatoren und Messobjekten.

Als (wichtigen) Output erhält man außerdem:

Results for: Bremsweg.MTW

Gage R&R Study - XBar/R Method

```
                                %Contribution
Source              VarComp     (of VarComp)
Total Gage R&R       22,582          9,51
  Repeatability       0,455          0,19
  Reproducibility    22,128          9,32
Part-To-Part        214,834         90,49
Total Variation     237,416        100,00


                                  Study Var    %Study Var
Source              StdDev (SD)   (6 * SD)       (%SV)
Total Gage R&R        4,7521       28,5125       30,84
  Repeatability       0,6744        4,0462        4,38
  Reproducibility     4,7040       28,2240       30,53
Part-To-Part         14,6572       87,9433       95,13
Total Variation      15,4083       92,4499      100,00


Number of Distinct Categories = 4
```

In diesem Fall ist die „Total Gage R&R unter 10 % (nämlich bei 9.51 %), das Mess-System ist also in Ordnung. Eine genaue Betrachtung des Outputs ergibt, dass 0.19 % der systematischen Streuung auf die Wiederholbarkeit zurückzuführen sind, 9.32 % auf die Reproduzierbarkeit. 90.49 % der Gesamtstreuung können als zufällige Streuung interpretiert werden.

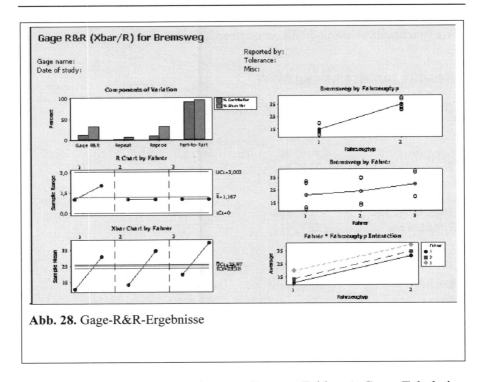

Abb. 28. Gage-R&R-Ergebnisse

Hinweis: In Minitab finden Sie unter Stats ⇨ Tables ⇨ Cross-Tabulation in den „Other Statistics" unter dem Punkt „Kappa for inter-rater reliability" eine Möglichkeit zur Mess-System-Analyse bei diskreten Daten. Die Anwendungsmöglichkeit ist jedoch nicht so vielfältig wie bei der „klassischen" Gage R&R. Im Wesentlichen wird nur die Beurteilung mehrerer Prüfer zueinander (Reproduzierbarkeit) getestet. Auf eine genaue Erklärung soll daher hier verzichtet werden.

Zur Vertiefung kann Übung 1 aus dem Anhang durchgeführt werden.

3.2.5 Stichproben

Generell gilt für Messungen: Wenn möglich sollten alle bzw. möglichst viele der vorliegenden Daten zu einer Messung herangezogen werden, da hiervon die Aussagefähigkeit der Messung abhängt. Dies ist jedoch nur möglich, wenn die Daten in digitaler Form oder nicht zu großer Menge vorliegen bzw. der Aufwand für die Messung im vertretbaren Rahmen bleibt. Oft muss jedoch die Messung stichprobenartig vorgenommen werden. Auch wenn die Messung alle Messobjekte zerstören würde (wie etwa bei Crashtests), sind Stichproben verständlicherweise das Mittel der Wahl.

Hierbei ist jedoch sicherzustellen, dass die gewählte Stichprobe die zu untersuchende Grundgesamtheit (Population) auch wirklich repräsentiert. Stichproben sollten nicht verwendet werden, wenn sie den Prozess nicht genau darstellen können und so zu falschen Schlussfolgerungen führen.

Definitionen	
Grundgesamtheit oder Population	Die Menge aller potenziellen Untersuchungsobjekte für eine bestimmte Fragestellung, Umfang: N.
Stichprobe oder Sample	Eine Teilmenge der Grundgesamtheit, Stichprobenumfang: n.
Repräsentative Stichprobe	Eine Teilmenge der Grundgesamtheit, die alle Eigenheiten der Grundgesamtheit korrekt wiedergibt.
Verzerrte Stichprobe	Gibt die Grundgesamtheit nicht korrekt wieder.

Eine Verzerrung der Stichprobe kann durch verschiedene Faktoren hervorgerufen werden:
- Bequemlichkeit: Daten werden so erhoben, wie es am einfachsten ist.
- Verzerrte Beurteilung: Es werden subjektive Annahmen darüber getroffen, welche Stichprobe repräsentativ sein könnte.
- Äußere Umstände: Möglicherweise haben sich die Umwelt oder andere äußere Faktoren seit dem Zeitpunkt der Stichprobenerhebung verändert.

3.2.6 Strategie der Stichprobenerhebung

Stichproben sollten prinzipiell nach inhaltlichen Kriterien, wie etwa bestimmten Produkt- oder Kundengruppen, gebildet werden. Grundsätzlich gibt es zwei Vorgehensweisen zur Stichprobenerhebung: bestandsorientierte Stichprobe (Population Sampling) und prozessorientierte Stichprobe (Process Sampling).

Bestandsorientierte Stichprobenerhebung

Bei der bestandsorientierten Stichprobe sollen Wahrscheinlichkeitsaussagen über den Bestand (d. h. die Population) getroffen werden.

Innerhalb des Population Samplings gibt es zwei Unterkategorien der Stichprobenerhebung: die zufällige und die geschichtete zufällige Stichprobenerhebung. Bei der zufälligen Stichprobenerhebung gilt für jede Einheit der Gesamtpopulation die gleiche Wahrscheinlichkeit, ausgewählt zu werden. Die Auswahl ist zufällig und kann z. B. durch eine Software getroffen werden, nachdem jeder Einheit eine Nummer zugewiesen wurde.

Enthält die Grundgesamtheit verschiedene Gruppen, so wird die geschichtete zufällige Stichprobenerhebung angewandt. Dadurch wird sichergestellt, dass jede dieser Gruppen in der Erhebung angemessen repräsentiert ist. Es wird hier also für jede Gruppe unabhängig eine zufällige Stichprobenerhebung vorgenommen. Der jeweilige Stichprobenumfang orientiert sich an den Mengenverhältnissen der Gruppen in der Grundgesamtheit.

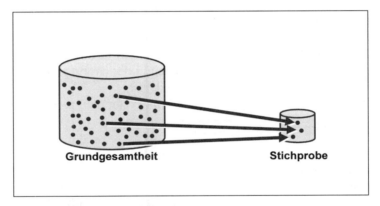

Abb. 29. Bestandsorientierte Stichprobe

Prozessorientierte Stichprobenerhebung

Bei der prozessorientierten Stichprobe wird die Stabilität der Grundgesamtheit über einen Zeitraum hinweg bewertet. Hier wird untersucht, ob Veränderungen, Tendenzen oder Zyklen eintreten.

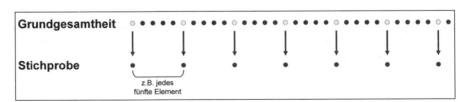

Abb. 30. Prozessorientierte Stichprobenerhebung

Auch hier gibt es zwei Vorgehensweisen: die systematische Stichprobenerhebung und die Einteilung in rationale Untergruppen. Für die meisten

Geschäftsprozesse wird die systematische Stichprobenerhebung angewandt. Dabei werden Daten nach einer systematischen Regel ausgewählt: Zeitliche oder mengenmäßige Intervalle für die Entnahme der Stichproben werden festgelegt (z. B. jeder 15. Reparaturauftrag wird geprüft oder alle zwei Tage werden alle Wareneingangsbuchungen überprüft). Diese Vorgehensweise birgt jedoch die Gefahr von Verzerrungen, wenn die Systematik zufällig einer vorhandenen Struktur entspricht (z. B. jeder 15. Reparaturauftrag wird immer vom gleichen Sachbearbeiter bearbeitet oder ein bestimmter Reparateur liefert nur alle zwei Tage).

Bei der Einteilung in rationale Untergruppen ist es möglich, Messwerte in sinnvollen Gruppen anzuordnen. Dies können etwa Gruppen aus Posten sein, die unter ähnlichen Bedingungen oder zu einem ähnlichen Zweck hergestellt wurden. Wenn z. B. bekannt ist, dass Teile verschiedener Hersteller repariert werden, muss das bei der Stichprobenbestimmung berücksichtigt werden. So können bereits Vermutungen über die Ursachen von Variation (z. B. verschiedene Standorte, Kundengruppen, Hersteller) überprüft werden.

Größe der Stichprobe

Jakob Bernoulli (1654 - 1705), Schweizer Mathematiker, Physiker und Statistiker bemerkte in einem seiner bekanntesten Werke – der „Ars Conjectandi" – Folgendes:

„Jedem ist auch klar, dass es zur Beurteilung irgendeiner Erscheinung nicht ausreicht, eine oder zwei Beobachtungen zu machen, sondern es ist eine große Anzahl von Beobachtungen erforderlich. Aus diesem Grunde weiß selbst der beschränkteste Mensch aus seinem natürlichen Instinkte heraus von selbst und ohne jegliche vorherige Belehrung (was erstaunlich ist), dass je mehr Beobachtungen in Betracht gezogen werden, desto kleiner die Gefahr ist, das Ziel zu verfehlen."

Diese historische Feststellung ist auch heute noch von größter Relevanz: Theoretisch ist es möglich (bei konstanten Versuchsbedingungen) Parameter der Grundgesamtheit mithilfe einer Stichprobe beliebig genau zu schätzen, praktisch sind uns jedoch natürliche Grenzen gesetzt: Zum einen sind die Ressourcen zur Durchführung von Experimenten beschränkt, zum anderen wäre es reine Verschwendung von Aufwand, den Stichprobenumfang größer als nötig zu wählen.

Eines der größten Missverständnisse in der Praxis besteht in der Vorstellung, dass mit der Errechnung eines bestimmten Stichprobenumfangs alle statistischen Methoden und Verfahren abgesichert sind. Dies ist schlichtweg falsch. Die Stichprobengrößenberechnung ist kein isoliertes Teilgebiet der Statistik. Sie ist vielmehr der Versuch, dem Anwender einen Planungswert vorzugeben, der in einem bestimmten Verfahren notwendig ist, um eventuelle Effekte (bzw. Zusammenhänge) nachweisen zu können. Die Berechnung der Stichprobengröße ist ein hochkomplexes und weitreichendes Gebiet, und es bedarf sowohl inhaltlicher als auch statistischer Abwägungen, um ein Projekt vernünftig planen zu können. Für einen tieferen Einstieg in dieses Thema verweisen wir auf Bock (1998), der Probleme und Anwendungen ausführlich diskutiert und beschreibt. Folgend sollen dennoch diejenigen Möglichkeiten vorgestellt werden, die nicht nur häufig in der Praxis Verwendung finden, sondern auch im Zusammenhang mit der Six-Sigma-Methodik sinnvoll eingesetzt werden können. Dies betrifft im Wesentlichen die Betrachtung des 1-Stichproben-t-Tests (siehe Abschnitt 4.2.6.2) und des Binomialtests (siehe Abschnitt 4.2.6.5). Passend zu deren Fragestellungen ist es möglich, Stichprobenumfänge zu berechnen:

Stetige Daten	1. Problem: Aussage über den Erwartungswert (μ)	$n \geq \left[\dfrac{z_{1-\alpha/2} \cdot \sigma}{\Delta}\right]^2$
Diskrete Daten	2. Problem: Aussage über den Fehleranteil (p)	$n \geq \left[\dfrac{z_{1-\alpha/2}}{\Delta}\right]^2 \hat{p}(1-\hat{p})$

Dabei sind:
- $z_{1-\alpha/2}$ das (1-α/2) 100 %-Quantil der Standardnormalverteilung.
- σ die Standardabweichung. Ist diese nicht bekannt, so muss sie durch die Stichprobenstandardabweichung s geschätzt werden (siehe Abschnitt 3.2.8).
- $\hat{p}$ der geschätzte Anteilswert (z. B. Fehleranteil).
- Δ die Genauigkeit (Zielwert ± Δ)

1. Problem: Sie haben eine Vermutung bezüglich des Mittelwerts einer stetigen Variable.

Beispiel: Man möchte die mittlere Anrufdauer von Kundenanrufen schätzen, das Ergebnis soll auf ± eine Minute genau sein, σ ist dabei ein Erfahrungswert von 5 Minuten. Man erhält mit obiger Formel:

$$n \geq \left[\frac{z_{1-\alpha/2} \cdot \sigma}{\Delta}\right]^2 = \left[\frac{1.96 \cdot 5}{1}\right]^2 = 96.04$$

Interpretation: Bei einer Stichprobengröße von 97 (aufrunden!) kann man sich zu 95 % sicher sein, dass das Konfidenzintervall für den Erwartungswert die Genauigkeit Δ einhält. Man macht also tatsächlich keine Aussage über „das Mittel", sondern vor allem über die Genauigkeit, die man für die weitere Analyse (mit dem 1-Sample-t-Test) erreichen möchte. Die Stichprobengröße gibt demnach an, wie sicher ein Schluss von der Stichprobe auf die Grundgesamtheit für eine bestimmte statistische Methode ist.

Zu beachten ist, dass σ in der Praxis oft nicht bekannt ist und geschätzt werden muss. Ferner wird bei Berechnung der Stichprobengröße über diese Formel keine Aussage über die Power (siehe Abschnitt 4.2.6.1) getroffen. Wir empfehlen daher eine Anwendung in Minitab.

Anwendung in Minitab

Stat ⇨ Power and Sample Size ⇨ 1-Sample t

In Minitab sind vier freie Felder zu erkennen:

Sample Sizes ⇨ Leer lassen, denn das wollen Sie wissen.

Differences ⇨ Hier geben Sie Ihre gewünschte Sicherheit ein (im Rechenbeispiel eine Minute.)

Power Values ⇨ Entspricht „1-Fehler 2. Art" (siehe Abschnitt 4.2.6.1). Standardmäßig 0.8.

Standard Deviation ⇨ Ihre Standardabweichung.

Minitab liefert u. a. folgenden Output:

Power and Sample Size

```
1-Sample t Test

Testing mean = null (versus not = null)
Calculating power for mean = null + difference
Alpha = 0,05  Assumed standard deviation = 5


            Sample  Target
Difference   Size   Power   Actual Power
    1        199     0,8      0,801691
```

Hier können Sie nun die Stichprobengröße ablesen (199). Für das Rechenbeispiel (siehe oben) ergeben sich folgende Werte in Abhängigkeit von der Power:

Power	Stichprobengröße
0.5	98
0.8	199
0.99	462

Beachten Sie bitte hier, dass bei der Berechnung der Stichprobengröße in Minitab die Power berücksichtigt wird und iterative Verfahren notwendig sind, um zu einem Ergebnis zu kommen. Daher können die Werte von MINTAB und der oben vorgestellten Formel verschieden sein.

2. Problem: Sie haben eine Vermutung bezüglich eines Anteilswertes (also einer binären Variable, wie z. B. der Fehlerquote eines Prozesses).

Anwendung in Minitab

Stat ⇨ Power and Sample Size ⇨ 1 Proportion

Beispiel: Sie wollen sicherstellen, dass die Fehlerquote *p* eines Arbeitsprozesses bei maximal 10 % liegt. Der höchste Wert, den Sie gerade noch tolerieren können, liegt bei 13 %, größere Werte davon wollen Sie mithilfe eines 1-Proportion-Tests aufdecken können. Um zu sehen, welchen

Stichprobenumfang Sie dazu benötigen, betrachten wir hier die Anwendung in Minitab:

Sample sizes ⇨ Hier schreiben Sie nichts hinein, denn das wollen Sie wissen.
Alternative values of p ⇨ Hier geben Sie ihre gewünschte Sicherheit ein, den Wert den Sie gerade noch tolerieren (0.13).
Power values ⇨ Entspricht 1 - Fehler 2. Art. Standardmäßig 0.8.
Hypothesized p ⇨ Ihre Vermutung über p (hier 0.1).
Options ⇨ Alternativhypothese „größer als" (da uns nur diejenigen Werte interessieren, bei denen der Wert von 0.13 überschritten wird)

Es ergeben sich für verschiedene Power-Werte folgende Ergebnisse:

Power	Stichprobengröße
0.5	271
0.8	670
0.99	1809

Interpretation: Bei einer Power von 0.8 wird eine Stichprobengröße von 670 benötigt, um mit 95 %-iger Sicherheit einen Fehleranteil von mehr als 10 % (bei 3 % Genauigkeit) aufdecken zu können.

Beachten Sie auch hier, dass die Anwendung der obigen Formel zu anderen Ergebnissen führen kann, da zum einen keine Aussage über die Power getroffen wird und zum anderen die Formel nur approximativ gilt. Wir empfehlen eine Anwendung in Minitab.

Sie haben an diesen Beispielen gesehen, dass die Stichprobengröße von vielen verschiedenen Parametern abhängt, eine genaue Interpretation sehr schwierig ist und die Anzahl an Fehlerquellen enorm ist. Lässt sich eine Stichprobe kostengünstig erheben, so ist es empfehlenswert, so viele Daten wie möglich zu sammeln – damit kann man nichts falsch machen. Alternativ bietet es sich bei kostenaufwendigen Erhebungen an, über die oben vorgestellten Methoden einen Einblick zu bekommen, bei welcher Stichprobengröße welche Genauigkeit verloren bzw. gewonnen wird. So können Kompromisse getroffen werden, die dem Anspruch an Genauigkeit beim Anwender Rechnung tragen, ohne den Aspekt der praktischen Umsetzbarkeit aus den Augen zu verlieren.

Zur Vertiefung kann Übung 2 aus dem Anhang durchgeführt werden.

3.2.7 Messung durchführen

Sind alle Vorbereitungen getroffen, kann nun die eigentliche Erfassung der Daten beginnen. Mit dem Datenerfassungsplan können die Messung und die Messergebnisse geprüft werden.

Datenerfassungsplan								*Computacenter*
Projekt "Reduzierung Reparaturdurchlaufzeit"								
Ziel der Datenerfassung			Definition und Vorgehensweise					
			Definition			Messung		
Messung	Art der Messung	Datenart	Was wird gemessen ?	Wie wird gemessen?	Datenquelle	Messzeitraum/ -häufigkeit	Verantwortlich	
Reparaturdurch-laufzeit	Prozess	stetig	Dauer der Abwesenheit des Teils während der Reparatur	Berechnung der Werktage zwischen Warenausgangs- und Wareneingangsbuchung	SAP-System	Jan 2006 bis Dez 2006	Markus Mustermann	
Anfragen bez. Reparaturstatus	Output	diskret	Anzahl Anfragen	Zählen der Anfragen bezüglich des Reparaturstatus	manuelle Zählung	KW07 bis KW09 alle Anfragen	Spare Parts Logistik	
...								

Abb. 31. Datenerfassungsplan

Rund um die Messung sind einige wichtige Punkte bezüglich des Umfeldes und der Vorgehensweise zu beachten:

Praxistipp zur Durchführung der Messung

- Informieren Sie die Prozessteilnehmer und die Datenerfasser darüber, welche Daten warum zu erfassen sind.

- Informieren Sie die Teilnehmer über die Verwendung der Daten und sichern Sie die Weitergabe der Ergebnisse zu.

- Wählen Sie die Personen, welche die Daten erfassen sollen, sorgsam aus und schulen Sie jede Person.

- Testen Sie den Prozess der Datenerfassung, um zu gewährleisten, dass er fehlerfrei ist. Ändern Sie ihn gegebenenfalls.

- Stellen Sie sicher, dass die operationale Definition von allen Beteiligten verstanden wurde.

- Überprüfen Sie die Datenerfassung fortlaufend – hinsichtlich des Vorgehens und der Ausrüstung.

Nicht nur die Planung erfordert große Sorgfalt, auch bei der Messung selbst muss stets sichergestellt werden, dass das Messsystem konsistent und stabil bleibt, während die Daten erhoben werden. Vor allem, wenn der Datenerfassungsprozess einen längeren Zeitraum einnimmt, sollte er laufend überprüft werden. Es kommt vor, dass Datenerfasser anfangs große Sorgfalt walten lassen, mit der Zeit aber nachlassen. Dann können sich Ungenauigkeiten einschleifen oder neue Mitarbeiter den Prozess nicht vollständig verstehen und so ungenaue Messungen durchführen.

3.2.8 Lagemaße und Varianz

Wie angekündigt folgt nun ein tieferer Einblick in die statistischen Grundlagen. Da im Projekt nun Daten vorliegen, können die folgenden Erläuterungen direkt nachvollzogen bzw. angewendet werden.

Lagemaße

In der Umgangssprache sind Begriffe wie „im Mittel" oder „durchschnittlich" weit verbreitet. Abhängig vom Skalenniveau und der Fragestellung existieren verschiedene Maße, die versuchen, den mittleren Wert einer Variable zu beschreiben. Wir bezeichnen diese als Lagemaße.

Wenn X eine Variable ist, a_j deren Ausprägungen und n_j die Häufigkeiten der a_j, dann ergeben sich folgende Möglichkeiten, einen „mittleren" Wert zu beschreiben:

Modus	$\bar{x}_M = a_j \leftrightarrow \max\{n_1,\ldots,n_k\}$	alle Niveaus	Der Modus bezeichnet die Ausprägung der Variable, die am häufigsten auftritt.
Median	$\tilde{x}_{0.5} = x_{((n+1)/2)}$ (falls n *ungerade*) $\tilde{x}_{0.5} = \frac{1}{2}(x_{(n/2)} + x_{((n/2)+1)})$ (falls n gerade)	mind. ordinal	Man ordnet die Daten der Größe nach und wählt dann den Wert, der in der „Mitte" liegt. Dieser Wert ist der Median.
Arithm. Mittel	$\bar{x} = \frac{1}{n}\sum_{i=1}^{n} x_i$	metrisch	Das arithmetische Mittel summiert alle vorhandenen Werte auf und dividiert die Summe durch die Stichprobengröße.

Hinweis: Der Mittelwert ist bei Vorliegen von Ausreißern nur unter Vorbehalt zu verwenden. Ausreißer sind Daten, die ungewöhnlich weit vom Mittelwert abweichen. Diese Werte verzerren den Mittelwert. Ein klassisches Beispiel ist die Errechnung des Mittelwertes des Gehalts in einem Raum. Sitzt ein Arbeiter durch Zufall neben einem Konzernvorstand, sagt der Mittelwert über den wahren Verdienst weder des einen noch des anderen verlässlich etwas aus. Beinhalten metrische Daten einen oder mehrere Ausreißer, wird auf den Median zurückgegriffen: Dieser ist robuster gegen Ausreißer als das arithmetische Mittel.

Beispiel: Bei 20 Reparaturfällen sind die Durchlaufzeiten (in Tagen) notiert worden (Werte x_i):

$$4\ 13\ 8\ 8\ 12\ 24\ 11\ 8\ 13\ 2\ 12\ 15\ 3\ 7\ 20\ 11\ 9\ 9\ 0\ 15$$

Geordnet ergeben die Werte die folgende Zahlenreihe (Werte $x_{(i)}$):

$$0\ 2\ 3\ 4\ 7\ 8\ 8\ 8\ 9\ 9\ 11\ 11\ 12\ 12\ 13\ 13\ 15\ 15\ 20\ 24$$

Daraus folgt dann:

$\bar{x}_M = 8$ (dieser Wert tritt am häufigsten auf, nämlich dreimal)

$$\tilde{x}_{0.5} = \frac{1}{2}(x_{(10)} + x_{(11)}) = 10$$

$$\bar{x} = \frac{1}{20} \cdot 204 = 10.2$$

Varianz und Standardabweichung

Varianz und Standardabweichung sind Maße für die Streuung von Daten. Bei einem metrischen Datenniveau misst die Varianz s² die mittlere quadratische Abweichung vom arithmetischen Mittel $\bar{x}$:

$$s^2 = \frac{1}{n-1} \sum_{i=1}^{n} (x_i - \bar{x})^2$$

Die Standardabweichung s (auch Stichprobenvarianz) ist die positive Wurzel aus der Varianz:

$$s = \sqrt{\frac{1}{n-1}\sum_{i=1}^{n}(x_i - \bar{x})^2}$$

Beispiel: Die Zeiten eines Arbeitsprozesses betrugen innerhalb einer Woche 14, 17, 19, 13, 12, 18 und 12 Minuten. Die Varianz und Standardabweichung betragen daher:

$$s^2 = \frac{1}{6}[(14-15)^2 + \ldots + (12-15)^2] = 8\frac{2}{3}$$

$$s = \sqrt{s^2} = 2.94$$

Anwendung in Minitab

Alle Lagemaße sowie Varianz und Standardabweichung:
Stat ⇨ Basic Statistics ⇨ Display Descriptive Statistics

3.2.9 Grafische Darstellungsmöglichkeiten

Nachdem die Messwerte nun vorliegen, sollte man sich einen ersten Eindruck von den Daten verschaffen: einerseits über Kennzahlen wie Lagemaße und die Streuung, andererseits auch grafisch.

Es gibt verschiedene Möglichkeiten für die grafische Darstellung der Messergebnisse einer Variablen. So eignet sich etwa das Histogramm für die Darstellung stetiger bzw. metrischer Daten. Ein Histogramm beschreibt die reale (oder auch empirische) Verteilung einer Variablen. Hierfür wird die x-Achse einfach in verschiedene Klassen unterteilt, die y-Achse repräsentiert die Anzahl (oder den Anteil) von Ausprägungen in dieser Klasse.

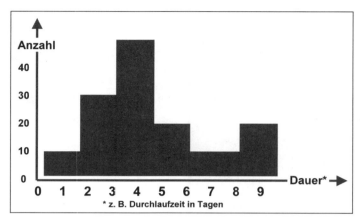

Abb. 32. Histogramm

Balken- und Kreisdiagramme sind dazu geeignet, die Ausprägungen einer nominalen, ordinalen oder metrisch klassierten Größe zu veranschaulichen.

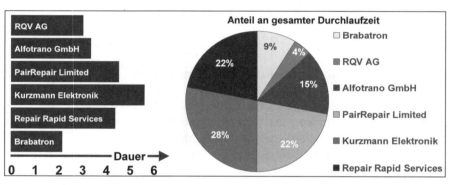

Abb. 33. Balken- und Kreisdiagramm

Anwendung in Minitab

Graph ⇨ Histogram/Bar Chart/Pie Chart

Falls Sie z. B. zwei Histogramme miteinander vergleichen möchten, so sollten Sie dabei auf die Skalierung der zu vergleichenden Grafiken achten. Ideal ist eine identische Skalierung der zu vergleichenden Grafiken.

Um einen schnellen Überblick über die Verteilung einer Variablen zu erhalten, ist ein Boxplot geeignet, auch „Box-and-Whisker-Plot" genannt:

Die Box ist der Kasten, in dem sich die Masse der Daten befindet, und die Whiskers (Schnurrhaare) sind die Linien, die seltener auftretende Werte repräsentieren. Hierzu müssen die Messergebnisse für ein bestimmtes Merkmal nach ihrer Größe geordnet werden. Dann ist der Median zu bestimmen, also jener Wert, der exakt in der Mitte liegt ($x_{0.5}$ oder 50 % Quantil). Als nächstes ist das untere (erste) Quartil ($x_{0.25}$ oder 25 % Quantil) zu bestimmen: Dies ist der Wert, unterhalb dessen 25 Prozent der Daten liegen. Das obere (dritte) Quartil beschreibt den Wert, bei dem 75 Prozent der Daten darunter liegen ($x_{0.75}$ oder 75 % Quantil).

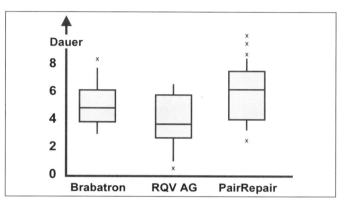

Abb. 34. Boxplot

Die untere bzw. obere Grenze der Box ist durch das untere bzw. obere Quartil gegeben, also liegt die Hälfte der beobachteten Werte in der Box. Die Linie innerhalb der Box gibt die Lage des Medians wieder. Der kleinste und der größte beobachtete Wert sind durch die äußeren Striche dargestellt. Extremwerte bzw. Ausreißer (mehr als 1.5 Boxlängen vom unteren bzw. oberen Rand der Box entfernt) werden von Softwareprogrammen errechnet und durch * bzw. x dargestellt. Mithilfe eines Boxplots können in einer Darstellung die Verteilungen mehrerer Merkmale dargestellt und somit verglichen werden. Beachten Sie bitte auch Anhang A.1, der alle vorgestellten Möglichkeiten der grafischen Aufarbeitung noch einmal zusammenfasst.

Anwendung in Minitab

Graph ⇨ Boxplot

Zur Vertiefung kann Übung 3 aus dem Anhang durchgeführt werden.

3.3 Aktuelle Prozessleistung berechnen

Bislang beruhte die Einschätzung des Prozesses lediglich auf Vermutungen – jetzt kann auf Basis der zuvor ermittelten Daten die wirkliche Prozessleistung in Gestalt des Sigma-Wertes berechnet werden. Dieser wird aus der Anzahl der gemessenen Fehler, der Anzahl der Einheiten und der Anzahl Fehlermöglichkeiten bestimmt. Einen Überblick über den Weg zur Berechnung des Sigma-Wertes gibt Abb. 35. Die Prozessleistung wird auch als „Voice of the Process" (VOP) bezeichnet: Im Gegensatz zur VOC, die den Kunden zu Wort kommen lässt, „spricht" hier der Prozess.

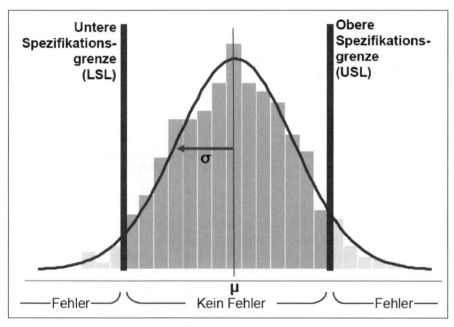

Abb. 35. Berechnung des Sigma-Wertes

Im Abschnitt 1.2.2 wurde das Konzept des Sigma-Wertes kurz umrissen: Die Standardabweichung (σ) gibt den durchschnittlichen Abstand zwischen einem gegebenen Punkt auf der Normalverteilungskurve und dem Erwartungswert μ an. Der Sigma-Wert (Sigma-Niveau, Z-Wert oder Sigma-Leistungsfähigkeit) ist die Messgröße für die Prozessleistungsfähigkeit, gemessen in Einheiten der Standardabweichung σ. Grafisch misst der Sigma-Wert, wie viele Standardabweichungen zwischen den Erwartungswert μ eines Prozesses und die Spezifikationsgrenzen „passen". Er ist Ausdruck der Wahrscheinlichkeit, dass ein Defekt auftritt. Das heißt:

Je kleiner σ ist, desto mehr σ „passen" zwischen den Erwartungswert μ und die Spezifikationsgrenzen und umso höher ist der Sigma-Wert des Prozesses.

3.3.1 Verteilungen

Bevor wir mit der Berechnung des Sigma-Wertes beginnen können, müssen wir uns die gesammelten Messwerte genau ansehen.

Zufällige Ereignisse treten in unterschiedlichsten Formen auf: Beispielsweise sind die Chancen für die Ziehung einer Kugel aus einem Behälter mit gleich vielen roten und blauen Kugeln für beide Farben gleich. Hingegen ist die Wahrscheinlichkeit, vom Blitz getroffen zu werden, mitten in einem Gewitter ungleich höher als weit davon entfernt. Beides sind zufällige Ereignisse. Ihre Form ist jedoch sehr unterschiedlich. Wahrscheinlichkeitsverteilungen, im Allgemeinen oft nur als Verteilungen bezeichnet, beschreiben diese Zusammengehörigkeit von Ereignissen und Wahrscheinlichkeiten. Auf dieser Grundlage können statistische Analysen durchgeführt werden. Wir möchten an dieser Stelle noch einmal betonen, dass zwischen hypothetischer und realer Verteilung unterschieden werden muss. Siehe hierzu auch Abschnitt 1.2.2, in dem dieser Aspekt genauer erläutert wird.

In Abb. 36 sind Beispiele für Verteilungen zu sehen: links Normalverteilungen mit μ = 0 und σ = 1, 2 und 3 und rechts Exponentialverteilungen mit λ=0.5, 1 und 2).

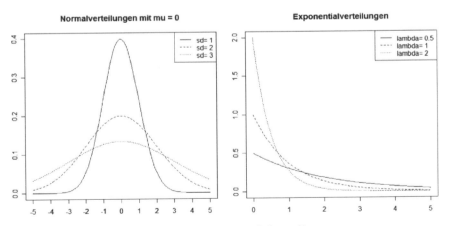

Abb. 36. Verschiedene Normal- und Exponentialverteilungen

Anwendung in Minitab

Zur Identifikation, welche Verteilung vorliegt, ist folgende Funktion von Minitab hilfreich:

Stat ⇨ Quality Tools ⇨ Individual Distribution Identification

Minitab vergleicht hier die reale Verteilung der Daten (die oft auch als empirische Verteilung bezeichnet wird, darstellbar z. B. über ein Histogramm) mit einer Auswahl von (bis zu) 16 Verteilungen (z. B. die Normalverteilung, Exponentialverteilung, Gammaverteilung etc.). In Abb. 37 soll die Vorgehensweise von Minitab verdeutlicht werden. Wenn die Daten wirklich einer der angebotenen Verteilungen folgen, dann sollten alle Punkte möglichst nah an den entsprechenden Geraden sein, am besten innerhalb des Intervalls. Ein p-Wert, der größer als 0.05 ist, spricht für eine bestimmte Verteilung (siehe Abschnitt 1.2.2).

In Abb. 37 beispielsweise scheinen die Daten am ehesten mit einer Gammaverteilung übereinzustimmen. Es ist für den Anwender nicht nötig, den genauen Verlauf oder die Bedeutung jeder Verteilung zu kennen. Eine Identifikation einer Verteilung kann an verschieden Stellen jedoch nützlich werden, so z. B. bei der Berechnung der Prozessleistung.

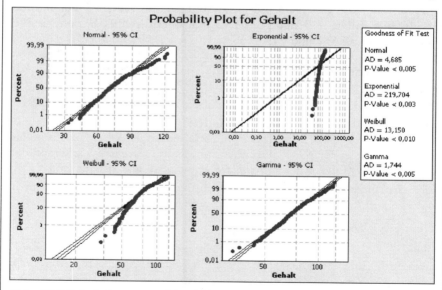

Abb. 37. Minitab-Output zur Identifikation von Verteilungen

Normalverteilung

Die Normalverteilung ist eine der wichtigsten Verteilungen; sie ist Voraussetzung für viele Six-Sigma-Verfahren. Die Normalverteilungskurve gibt eine Wahrscheinlichkeitsverteilung an, bei welcher der am häufigsten auftretende Wert (Erwartungs- oder Mittelwert) in der Mitte liegt. Das heißt: Die meisten Messpunkte (etwa eines Prozesses) liegen symmetrisch in der Nähe des Erwartungswerts. Die Wahrscheinlichkeit, einen Wert zu erhalten, der von diesem weit entfernt liegt, ist also gering. Die Kurve schneidet nie die x-Achse, sie nähert sich nur an. Mit der Normalverteilung lassen sich viele Vorgänge exakt oder mit einer sehr guten Näherung beschreiben.

Die Normalverteilungskurve kann in verschiedene Segmente unterteilt werden, die als Standardabweichungen vom Mittelwert definiert sind. In Abb. 38 ist eine Normalverteilungskurve zu sehen, bei welcher der Mittelwert 30 beträgt. Darunter sind als Ausdruck der Prozessleistungsfähigkeit die entsprechenden Z-Werte abgetragen.

Die Standardnormalverteilung bezeichnet eine auf den Mittelwert 0 und die Standardabweichung 1 „standardisierte" Normalverteilung. Einige wichtige Werte der Standardnormalverteilung N(0,1) sind:

$$z_{0.95} = 1.64 \quad z_{0.975} = 1.96 \quad z_{0.99} = 2.33$$

Dies bedeutet, dass auf der x-Achse der Standardnormalverteilung beim Wert 1.64 der Trennwert ist, bei dem die Wahrscheinlichkeit einen Wert größer 1.64 zu beobachten bei 5 % liegt und einen Wert kleiner 1.64 zu beobachten bei 95 % liegt. Im Allgemeinen bezeichnet man diese „Trennwerte" auch als Quantile.

Die folgende Abbildung zeigt: Rund 68 Prozent eines Prozesses befinden sich im Bereich der Kurve im Segment von +/-1 Standardabweichung vom Mittelwert. Über 95 Prozent liegen innerhalb von +/-2 Standardabweichungen und 99.7 Prozent innerhalb von +/-3 Standardabweichungen. Umgekehrt bedeutet dies, wie oben erläutert, dass die Wahrscheinlichkeit sehr gering ist, ein Ereignis zu erhalten, das mehr als +/-3 Standardabweichungen vom Mittelwert entfernt liegt.

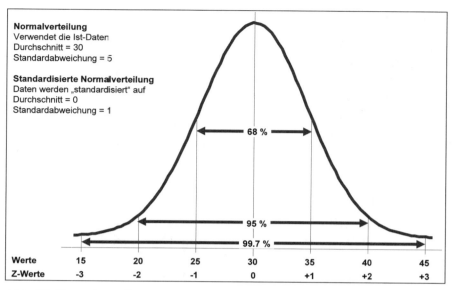

Abb. 38. Normalverteilung

3.3.2 Kurzfristig versus langfristig

Bei der Berechnung des Sigma-Wertes muss berücksichtigt werden, dass die Prozessfähigkeit sich im Zeitverlauf verändert. Aus der Erfahrung heraus ist bekannt, dass sich Prozesse nach einer Verbesserungsinitiative langfristig meist wieder verschlechtern. Die kurzfristige Variation des verbesserten Prozesses ist kleiner als die langfristige (siehe Abb. 39).

Der Unterschied zwischen der kurz- und langfristigen Variation wirkt sich auch direkt auf die Berechnung des Sigma-Wertes aus. Die kurzfristige Prozessfähigkeit ist i. d. R. höher als die langfristige. Der Erfahrungswert liegt hier bei einem Unterschied von 1.5σ – die langfristige Prozessfähigkeit liegt also in der Regel um 1.5σ niedriger als die kurzfristig gemessene. Diese Verschiebung ist in der Sigma-Tabelle bereits berücksichtigt (Sigma-Shift). Zum Sigma-Shift siehe auch den Einschub in Abschnitt 4.2.6.1.

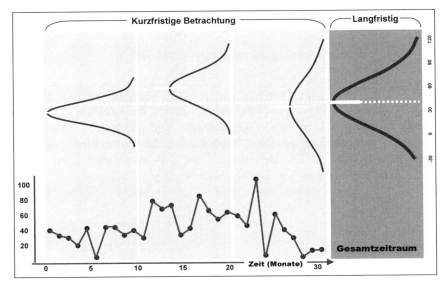

Abb. 39. Kurzfristige und langfristige Prozessbetrachtung

3.3.3 Stetige Daten

Die Methode zur Berechnung des Sigma-Wertes hängt davon ab, ob stetige oder diskrete Daten zugrunde liegen (zur Unterscheidung siehe 3.2.2). Außerdem muss die Verteilung der Werte bekannt sein.

Normalverteilte Daten

Bevor die Prozessleistung berechnet wird, sollte ein Test auf Normalverteilung der Daten erfolgen (siehe 4.2.6.6).

Anwendung in Minitab

Stat ⇨ Basic Statistics ⇨ Normality Test

Liegt eine Normalverteilung vor, so kann die Prozessleistung sofort berechnet werden. Hierzu wenden wir Minitab an.

> **Anwendung in Minitab**
>
> Stat ⇨ Quality Tools ⇨ Capability Analysis Normal

Alternativ kann die Prozessleistung auch manuell berechnet werden. Eine Normalverteilung ist in Abb. 38 gezeigt. Die zentrale Tendenz des Prozesses ist durch den Mittelwert und die Variation durch die Standardabweichung σ definiert. Die Berechnung des Z-Wertes funktioniert mit der folgenden Gleichung (sofern eine Normalverteilung vorliegt):

$$Z = \frac{|SL - \mu|}{\sigma}$$

Der Unterschied in der Berechnung für das Kurz- bzw. Langzeit-Sigma-Niveau liegt in der Verwendung der Kurz- bzw. Langzeitstandardabweichung σ_{ST} oder σ_{LT}.

$$Z_{ST} = \frac{|SL - \mu|}{\sigma_{ST}} \quad Z_{LT} = \frac{|SL - \mu|}{\sigma_{LT}}$$

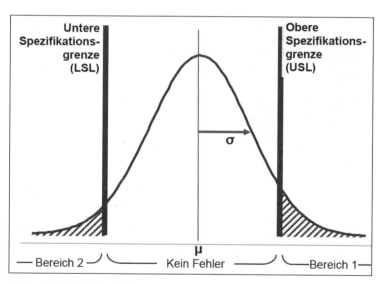

Abb. 40. Fehlerbereiche

Folgend das schrittweise Vorgehen zur Berechnung des Sigma-Werts (Z-Wert) ohne Minitab:

1. Schritt: $Z_1 = \dfrac{USL - \mu}{\sigma}$
2. Schritt: Sehen Sie den Normwert für Z_1 in der Tabelle nach (siehe Abb. 41).
3. Schritt: Bereich 1 = 1 − Normwert
4. Schritt: $Z_2 = \dfrac{LSL - \mu}{\sigma}$
5. Schritt: Sehen Sie den Normwert für Z_2 in der Tabelle (siehe Abb. 41) nach.
6. Schritt: Bereich 2 = nachgesehener Wert
7. Schritt: Gesamtbereich = Bereich 1 + Bereich 2
8. Schritt: Ergebnis in % = (1 − Gesamtbereich) · 100 %
9. Schritt: Z_{ST} in der Sigma-Tabelle in Abb. 45 nachschlagen.

Beispiel: Wir nehmen folgende Werte an: μ = 30, σ = 5, untere Spezifikationsgrenze = 20, obere Spezifikationsgrenze = 40. Es ergibt sich folgende Berechnung:

1. $Z_1 = \dfrac{40 - 30}{5} = 2.0$
2. Normwert = + 0.977250
3. Bereich 1 = 1 - 0.977250 = 0.02275
4. $Z_2 = \dfrac{20 - 30}{5} = -2.0$
5. Normwert = 0.02275
6. Bereich 2 = 0.02275
7. Gesamtbereich = 0.02275 + 0.02275 = 0.0455
8. Ergebnis = 1- 0.0455 = 0.9545 entspricht 95.45 % (siehe Abb. 45)
9. Z_{ST} = 3.2

Wenn Sie den erhaltenen Wert für das Kurzzeitverhalten in das Langzeit-Sigma-Niveau umrechnen wollen, müssen Sie 1.5 abziehen (Sigma Shift, siehe hierzu Abschnitt 3.3.2):

$$Z_{Bench} = Z_{LT} = Z_{ST} - 1.5$$

	0	0.1	0.2	0.3	0.4	0.5	0.6	0.7	0.8	0.9
-4	0.000032	0.000021	0.000013	0.000009	0.000005	0.000003	0.000002	0.000001	0.000001	0.000000
-3	0.001350	0.000968	0.000687	0.000483	0.000337	0.000233	0.000159	0.000108	0.000072	0.000048
-2	0.022750	0.017864	0.013903	0.010724	0.008198	0.006210	0.004661	0.003467	0.002555	0.001866
-1	0.158655	0.135666	0.115070	0.096801	0.080757	0.066807	0.054799	0.044565	0.035930	0.028716
-0	0.500000	0.460172	0.420740	0.382089	0.344578	0.308538	0.274253	0.241964	0.211855	0.184060
0	0.500000	0.539828	0.579260	0.617911	0.655422	0.691462	0.725747	0.758036	0.788145	0.815940
1	0.841345	0.864334	0.884930	0.903199	0.919243	0.933193	0.945201	0.955435	0.964070	0.971284
2	0.977250	0.982136	0.986097	0.989276	0.991802	0.993790	0.995339	0.996533	0.997445	0.998134
3	0.998650	0.999032	0.999313	0.999517	0.999663	0.999767	0.999841	0.999892	0.999928	0.999952
4	0.999968	0.999979	0.999987	0.999991	0.999995	0.999997	0.999998	0.999999	0.999999	1.000000

Abb. 41. Tabelle der N(0,1)-Verteilungsfunktion

Praxistipp zum Ablesen der N(0,1)-Verteilungsfunktion-Tabelle

Die fett gedruckten Zahlen vor den Zeilen sind die Ganzzahlen, die Spalten beziehen sich auf die erste Stelle hinter dem Komma. Sucht man den Wert für -2.0, wie im Beispiel auf der vorherigen Seite, so ist der Wert in der 3. Zeile (-2) und 1. Spalte (.0) abgetragen: 0,022750.

Nicht normalverteilte Daten

Sind die Daten nicht normalverteilt, so wird zunächst ermittelt, welche Wahrscheinlichkeitsverteilung am besten zu den vorliegenden Daten passt.

Anwendung in Minitab

Stat ⇨ Quality Tools ⇨ Individual Distribution Identification

Anschließend wird mit der gefundenen Wahrscheinlichkeitsverteilung die Prozessleistung berechnet. Die Verteilung ist unter „Distribution" auszuwählen.

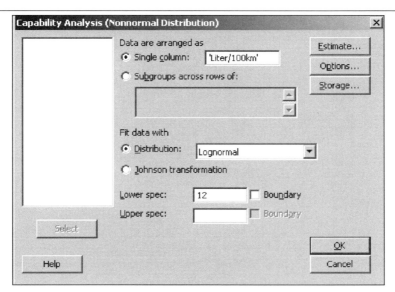

Abb. 42. Einstellungen für die Berechnung der Prozessleistung bei nicht normalverteilten Daten

Stat ⇨ Quality Tools ⇨ Capability Analysis Nonnormal

Unter „Options" wird eingestellt, was auf dem Display erscheinen soll:
- Capability stats (P_p) für die Kurz- und Langzeitleistungsindices.
- Unter Benchmark Z's (ZBench) ist der Sigma-Wert versteckt.

In Abb. 43 ist das entsprechende Fenster zu sehen.

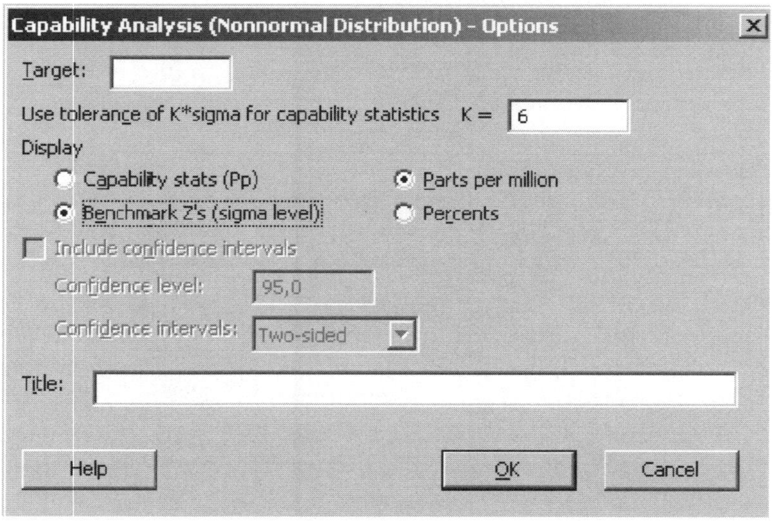

Abb. 43. Optionen für nicht normalverteilte Daten

Das Ergebnis der Auswertung findet sich in Abb. 44. Oben rechts findet man unter Overall Capability den ZBench bzw. Sigma-Wert.

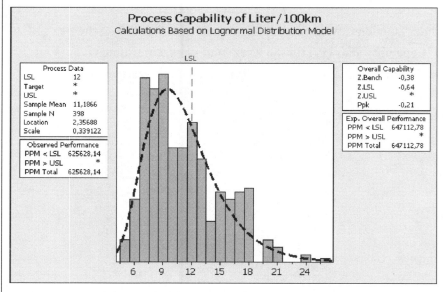

Abb. 44. Prozessfähigkeit für nicht normalverteilte Daten

Die Prozessleistungsindizes

Zur Beurteilung der Prozessfähigkeit können auch verschiedene Prozessleistungsindizes verwendet werden.

Kurzzeit-Leistungsindex C_p

Der C_p-Wert ist ein Maß für die Kurzzeitfähigkeit eines Prozesses und vergleicht die Toleranz einer zweiseitigen Spezifikation mit der Prozessvarianz. Oder mit anderen Worten: Der Prozessleistungsindex C_p ist ein Maß für die Variabilität des Prozesses und besagt, wie viele Standardabweichungen bei einer zweiseitigen Spezifikationsgrenze zwischen die untere (LSL= Lower Specification Limit) und die obere Spezifikationsgrenze (USL = Upper Specification Limit) passen (siehe hierzu Abb. 40). Der Index C_p beschreibt die Kurzzeitstreuung mittels der Kurzzeitstandardabweichung σ_{ST}, wobei der Prozess in der Toleranzmitte liegt. Zur Berechnung dient folgende Formel:

$$C_p = \frac{USL - LSL}{6\sigma_{ST}}$$

Der Bereich zwischen der unteren (LSL) und der oberen Spezifikationsgrenze (USL) repräsentiert die Stimme des Kunden (VOC). Die Stimme des Prozesses (VOP) wird durch den Wert $6\sigma_{ST}$ dargestellt. Wenn $C_p = 1$ ist, dann haben 6 Standardabweichungen innerhalb der Spezifikationsgrenzen Platz. Für diesen Fall liegen 99.9997 % der Variation des Prozesses innerhalb der Spezifikationsgrenzen des Kunden. Der C_p-Wert ist kein Messwert zur Beschreibung der zentralen Tendenz der Daten, da er nur die Toleranzbreite des Spezifikationsbereiches mit der Prozessvarianz vergleicht. Diesen Nachteil gleicht der C_{pk}-Wert aus.

Kurzzeit-Leistungsindex C_{pk}

Der C_{pk}-Wert gibt Auskunft über die Leistungsfähigkeit des aktuellen Kurzzeitprozesses und vergleicht die Prozessstreuung mit der Spezifikationsbreite und -lage. Der C_{pk}-Wert berücksichtigt im Vergleich zum C_p-Wert zusätzlich die Abweichung zwischen dem Mittelwert der Verteilung und dem Mittelwert des Spezifikationsbereiches. Der C_{pk}-Wert betrachtet somit den Mittelwert und die Variation und überprüft zusätzlich, ob der Mittelwert im Ziel liegt.

$$C_{pu} = \frac{USL - \mu}{3\sigma_{ST}} \qquad C_{pl} = \frac{\mu - LSL}{3\sigma_{ST}}$$

$$C_{pk} = \min(C_{pu}, C_{pl})$$

In Worten: Der C_{pk}-Wert vergleicht den Abstand des Prozessmittelwertes μ zu den beiden Spezifikationsgrenzen (USL und LSL) mit der halben Breite der Kurzzeitvarianz σ_{ST}, die zwischen Prozessmittelwert und der jeweiligen Spezifikationsgrenze bestehen sollte, um wieder innerhalb von 6 Standardabweichungen (drei links und drei rechts) bzw. mit 99.9997 % der Variation innerhalb der Spezifikationsgrenzen zu liegen. Der kleinere und damit schlechtere der beiden Werte C_{pu} und C_{pl} ist der C_{pk}-Wert.

Liegt die Standardabweichung des Prozesses zentriert zwischen oberer und unterer Spezifikationsgrenze, so gilt: $C_{pk} = C_p$. Ein C_{pk}-Wert größer 1.33 ist ein Indiz für eine gute Kurzzeitleistungsfähigkeit des Prozesses. Werte unter 1.33 weisen darauf hin, dass entweder die Variation im Vergleich zur Spezifikation zu groß ist und/oder die zentrale Tendenz des Prozesses vom Mittelwert der Spezifikationsgrenzen abweicht.

Langzeit-Leistungsindex P_{pk}

Der P_{pk}-Wert beschreibt die Langzeitleistung des Prozesses. Der einzige Unterschied zum C_{pk}-Wert ergibt sich aus der Berechnung mittels der Langzeitstandardabweichung σ_{LT} anstatt über die Kurzzeitstandardabweichung σ_{ST}.

Hinweis zur Berechnung des Sigma-Niveaus aus dem P_{pk}-Wert: Die Formel für das Sigma-Niveau Z_{ST} ist exakt bei einseitigen und liefert gute Ergebnisse bei zweiseitigen Spezifikationen.

$$P_{pu} = \frac{USL - \mu}{3\sigma_{LT}} \qquad P_{pl} = \frac{\mu - LSL}{3\sigma_{LT}}$$

$$P_{pk} = \min(P_{pu}, P_{pl})$$

$$Z_{LT} = 3P_{pk} = Z_{Bench}$$

Langzeitkennzahlen sind vor allem in der Praxis wichtig, da jeder Prozess über einen längeren Zeitraum ein anderes Verhalten zeigt, als es in der Kurzzeitbetrachtung ermittelt wird.

In der folgenden Tabelle finden Sie eine Zusammenfassung der Prozessleistungsindizes:

Kennzahl	Formel zur Berechnung	Anwendung
Kurzzeit-Leistungsindex C_p	$C_p = \dfrac{USL - LSL}{6\sigma_{ST}}$	Vergleich der Toleranz der zweiseitigen Spezifikation mit der Kurzzeitprozessvarianz
Kurzzeit-Leistungsindex C_{pk}	$C_{pk} = \min(\dfrac{USL - \mu}{3\sigma_{ST}}, \dfrac{\mu - LSL}{3\sigma_{ST}})$	Vergleich der Toleranz der Spezifikation mit der Kurzzeitprozessvarianz sowie der Mittelwerte von Spezifikation und Verteilung
Kurzzeit-Leistungsindex P_p	$P_p = \dfrac{USL - LSL}{6\sigma_{LT}}$	Vergleich der Toleranz der Spezifikation mit der Langzeitprozessvarianz
Langzeit-Leistungsindex P_{pk} und Sigma Z_{Bench}	$P_{pk} = \min(\dfrac{USL - \mu}{3\sigma_{LT}}, \dfrac{\mu - LSL}{3\sigma_{LT}})$ $Z_{LT} = 3P_{pk} = Z_{Bench}$	Vergleich der Toleranz der Spezifikation mit der Langzeitprozessvarianz sowie der Mittelwerte von Spezifikation und Verteilung

Die folgende Tabelle zeigt unterschiedliche Situationen, wie sie in der Praxis vorkommen, und gibt Hinweise auf Verbesserungsansätze:

Kennzahl	Schlussfolgerung	Verbesserungsansätze
C_p hoch und C_{pk} niedrig	Die Streuung ist in Ordnung, der Prozess ist aus der Toleranzmitte verschoben.	Verbessern Sie die Lage bzgl. der Spezifikation und behalten Sie dabei die Streuung im Auge; sie sollte auf keinen Fall größer werden.
C_{pk} hoch	Kurzzeitbetrachtung: Lage ist in Ordnung.	Prüfen Sie das Langzeitverhalten mittels des P_{pk}-Werts.
P_{pk} niedrig	Langzeitverhalten: Die Lage bzgl. Spezifikation ist schlecht.	Verbessern Sie die Lage nachhaltig, indem Sie den Prozess in Richtung Spezifikation zentrieren und senken Sie wenn möglich auch die Langzeitstandardabweichung.
P_{pk} hoch	Langzeitbetrachtung: Lage ist in Ordnung.	Prüfen Sie den C_p- und C_{pk}-Wert, um das Lang- mit dem Kurzzeitverhalten zu vergleichen.
$C_p = P_{pk}$	Der Prozess befindet sich im Leistungsmaximum.	Beobachten Sie weiterhin den Prozess. Um darüber hinaus weitere Verbesserungen zu erreichen, müssten Sie den Prozess neu gestalten.

3.3.4 Diskrete Daten

Bei diskreten Daten kann der Sigma-Wert mithilfe einer einfachen Formel berechnet werden. Hierzu werden drei Kriterien benötigt:
- D (Defect) steht für Fehler, also jedes Ereignis, das die Leistungsanforderungen des Kunden nicht erfüllt.
- N (Number) ist die Menge des Outputs, z. B. Anzahl der Produkte/ Einheiten.
- O (Opportunity) steht für die Anzahl der Fehlermöglichkeiten, die eine Einheit aufweisen kann.

Mithilfe dieser Variablen werden die Fehler pro einer Million Fehlermöglichkeiten (Defects per Million Opportunities = DPMO) berechnet.

Die Normierung auf eine Million Fehlermöglichkeiten ermöglicht den Vergleich von Prozessen mit unterschiedlichen Outputmengen.

Die Formel für den Sigma-Wert lautet:

$$DPMO = \frac{D}{N \cdot O} \cdot 1.000.000$$

Praxistipp zur Bestimmung von Fehleranzahl und -möglichkeiten

- Achten Sie darauf, dass die Fehlermöglichkeit schwerwiegend, also für den Kunden von Bedeutung ist.
- Sie können anhand der Anzahl der Fehlermöglichkeiten pro Einheit Rückschlüsse auf die Komplexität der Prozessleistung ziehen: Je komplexer der Prozess, desto höher ist die Anzahl der Möglichkeiten pro Einheit.
- Zählen Sie nur die Fehler, die auftreten und aufgetreten sind. Potenzielle Fehler dürfen nicht dazugezählt werden, da sonst ein verzerrtes Ergebnis entstehen würde: Durch die Erhöhung der Fehlermöglichkeiten pro Einheit würde der Sigma-Wert künstlich erhöht.
- Zieht ein Fehler automatisch einen weiteren nach sich, so zählen Sie diese beiden zusammen trotzdem nur als eine Fehlermöglichkeit.

Ein einfaches Beispiel aus dem Projekt zur Reduzierung der Reparaturdauer: Hier wurde eine Reparaturdauer von mehr als 20 Werktagen als Fehler definiert. Hat die vorhergehende Messung der Reparaturdurchlaufzeit 29 Fehler auf 1,000 Reparaturvorgänge bei einer Fehlermöglichkeit von 1 pro Vorgang (nämlich verspätet oder nicht) ergeben, dann lautet das Ergebnis:

$$DPMO = \frac{29}{1,000 \cdot 1} \cdot 1,000,000 = 29,000$$

Mithilfe der Sigma-Tabelle lässt sich nun der Sigma-Wert leicht ermitteln. Für einen DPMO von 29,000 ergibt sich ein Wert von 3.4 Sigma (siehe Abb. 45).

102 MEASURE

σ-Wert	DPMO	Yield	σ-Wert	DPMO	Yield	σ-Wert	DPMO	Yield
0.1	920,000	8%	2.1	274,000	73%	4.1	4,700	99,5%
0.2	900,000	10%	2.2	242,000	76%	4.2	3,500	99,65%
0.3	880,000	12%	2.3	212,000	79%	4.3	2,600	99,74%
0.4	860,000	14%	2.4	184,000	82%	4.4	1,900	99,81%
0.5	840,000	16%	2.5	159,000	84%	4.5	1,300	99,87%
0.6	820,000	18%	2.6	136,000	86%	4.6	970	99,90%
0.7	790,000	21%	2.7	115,000	89%	4.7	690	99,93%
0.8	760,000	24%	2.8	97,000	90%	4.8	480	99,95%
0.9	730,000	27%	2.9	81,000	92%	4.9	340	99,97%
1	690,000	31%	3	67,000	93%	5	230	99,977%
1.1	660,000	34%	3.1	55,000	95%	5.1	160	99,984%
1.2	620,000	38%	3.2	45,000	95.5%	5.2	110	99,989%
1.3	580,000	42%	3.3	36,000	96.4%	5.3	72	99,993%
1.4	540,000	46%	3.4	29,000	97.1%	5.4	48	99,995%
1.5	500,000	50%	3.5	23,000	97.7%	5.5	32	99,9968%
1.6	460,000	54%	3.6	18,000	98.2%	5.6	21	99,9979%
1.7	421,000	58%	3.7	14,000	98.6%	5.7	13	99,9987%
1.8	382,000	62%	3.8	11,000	98.9%	5.8	8.6	99,9991%
1.9	345,000	66%	3.9	8,200	99.2%	5.9	5.4	99,99946%
2	309,000	69%	4	6,200	99.4%	6	3.4	99,99966%

Abb. 45. Ausschnitt aus der Sigma-Tabelle

Die Spalte „Yield" bezeichnet die Prozessleistungsfähigkeit in Prozent. Sie gibt also den Anteil an fehlerfreien Produkten oder Dienstleistungen an.

3.3.5 First Pass Yield versus Final Yield

Bei der Berechnung der Prozessleistung sind grundsätzlich zwei Varianten der Fehlerermittlung möglich: First Pass Yield und Final Yield. Beide Varianten ermitteln die Anzahl fehlerfreier Einheiten. Nach Final Yield wird gemessen, wie viele Einheiten am Ende ohne Fehler als Gesamtprozessoutput herauskommen. Dieses Ergebnis wurde jedoch im Prozeßverlauf durch Nacharbeiten und Fehlerbeseitigung in Subprozessen verbessert. Um die eigentliche Prozessfähigkeit zu messen wird auf First Pass Yield zurückgegriffen. Nach First Pass Yield wird die Anzahl der Einheiten gemessen, die auf Anhieb ohne Fehler – also ohne Nacharbeiten – durch den Prozess laufen.

Vergleich zwischen Final Yield und First Pass Yield

Es wurden bei der Datenerfassung 1,000 Inputeinheiten betrachtet. Am Ende des Prozesses (Ergebnis des letzten Durchlaufs = Final Yield) waren davon 971 fehlerfrei und 29 Einheiten fehlerhaft, also 97.1 Prozent fehlerfrei. Dies würde einem Sigma-Wert von 3.4 entsprechen.

Nun wurden jedoch auch die Subprozesse betrachtet, die zu dem betrachteten Gesamtprozess gehören, und Folgendes festgestellt: In jedem der 3 Subprozesse wurden Fehler nachbearbeitet. Nach First Pass Yield werden diese auch als fehlerhaft klassifiziert. Nehmen wir an, es waren im ersten Subprozess 15 Einheiten, im zweiten 11 und im dritten 24 Einheiten. Somit müssen zu den bestehenden 29 fehlerhaften Einheiten weitere 52 hinzugezählt werden. Mit der nun bestehenden Fehleranzahl von 81 reduziert sich der Anteil der fehlerfreien Einheiten auf 91.9 Prozent. Der Sigma-Wert liegt daher nur noch bei 2.9.

Final Yield ist die klassische Methode, bei der nur Anfang und Ende des Prozesses betrachtet werden. Sie berücksichtigt nicht, wo eventuell innerhalb des Prozesses bereits Korrekturen vorgenommen wurden. Sie verbirgt also Fehler und die mit ihrer Entdeckung und Korrektur verbundenen zumeist erheblichen Kosten. Diese versteckten Qualitätssicherungsmaßnahmen werden auch als „versteckte Fabrik" (Hidden Factory) bezeichnet. Die Ursachen für auftretende Fehler im Prozeßverlauf sollen im Rahmen des Six-Sigma-Projektes aufgedeckt und abgestellt werden. Daher ist es elementar den gesamten Prozeß nicht als „schwarzen Kasten" mit einem Input und einem Output hinzunehmen, sondern sich detailliert mit den Subprozessen und deren Leistungsfähigkeit zu beschäftigen. Die empfohlene Berechnung des Sigma-Wertes ist daher First Pass Yield. Hierbei wird das Ergebnis durch Nacharbeiten nicht verfälscht.

Zur Vertiefung des gesamten Abschnitts 3.3 kann Übung 4 aus dem Anhang durchgeführt werden.

3.4 Zusammenfassung der Projektphase MEASURE

In der MEASURE-Phase wurden die Kundenanforderungen vervollständigt und präzisiert: durch Festlegen der Outputmesskriterien, des Zielwerts, der Spezifikationsgrenzen und der Fehlermöglichkeiten aus Kundensicht. Der Datenerfassungsplan legte die operationale Definition und das Ziel der Messung fest. Die Messung wurde gründlich vorbereitet, das Messsystem und seine Ergebnisse überprüft und grafisch dargestellt. Die Prozessleistung wurde anschließend als Basis für den Vergleich mit den Kundenanforderungen berechnet: Der Sigma-Wert. Mit den Messergebnissen und dem Sigma-Wert wurde so der Grundstein für die Analyse der Daten und des Prozesses in der nun folgenden ANALYZE-Phase gelegt.

ANALYZE
Relevante Einflussfaktoren (X) herausarbeiten

7. Daten und Prozess analysieren
- Datenanalyse
- Prozessanalyse

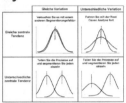

8. Ermitteln der Grundursachen
- Ursache-Wirkungs-Diagramm

- Five Whys
- Bestimmen der „Vital Few"
- Kontroll-Einfluss-Matrix
- Pareto-Analyse

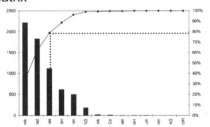

- Hypothesentests
- Korrelations-, Regressionsanalyse

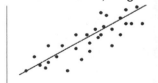

9. Quantifizieren der Verbesserungsmöglichkeiten

Vital Few X

4 ANALYZE

In der ANALYZE-Phase steht die Ursachenforschung im Zentrum. Mithilfe der in der Projektphase MEASURE erhobenen Daten gilt es, den Ursachen auf die Spur zu kommen, die für die Minderung der Prozessleistung verantwortlich sind. Das Projektteam will also herausfinden, welche hauptsächlichen Einflussfaktoren (Vital Few X) das Prozessergebnis so beeinflussen, dass es nicht den Kundenanforderungen entspricht. Mithilfe einer Daten- und Prozessanalyse werden zunächst die vermutlich wichtigsten Einflussfaktoren ermittelt. Im nächsten Schritt gilt es, die Beziehung zwischen X und Y (siehe Abschnitt 1.2.1) zu bestätigen: Haben die ermittelten Faktoren tatsächlich eine Auswirkung auf den Prozessoutput? Falls ja, werden diese Ursache-Wirkungs-Beziehungen in Zahlen ausgedrückt. Dadurch kann schließlich der Ertrag berechnet werden, der sich durch die Beseitigung der ermittelten Hauptursachen ergibt.

ANALYZE beantwortet also die folgenden Fragen: Wodurch wird das Problem verursacht? Wo, wann und warum treten Fehler auf? Wie sehen die Beziehungen zwischen den Einflussfaktoren und dem Prozessergebnis aus? Welchen finanziellen Nutzen kann das Unternehmen potenziell aus dem Verbesserungsprojekt generieren? Die Kernfrage lautet: Was sind die Hauptursachen für das Problem?

Folgendes ist hier zu tun

- Daten und Prozess analysieren
- Grundursachen ermitteln
- Verbesserungsmöglichkeiten quantifizieren

4.1 Daten und Prozess analysieren

Bei der Analyse von der Daten und des Prozesses sind erneut statistische Methoden erforderlich – die altbekannte Formel „$Y = f(X)$" erhält hier Bezug zum Prozess: Das Prozessergebnis Y ist abhängig von einer oder mehreren Prozessvariablen, den Einflussfaktoren X. Das „f" in der Formel drückt diese Abhängigkeit aus. Es gilt nun, diejenigen X-Variablen zu identifizieren, die den größten Einfluss auf den Prozessoutput Y haben. Um ein vollständiges Bild zu erhalten, müssen sowohl die Daten als auch der Prozess analysiert werden.

Die in der MEASURE-Phase gesammelten Daten werden bei der Datenanalyse dazu verwendet, um anhand visueller Darstellungen Muster und Trends zu erkennen. Im nächsten Schritt werden dann die Hypothesen über die Ursachen der Prozessvariation bestätigt oder verworfen – dies erfolgt mithilfe der Statistik bzw. der Prozessanalyse.

Die Prozessanalyse untersucht die bestehenden Kernprozesse detailliert, um z. B. nicht wertschöpfende Prozessschritte zu identifizieren (Nacharbeiten, Ausfallzeiten usw.). Sie betrachtet das allgemeine Prozessergebnis und die daran Beteiligten.

Für die beiden Analyseformen werden unterschiedliche Werkzeuge verwendet. Statistische Werkzeuge helfen enorm bei der Beurteilung von Zusammenhängen, sie sollten aber kein Selbstzweck sein.

4.1.1 Datenanalyse

In der MEASURE-Phase wurden Segmentierungsfaktoren ermittelt (siehe 3.2.1). Nach diesen Faktoren werden die Daten nun in ANALYZE zur Visualisierung von Auffälligkeiten grafisch dargestellt, segmentiert und gegebenenfalls geschichtet. Ziel der Datenanalyse ist es, Untergruppen von Daten zu identifizieren, die unterschiedliche Variationen aufweisen.

Die Segmentierung ist das Instrument, um die Grundursachen zu ermitteln. Wenn die Ergebnisse der Segmentierung dies nahelegen, sollten die Daten im zweiten Schritt geschichtet werden: Werden sie nicht geschichtet, besteht die Gefahr, Werte sich überlagernder Prozesse zu vergleichen.

Segmentierung und Schichtung

Zunächst werden die Daten nach äußeren Faktoren segmentiert, also in verschiedene Gruppen eingeteilt. Dies geschieht auf Basis der Segmentierungsfaktoren. Mithilfe grafischer Darstellungen der Daten werden Unterschiede zwischen den Segmenten sichtbar gemacht. Die Messwerte für jedes Segment werden hinsichtlich der Mittelwerte und Variationen verglichen, um stabile Bereiche des Prozesses zu identifizieren.

Daten und Prozess analysieren   107

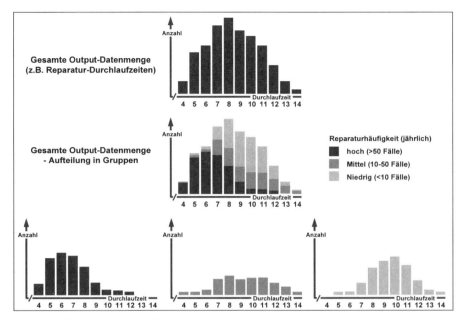

Abb. 46. Segmentierung der Gesamtdaten

Obige Abbildung zeigt die Segmentierung der Gesamtdaten nach dem Kriterium „Reparaturhäufigkeit eines Artikels".

Abhängig von Mittelwerten und Streuungen der zu vergleichenden Segmente weren unterschiedliche Vorgehensweisen empfohlen. Im ersten Schritt wird man die Daten segmentieren. Wenn es Hinweise darauf gibt, dass es sich bei den betrachteten Segmenten um unterschiedliche Prozesse handelt, so wird geschichtet. Dabei kann der Prozess durchaus gleich heißen, entscheidend ist, wie er gelebt wird.

Daten schichten – das heißt, dass die Daten geteilt und im Folgenden separat analysiert werden (eben weil es sich um mindestens zwei verschiedene Prozesse handelt). Eine Entscheidungshilfe bezüglich Segmentierung oder Schichtung bietet Abb. 47.

- Im Quadranten oben links: Haben zwei oder mehr Segmente gleiche oder ähnliche Mittelwerte und gleiche oder ähnliche Streuungswerte, ist der betreffende Segmentierungsfaktor nicht relevant. Im nächsten Schritt muss ein anderer Segmentierungsfaktor herangezogen und mit der Analyse fortgefahren werden. Gleichwohl sollte der in diesem Schritt verworfene Faktor nicht gänzlich vernachlässigt werden, da es durchaus möglich ist, dass er nach einer Schichtung nochmals zum Einsatz kommen kann. Ob Mittelwert oder Standardabweichung eines

Segments unterschiedlich oder gleich sind, kann über statistische Tests ermittelt werden (siehe Abschnitt 4.2.6).
- In den Quadranten unten links und unten rechts: Hier kann von unterschiedlichen Prozessen ausgegangen werden, da die zentralen Tendenzen ungleich sind. Unabhängig davon, ob die Streuung gleich oder unterschiedlich ist, müssen die Daten geteilt (geschichtet) werden. Im weiteren Verlauf sind sie weiter separat zu segmentieren, um Untergruppen zu finden, die gleiche Mittelwerte und unterschiedliche Variationswerte aufweisen. Ein Segmentierungsfaktor kann für die Gesamtheit der Daten irrelevant, für einzelne Schichten aber relevant sein. Daher werden hier Segmentierungsfaktoren erneut in die Analyse einbezogen, die bei gleicher Variation und gleichem Mittelwert verworfen wurden.
- Im Quadranten oben rechts: Wenn dies der Fall ist (Segmente haben die gleiche zentrale Tendenz und eine unterschiedliche Streuung), wurde ein Faktor gefunden, der ursächlich für die Variation der Outputvariablen ist. Ob und wie stark dieser Faktor die Prozessleistung beeinflusst, wird im Folgenden in der Ursachenanalyse ermittelt.

Ob Mittelwerte bzw. Variationen gleich oder unterschiedlich sind, kann grafisch nicht abschließend beantwortet werden. Der erste grafische Eindruck führt zu Hypothesen.
Beispielsweise sind die Durchlaufzeit-Mittelwerte der deutschen und britischen Reparateure unterschiedlich. Bestätigt bzw. widerlegt werden solche Hypothesen mithilfe von Hypothesentests (siehe Abschnitt 4.2.6).

4.1.2 Prozessanalyse

Nach der Betrachtung der Daten folgt im nächsten Schritt bei relevanten Prozessteilen (die in der Datenanalyse einen bestätigten Zusammenhang zwischen Segmentierungsfaktor und Variation aufwiesen) eine detaillierte Darstellung des Ist-Prozesses. Dabei werden die Prozesse der einzelnen Subgruppen bzw. Segmente dargestellt. Hinweis: Es ist nicht sinnvoll, den gesamten Prozess auf diesem Detaillierungsgrad zu analysieren. Aus Effizienzgründen sollte die Konzentration auf den relevanten Prozessteilen liegen, bei denen eine nähere Analyse Erfolg versprechen.
Wurde in der DEFINE-Phase das Werkzeug SIPOC zur Darstellung des Prozesses auf der Makroebene verwendet (siehe Kapitel 2.2.4), werden nun die Subprozesse einer genaueren Analyse unterzogen.

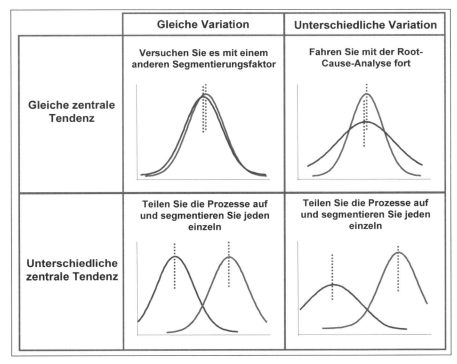

Abb. 47. Segmentierung und Schichtung

Praxistipp zur Darstellung des Ist-Prozesses

- Legen Sie die Prozessgrenzen fest. Verwenden Sie hierzu die Makro-Abbildung (SIPOC) aus der DEFINE-Phase.
- Wählen Sie den geeigneten Detaillierungsgrad aus. Der Prozess muss auf einem hohen Detaillierungsgrad dargestellt werden.
- Wählen Sie die geeignete Art der Prozessdarstellung. Hier kann es sinnvoll sein, für einen Prozess mehrere Methoden anzuwenden, um den Ablauf der einzelnen Aktivitäten aus mehreren Perspektiven zu untersuchen.
- Beschreiben Sie den aktuell „gelebten" Ist-Prozess In die Prozessdarstellung dürfen keine möglichen Lösungen, theoretisch definierten Abläufe oder Wunschvorstellungen einfließen.
- Dokumentieren Sie den Prozess im Team detailliert. Erfassen Sie zu Beginn mittels eines Brainstormings alle Prozessschritte und legen Sie die Reihenfolge erst zum Schluss fest.

Subprozessanalyse

Ausgehend vom SIPOC wird der Prozess nun in seine Subprozesse heruntergebrochen. Auf der nächsten Ebene wird nun jeweils ein Prozessschritt des SIPOC in Form mehrerer Aktivitäten dargestellt. Die Aktivitäten wiederum werden dann im nächsten Schritt in eine genaue Abfolge von Unteraktivitäten und Entscheidungspunkten gebracht. In Abb. 48 wird das Vorgehen schematisch dargestellt.

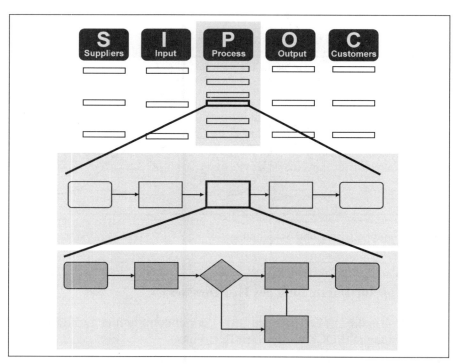

Abb. 48. Vom SIPOC zum detaillierten Prozessdiagramm

Für die Darstellung der Subprozesse eignet sich entweder das einfache oder das funktionsübergreifende Flussdiagramm (Deployment Flowchart):

Das einfache Flussdiagramm ist die am häufigsten verwendete Form für Prozessdarstellungen. Sie ist für die Darstellung einfacher Prozesse oder solcher Abläufe geeignet, die nur von einer Person durchgeführt werden, und verwendet vier Symbole (siehe Abb. 49).

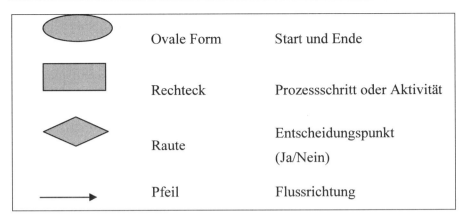

Abb. 49. Symbole im Flussdiagramm

Das funktionsübergreifende Flussdiagramm hingegen erleichtert die Darstellung, wenn an einem Prozess mehrere Personen oder Abteilungen beteiligt sind. Es zeigt, wer im Gesamtprozess welche Aktivität ausführt und welche Schritte parallel bearbeitet werden.

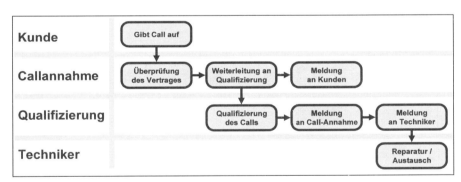

Abb. 50. Deployment Chart

Systematische Prozessanalyse

Sind der Prozess und seine Subprozesse übersichtlich dargestellt, kommen drei Teilschritte zur Anwendung, um den Prozess systematisch zu analysieren:
- Wertanalyse (Natur der Arbeit): Welche Prozessschritte tragen zur Wertschöpfung bei und welche nicht (siehe Abb. 51)?
- Workflowanalyse: Wo im Prozess gibt es Warte- und Verzögerungszeiten?

- Moments of Truth (Momente der Wahrheit): Wo bietet der Prozess unmittelbaren Kontakt zum Kunden?

Bei der Wertanalyse steht die Frage im Vordergrund, welchen Beitrag die einzelnen Prozessschritte zur Wertschöpfung, also zum subjektiven Gebrauchswert der Ware oder Dienstleistung aus Sicht des Kunden leisten. Es gibt wertschöpfende, wertfördernde und nicht wertschöpfende Prozessschritte:
- Prozessschritte sind wertschöpfend, wenn durch sie ein Produkt oder eine Leistung hergestellt oder zumindest verändert und somit eine Wertsteigerung erzielt wird.
- Wertfördernde Prozessschritte unterstützen wertschöpfende Schritte und erhalten sie aufrecht (ein Kunde wäre jedoch nicht bereit, dafür etwas zu bezahlen).
- Nicht wertschöpfend sind Prozessschritte, die gegebenenfalls notwendig sind, aber keinen erkennbaren Nutzen für den Kunden haben, weil sie in keinem direkten Zusammenhang mit dem Produkt oder der Dienstleistung stehen.

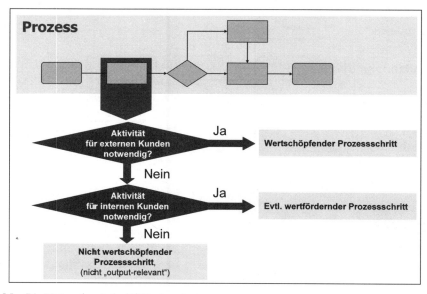

Abb. 51. Natur der Arbeit/Wertanalyse

Praxistipp zur Prozessanalyse

- Verwenden Sie ein Excel-Arbeitsblatt für die gesamte Prozessanalyse. Tragen Sie die Prozessschritte und deren Dauer ein. Legen Sie Felder für die Bewertungen „wertschöpfend/nicht wertschöpfend", Warte- und Verzögerungszeiten (Workflowanalyse) und den Kundenkontakt (Moments of Truth) an.
- Bewerten Sie jeden Prozessschritt: Ist er wertschöpfend oder nicht? Argumentieren Sie hier getrost hart und behalten Sie stets die Kundenbrille auf! Im Zweifel ordnen Sie einen Prozess eher als nicht wertschöpfend ein.
- Bewerten Sie nicht wertschöpfende Schritte gegebenenfalls als wertfördernd.
- Anmerkung: Jede Abteilung wird ihre Tätigkeiten als die wichtigsten bewerten. Als Black Belt haben Sie hier die Aufgabe, die externe Sicht beizubehalten und kritisch zu hinterfragen. Eine Prozessanalyse kann leicht ergebnislos werden, wenn alle Prozessschritte als wertschöpfend und als Prozesszeit bezeichnet werden, obwohl dies nicht der Wahrheit entspricht. Binden Sie im Zweifelsfall den Kunden mit ein.

Bei der Workflowanalyse wird der Arbeitsfluss im Prozess untersucht und der Prozess in unterschiedliche Zeiten eingeteilt: Die Durchlaufzeit (Cycle Time) ist die Gesamtdauer vom Beginn bis zum Ende des Prozesses. Sie setzt sich zusammen aus Verzögerungs- oder Liegezeiten (Zeiträume, in denen Prozesselemente darauf warten, bearbeitet zu werden) und Prozesszeiten (Zeiträume, in denen Prozesselemente bearbeitet werden). In Abb. 52 wird die Zusammensetzung gezeigt.

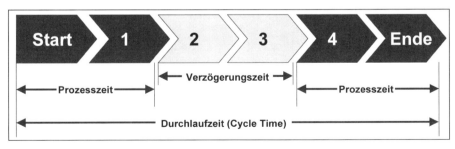

Abb. 52. Workflowanalyse

Unter den „Moments of Truth" bzw. des direkten Kundenkontaktes versteht man jede Möglichkeit im Prozess, vom Kunden ein direktes – positives oder negatives – Feedback zu erhalten. Jeder dieser Berührungspunkte mit dem Prozess ist aus Sicht des Kunden repräsentativ für das spätere Prozessergebnis. Idealerweise ist sich der Kunde der notwendigen Prozessschritte nicht bewusst. Die Anzahl der „Momente der Wahrheit" ist ein Indikator für die Prozesseffizienz. Wird z. B. bei einer Auftragsannahme für eine Reparatur der Kunde von verschiedenen Instanzen im Prozess mehrfach kontaktiert, um alle notwendigen Informationen aufzunehmen, kann man davon ausgehen, dass einerseits Optimierungspotenzial bei der Prozesseffizienz vorhanden ist, andererseits der Kunde aufgrund der häufigen Störungen unzufrieden sein wird.

4.2 Ermitteln der Grundursachen

Nachdem in der Daten- und Prozessanalyse schon erste Ursachen für Prozessschwankungen ermittelt wurden, sind diese im nächsten Schritt nun zu präzisieren. Das Projektteam muss jetzt herausfinden, welche der Einflussfaktoren (X) am meisten schwanken, damit sie in der IMPROVE-Phase verbessert werden können.

Der Fokus bei der Ursachenermittlung liegt auf den Inputvariablen. Wir erinnern uns an die Basisformel „$Y = f(x)$" (siehe Abschnitt 1.2.1).

In den nächsten Schritten wird mithilfe verschiedener Werkzeuge noch tiefer in den Prozess eingedrungen, um die Grundursachen zuverlässig zu ermitteln und die wenigen wirklich entscheidenden Einflussfaktoren zu identifizieren (Vital Few X). Hierzu werden in einem strukturierten Prozess verschiedene Instrumente nacheinander angewandt.

4.2.1 Ursache-Wirkungs-Diagramm

Das erste Tool zur Eingrenzung der Grundursachen ist das Ursache-Wirkungs-Diagramm (auch: Cause-and-Effect- oder Fishbone-Diagramm bzw. Ishikawa-Diagramm nach seinem Entwickler, dem japanischen Chemiker Kaoru Ishikawa). Es liefert eine grafische Strukturierung der Ursache-Wirkungs-Beziehungen in Form einer Fischgräte.

Dieses Diagramm fasst mögliche Gründe auf der Makroebene zusammen, stellt die möglichen Gründe optisch dar und hilft dabei, mögliche tiefer liegende Ursachen zu erkennen.

Ein Beispiel für ein Ursache-Wirkungs-Diagramm wird anhand des Projektes zur Reparaturdurchlaufzeit gezeigt.

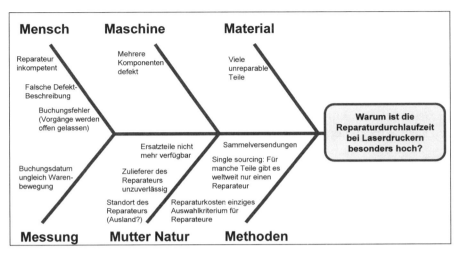

Abb. 53. Ursache-Wirkungs-Diagramm: Laserdrucker-Reparaturen

Praxistipps zur Erstellung des Ursache-Wirkungs-Diagramms

- Beschreiben Sie das Problem möglichst konkret. Formulieren Sie es in Form einer Frage und stellen Sie diese an den „Kopf" des Diagramms. Input erhalten Sie aus der Daten- und Prozessanalyse.
- Legen Sie die Kategorien für die Ursachenfindung fest. Die sechs „M"-Kategorien sind ein Vorschlag, es ist jedoch wichtig, dass die Kategorien zu Ihrem Problem passen. Ergänzen Sie wichtige oder streichen Sie unpassende Kategorien.
- Führen Sie ein Brainstorming im Team durch, um Antworten (mögliche Ursachen) auf die als Frage formulierte Problemstellung zu finden. Sollten einzelne „Gräten" leer bleiben, fragen Sie nochmals nach, ob in dem jeweiligen Gebiet wirklich keine Ursachen vorhanden sind.
- Überprüfen Sie die gesammelten möglichen Ursachen im Team und/oder anhand von Daten auf ihre Relevanz.

4.2.2 Five Whys

Nach der Daten- und Prozessanalyse wurden mehrere X als mögliche Fehlerursachen identifiziert. Häufig kommt es jedoch vor, dass nicht Ursachen, sondern Symptome beschrieben werden. Die Behandlung von Symptomen ist nicht sinnvoll, denn sie werden immer wieder auftreten, wenn nicht die zugrunde liegende „Krankheit" geheilt wird! Daher wird im nächsten Schritt die Methode Five Whys („Fünf Warum") angewendet, um die tieferen Ursachen zu ermitteln. Hier wird jede der vermuteten Ursachen, die mithilfe des Ursache-Wirkungs-Diagramms ermittelt wurde, den Five Whys unterzogen.

Praxistipp zu den Five Whys

- Hinterfragen Sie Ursachen, die gerne als Grund angeführt werden. In jedem Unternehmen bzw. jeder Abteilung gibt es „Standardgründe", wie etwa „Das geht in SAP nicht anders." oder „Wir haben nicht genügend Ressourcen." usw.

- Als Black Belt müssen Sie hier ein Gefühl dafür entwickeln, ob es sich hierbei wirklich um Grundursachen handelt oder um vorgeschobene Gründe.

- Wenn die Frage „Warum?" nicht passend ist, können Sie sie diese durch geeignetere Fragewörter ersetzen: „Weshalb?", „Wie kommt das zustande?" etc.

- Auch erreichen Sie nicht immer zwingend fünf Ebenen. Fragen Sie, solange Sie sinnvolle Antworten finden. Wenn generelle Aussagen als Ursachen auftauchen (z. B. Unternehmenspolitik etc.), sollten Sie die Frageunde beenden und die letzte konkrete Antwort als Grundursache verwenden.

Die Aussage, die nach dem letzten Warum übrig geblieben ist, wird nun jeweils in das nächste Tool, die Kontroll-Einfluss-Matrix (siehe Abschnitt 4.2.4) mitgenommen.

4.2.3 Bestimmen der Vital Few X

Um Lösungen zu finden und umzusetzen, müssen Ressourcen investiert werden: Geld, Zeit und Mitarbeiter. Daher sollten aus der Menge von möglichen Ursachen diejenigen Einflussfaktoren identifiziert werden, die wirklich entscheidend für das Problem sind. Gleichwohl sollten die „aussortierten" Faktoren nicht völlig vernachlässigt werden. Hier ist nun eine erneute punktuelle Datenanalyse sinnvoll, um den Einfluss der ermittelten Faktoren zu verifizieren. Mithilfe zweier grafischer Tools werden nun die X erfasst und analysiert werden, deren Einfluss hoch ist und die durch das Projekt beeinflussbar sind. Damit kann dokumentiert werden, dass ein entscheidender Teil der gesamten Schwankung im untersuchten Prozess diesen Einflussfaktoren zuzuschreiben ist.

4.2.4 Kontroll-Einfluss-Matrix

Die Kontroll-Einfluss-Matrix (Control/Impact Matrix) unterstützt die Priorisierung der ermittelten Einflussfaktoren. Sie stellt zwei einfache Fragen:

1. Wie stark beeinflusst der Einflussfaktor X den betrachteten Prozess?
2. Steht der Einflussfaktor innerhalb oder außerhalb der Kontrolle des Teams?

Diese beiden Fragen bilden eine Matrix, in welche die Einflussfaktoren eingetragen werden.

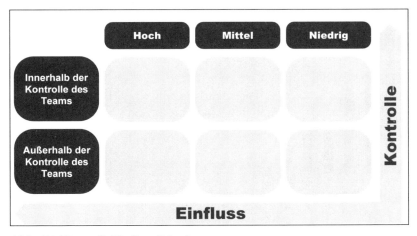

Abb. 54. Kontroll-Einfluss-Matrix

Für die weitere Analyse bzw. für die Bearbeitung in der IMPROVE-Phase sollten nur jene Einflussfaktoren übrig bleiben, deren Einfluss auf den Prozess hoch ist und die vom Team beeinflusst werden können. Nur für diese Faktoren können und sollen Lösungen gesucht werden. Liegt der

Einflussfaktor außerhalb der Kontrolle des Teams (und ist sein Einfluss auf den Prozess hoch), kann der Champion einbezogen werden, um gegebenenfalls Personen in das Projekt einzubinden, die diesen wichtigen Einflussfaktor kontrollieren können.

4.2.5 Pareto-Analyse

Das Prinzip von Pareto besagt, dass 20 Prozent der Ursachen 80 Prozent der Probleme verursachen. Umgekehrt gilt entsprechend: Mit einem Einsatz von 20 Prozent an Ressourcen sollte es möglich sein, 80 Prozent des Problems zu beseitigen. Wenn es durch die Werkzeuge zur Ermittlung der Grundursachen nicht möglich war, direkt die wichtigsten Einflussfaktoren zu identifizieren, ist das Pareto-Diagramm hilfreich, um diese zu ermitteln. Die zentrale Frage lautet: Welche Fehlerkategorien treten häufiger als andere auf? Im Pareto-Diagramm (Balkendiagramm) werden in absteigender Folge die Fehlerarten abgetragen, die am häufigsten auftreten. Auch im Projekt zur Reduzierung der Reparatur-Durchlaufzeit zeigte sich der Pareto-Effekt, siehe Abb. 55.

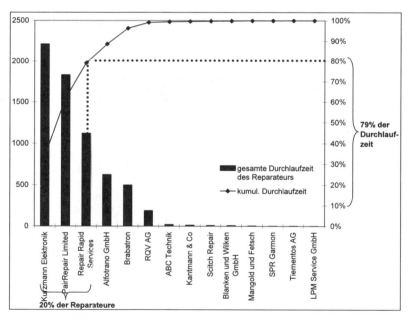

Abb. 55. Pareto-Diagramm

In der Linie „kumulierte Durchlaufzeit" sind die addierten Werte der aufeinander folgenden Balken enthalten, die rechte Achse der Grafik zeigt also den kumulierten Prozentwert der Fehler. Zieht man von hier eine Linie bei 80 Prozent und vom Schnittpunkt dieser mit der kumulierten Prozentlinie eine Senkrechte, erhält man links davon den Bereich, der 80 Prozent des Problems einschließt. Aus der kumulierten Prozentlinie lässt sich also ablesen, welche der Ursachenkategorien 80 Prozent des Gesamtproblems ausmachen. In Abb. 55 sind folglich die ersten drei Reparateure für knapp 80 Prozent der Durchlaufzeit verantwortlich.

Praxistipp zur Pareto-Analyse

In unserem Beispielprojekt macht es Sinn, sich im weiteren Projektverlauf auf diese drei Reparateure (die 80 % der gesamten Durchlaufzeiten auf sich vereinen) zu konzentrieren. Hier befinden sich die größten Potenziale für Verbesserungen. Bereits kleine Verbesserungen haben eine große (Hebel-) Wirkung auf das Problem.

Das Pareto-Prinzip sollte häufiger in Projekten genutzt werden, um die Geschwindigkeit und Effizienz sicherzustellen bzw. zu steigern. Es verhindert zusätzlich, dass sich das Projektteam in Details verliert, die keinen nennenswerten Beitrag zur Lösung des Problems liefern.

Die Konzentration auf Faktoren nach Pareto erfordert Mut. Doch der Einsatz lohnt sich: Durch die Konzentration auf das Wesentliche wird das Projekt effizienter und der positive Effekt auf das Problem stellt sich schneller ein.

Anwendung in Minitab

Stat ⇨ Quality Tools ⇨ Pareto Diagram

4.2.6 Hypothesentests

Mittels der zuvor verwendeten Methoden und Werkzeuge wurden Hypothesen bezüglich der Grundursachen aufgestellt. Diese gilt es nun mithilfe der Statistik zu verifizieren. Dabei soll stets anhand einer Stichprobe ein Rückschluss auf eine Grundgesamtheit gezogen werden.

Beispiele

- Es wird vermutet, dass die Ausgaben eines Kunden für eine bestimmte Produktpalette bei 1,000 Euro im Jahr liegen.

- Es soll überprüft werden, ob sich das Kaufverhalten bei Männern und Frauen unterscheidet.
- Es stellt sich die Frage, ob eine neue Version einer Produktionsmaschine tatsächlich weniger Ausschuss liefert als die alte.
- Zwei Maschinen sollen hinsichtlich ihrer Genauigkeit untersucht werden. Die Maschine, die genauer arbeitet, hat eine geringere Varianz.
- Welcher von 5 verschiedenen Reparateuren besitzt die schnellste Durchlaufzeit?

Um solche Sachverhalte zu überprüfen, werden statistische Hypothesentests benötigt. So können Aussagen über Mittelwerte (arithmetisches Mittel, Median), Varianzen, Anteilswerte und Abhängigkeiten überprüft werden.

4.2.6.1 Grundlagen von Hypothesentests

Konfidenzintervalle

Konfidenzintervalle (oft auch als Vertrauensintervalle bezeichnet) werden verwendet, um aufgrund einer Stichprobe eine Wahrscheinlichkeitsaussage über einen unbekannten Parameter (z. B. den Erwartungswert) der Gesamtpopulation zu treffen.

Beispiel: Von insgesamt 500 Reparateuren wird bei 50 regelmäßig die Reparaturdauer (Durchlaufzeit in Tagen) erfasst. Dies ist die Stichprobe. Nun soll aufgrund dieser Stichprobe eine Aussage über die mittlere Reparaturdauer aller Reparateure getroffen werden. Selbstverständlich ist man sich bei einer Aussage über die mittlere Durchlaufzeit umso sicherer, je größer der Stichprobenumfang n ist (je mehr Reparateure man also erfasst) und je geringer die Streuung ist (also je einheitlicher das Messergebnis ist). Diese Überlegungen werden in den folgenden Formeln (und damit auch in Minitab) berücksichtigt.

Sind die Daten metrisch, so werden Konfidenzintervalle für den Erwartungswert µ wie folgt berechnet:

$$[I_u(X), I_o(X)] = \left[\bar{x} - z_{1-\alpha/2} \cdot \frac{\sigma}{\sqrt{n}}, \bar{x} + z_{1-\alpha/2} \cdot \frac{\sigma}{\sqrt{n}}\right]$$

$\bar{x}$ ist dabei das Stichprobenmittel, n die Stichprobengröße und $z_{1-\alpha/2}$ das entsprechende Quantil aus der Standardnormalverteilung. σ bezeichnet die Standardabweichung der Grundgesamtheit und wird in der Regel durch die empirische Standardabweichung s geschätzt. Das Konfidenzintervall lautet in diesem Fall:

$$[I_u(X), I_o(X)] = \left[\bar{x} - t_{n-1, 1-\alpha/2} \cdot \frac{s}{\sqrt{n}}, \bar{x} + t_{n-1, 1-\alpha/2} \cdot \frac{s}{\sqrt{n}}\right]$$

Dabei ist $t_{n-1,1-\alpha/2}$ das Quantil aus der t-Verteilung mit n-1 Freiheitsgraden.

Wir betrachten die Durchlaufzeit (in Tagen) der Reparaturfälle:

0 2 3 4 7 8 8 8 9 9 11 11 12 12 13 13 15 15 20 24

Wir berechnen (α=0.05):

$$\bar{x} = 10.2, \quad s^2 = 33.96, \quad s = 5.83,$$
$$t_{19, 1-\alpha/2} = t_{19, 0.975} = 2.0930 \text{ (siehe Tabelle C.3)}$$

und erhalten:

$$[I_u(X), I_o(X)] = \left[\bar{x} - t_{n-1, 1-\alpha/2} \cdot \frac{s}{\sqrt{n}}, \bar{x} + t_{n-1, 1-\alpha/2} \cdot \frac{s}{\sqrt{n}}\right] =$$
$$\left[10.2 - 2.0930 \cdot \frac{5.83}{20}, \quad 10.2 + 2.0930 \cdot \frac{5.83}{20}\right] = [7.47, 12.93]$$

Interpretation: Die mittlere (unbekannte) Durchlaufzeit der Reparaturen liegt mit 95-prozentiger Sicherheit zwischen 7.47 und 12.93 Tagen.

Anwendung in Minitab
a) Stat ⇨ Basic Statistics ⇨ Graphical Summary oder
b) Graph ⇨ Intervalplot

Wir betrachten den Datensatz „Benzinverbrauch.MTW" (der in Übung 3 erläutert ist). Sie erhalten bei Pfad a) den Output entsprechend Abb. 56.

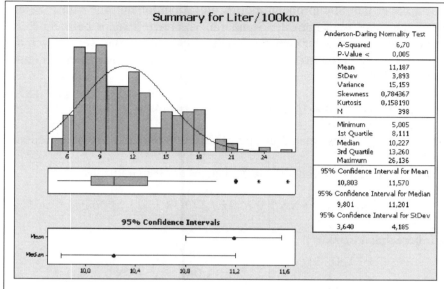

Abb. 56. Grafische Zusammenfassung der Variable „Hubraum"

Im unteren Teil erkennen Sie zwei Konfidenzintervalle. Das obere der beiden ist das relevante. Sie erkennen hier, dass das Konfidenzintervall der Variable Liter/100km im Bereich [10.803, 11.570] liegt (siehe auch im unteren Teil des Kastens daneben.)

Des Weiteren können Sie hier auch den Wert des Konfidenzintervalls für den Median ablesen [9.801, 11.201].

Mit dem Wissen der vorhergehenden Abschnitte werden wir uns nochmals die Fehlerverteilung von Six Sigma ansehen. Mit dem Sigma-Niveau gibt man das Streuungsintervall an. Nehmen wir als Beispiel die folgenden Intervalle: 1σ-Bereich (das ist das Intervall $\mu \pm 1\sigma$), 2σ-Bereich ($\mu \pm 2\sigma$) und den 3σ-Bereich ($\mu \pm 3\sigma$). Man will nun die Wahrscheinlichkeiten dafür bestimmen, dass eine normalverteilte Variable Werte im 1σ-, 2σ- bzw. 3σ-Bereich um μ annimmt. Es gilt:

$$P(\mu - \sigma \leq X \leq \mu + \sigma) = P(-1 \leq \frac{X - \mu}{\sigma} \leq 1) = 0.682590$$

$$P(\mu - 2\sigma \leq X \leq \mu + 2\sigma) = P(-2 \leq \frac{X - \mu}{\sigma} \leq 2) = 0.954500$$

$$P(\mu - 3\sigma \leq X \leq \mu + 3\sigma) = P(-3 \leq \frac{X - \mu}{\sigma} \leq 3) = 0.997300$$

Bei einer beliebigen normalverteilten Zufallsvariablen liegen also bereits 68 % der Wahrscheinlichkeitsmasse im einfachen Streubereich, 95 % im zweifachen und 99.7 % im dreifachen Streubereich.

Was bedeutet nun eine Prozessfähigkeit von 6 Sigma? Unter Annahme der Normalverteilung soll ein Intervall nicht nur im 3σ-Bereich liegen, sondern sogar bei 6σ. Das heißt, ein Konfidenzintervall soll so genau sein, dass mit fast hundertprozentiger Sicherheit (nämlich 99.9996 %) ein beliebiger Wert darin liegt.
Also:

$$P(\mu - 6\sigma \leq X \leq \mu + 6\sigma) = P(-6 \leq \frac{X-\mu}{\sigma} \leq 6) \approx 1$$

Berechnung des Sigma-Wertes a (unter Annahme der Normalverteilung):

$$\Phi(a) = 1 - \frac{1 + (1 - Fehlerprozent)}{2}$$

Anschließend müsen Sie a aus der Tabelle C.1 ablesen.

Intervall um μ	Sicherheit
1σ-Bereich	0.6826895
2σ-Bereich	0.9544997
3σ-Bereich	0.9973002
4σ-Bereich	0.9999367
5σ-Bereich	0.9999994
6σ-Bereich	praktisch 1

Einschub: Dem aufmerksamen Leser fallen Differenzen zwischen den Sicherheitswerten der Normalverteilung und dem Yield laut Sigma-Tabelle (siehe Abb. 45) auf. Laut Normalverteilung fallen im 6σ-Bereich weniger als ein Fehler auf eine Milliarde Fehlermöglichkeiten an. Laut Sigma-Tabelle sind für ein 6-Sigma-Niveau allerdings 3.4 Fehler auf eine Million Fehlermöglichkeiten zulässig. Dieser Widerspruch wird in der Literatur und Praxis kontrovers diskutiert. Er basiert auf der empirisch festgestellten Tatsache, dass sich die Prozessfähigkeit über längere Zeiträume hinweg verschlechtert. Es wurde eine durchschnittliche Verschlechterung von 1.5 Sigma festgestellt. Diese Verschlechterung (auch Sigma-Shift) ist in der Sigma-Tabelle bereits berücksichtigt; die Tabelle gibt stets die kurzfristige Prozessfähigkeit an, verbunden mit der langfristigen Fehlerquote.

Kritiker halten den Sigma-Shift für eine unzulässige Korrektur der Fehlerquote, denn streng genommen hätte ein Six-Sigma-Prozess eine Fehlerquote von (nahe) null. 3.4 Fehler auf eine Million Fehlermöglichkeiten entsprechen eigentlich dem 4.5σ-Bereich. Praktiker halten dagegen, dass 3.4 Fehler auf eine Million Produkte für die meisten Branchen ein hehres Ziel darstellt. Damit hätten sich die Väter von Six Sigma nur der Praxis angenähert, als sie ein „erreichbares" Ziel für Six Sigma postulierten.

Wir wollen uns aus dieser Diskussion bewusst heraushalten. Der Hinweis auf die Differenz zwischen Normalverteilung und Sigma-Tabelle sollte allerdings nicht fehlen.

Ergänzung: Konfidenzintervalle für binomialverteilte Variablen
Die Binomialwahrscheinlichkeit gibt an, mit welcher Wahrscheinlichkeit eins von zwei möglichen Ereignissen eintritt, z. B. Ausschuss (ja/nein).

Ein Intervall kann wie folgt berechnet werden:

$$\hat{p} \pm z_{1-\alpha/2} \sqrt{\frac{\hat{p}(1-\hat{p})}{n}}$$

Dabei bezeichnet $\hat{p}$ die geschätzte Wahrscheinlichkeit (z. B. 0.53 bei 53 von 100 erfolgreichen Münzwürfen „Kopf"). Beachten Sie, dass ein solches Intervall nur approximativ gilt. Für kleine Anteilswerte sollte die Formel nicht verwendet werden.

Anwendung in Minitab
Konfidenzintervalle können auch mit Tests berechnet werden (siehe folgende Abschnitte):
Stat ⇨ Basic Statistics ⇨ 1/2 Proportions

Zur Vertiefung kann Übung 5 aus dem Anhang durchgeführt werden.

Grundidee eines Tests

Die Grundidee eines Hypothesentests besteht darin, die Informationen einer Stichprobe in einer (Test-)Größe zusammenzufassen und dann mit einer adäquaten Verteilung zu vergleichen. So kann entschieden werden, ob die Werte der Stichprobe (und damit der Testgröße) zu unwahrscheinlich sind, um für eine bestimmte Vermutung zu sprechen oder nicht. Im Allgemeinen geht man wie folgt vor:

1. Formulierung einer Nullhypothese: z. B: Es gibt keinen Unterschied bei den durchschnittlichen Ausgaben für ein Produkt bei Männern und Frauen. Also: $H_0 : \mu_M = \mu_F$.
2. Formulierung einer Alternativhypothese: z. B: Es gibt einen Unterschied bei den durchschnittlichen Ausgaben für ein Produkt bei Männern und Frauen. Also: $H_1 : \mu_M \neq \mu_F$.
3. Vorgabe einer Irrtumswahrscheinlichkeit: In der Regel 0.05 (also 5 %), oft auch 0.01 oder 0.1.
4. Durchführung des Tests: Berechnung der passenden Testgröße, Vergleich mit einem kritischen Wert aus passender Verteilung (z. B. $z_{0.975} = 1{,}64$ bei der Standardnormalverteilung).
5. Testentscheidung: Lehne die Nullhypothese ab oder nicht.
6. Anmerkung: Man unterscheidet zwischen ein- und zweiseitigen Tests:

Fall	Nullhypothese	Alternativhypothese	
(a)	$\theta = \theta_0$	$\theta \neq \theta_0$	Zweiseitiges Testproblem
(b)	$\theta \geq \theta_0$	$\theta < \theta_0$	Einseitiges Testproblem
(c)	$\theta \leq \theta_0$	$\theta > \theta_0$	Einseitiges Testproblem

θ steht dabei für den betreffenden Parameter, also zum Beispiel den Mittelwert oder die Varianz. θ_0 dagegen repräsentiert den vermuteten Wert, also den Wert, den man unter der Nullhypothese annehmen würde.

Fehler 1. Art und Fehler 2. Art

Bei der Durchführung eines statistischen Tests können zwei Arten von Fehlern gemacht werden:
- Die Hypothese H_0 ist richtig und wird abgelehnt; diesen Fehler bezeichnet man als Fehler 1. Art.

- Die Hypothese H_0 wird nicht abgelehnt, obwohl sie falsch ist; dies ist der Fehler 2. Art.

Insgesamt gibt es also die folgenden vier Situationen:

	H_0 ist richtig	H_0 ist nicht richtig
H_0 wird nicht abgelehnt	richtige Entscheidung	Fehler 2. Art
H_0 wird abgelehnt	Fehler 1. Art	richtige Entscheidung

Bei der Konstruktion eines Tests haben wir uns immer ein Signifikanzniveau α vorgegeben (z. B. $\alpha = 0.05$), das nicht überschritten werden darf. Dieses entspricht dem Fehler 1. Art, d. h. $P(H_1|H_0) = \alpha$. Manchmal wird auch der Fehler 2. Art indirekt durch die Power (z. B. $\beta = 0.2$) mit $1 - \beta$ angegeben, d. h. $P(H_1|H_0) = \beta$.

Wir verweisen an dieser Stelle noch einmal auf die Stichprobengrößenberechnung (siehe Abschnitt 3.2.5). Dort erwartet Minitab eine Vorgabe für die Power. Wir haben standardmäßig den Wert 0.8 verwendet und können diesen nun auch adäquat interpretieren. Dies bedeutet nichts anderes, als dass wir einen Fehler 2. Art von höchstens $1 - 0.8 = 0.2$ tolerieren.

Beispiel: Bei einer Firma wird ein Call aufgegeben, dass an einem Produkt ein Teil defekt ist. Das Teil wird ausgetauscht. Außerdem wird das defekte Teil mitgenommen und an einen Reparateur übergeben. Dieser führt eine Prüfung durch und kann zu dem Ergebnis kommen, dass das Teil entweder repariert oder zurückgegeben wird. Dabei können ihm folgende Fehler unterlaufen:

	Das Teil ist defekt	Das Teil ist nicht defekt
Das Teil wird für defekt erachtet.	Das Teil wird zu Recht für defekt erklärt.	Das Teil wird zu Unrecht für defekt erklärt (Fehler 2. Art).
Das Teil wird für nicht defekt erachtet.	Das Teil wird zu Unrecht für nicht defekt erklärt (Fehler 1. Art).	Das Teil wird zu Recht für nicht defekt erklärt.

Testentscheidung mit p-Werten

Beim Einsatz von Statistiksoftware wie Minitab zum Prüfen von Hypothesen werden die üblichen Schritte zur Entscheidungsfindung nicht angezeigt. Stattdessen wird der konkrete Wert der Teststatistik und der zugehörige p-Wert ausgegeben. Der p-Wert bezeichnet die Wahrscheinlichkeit für die Nullhypothese.

Die Testentscheidung lautet dann: H_0 ablehnen, falls der p-Wert kleiner oder gleich dem vorgegebenen Signifikanzniveau α (also z. B. 0.05) ist, ansonsten kann H_0 nicht abgelehnt werden.

4.2.6.2 Gauß-Test und t-Test für eine Stichprobe

Wir verwenden den Gauß-Test bei der Überprüfung einer Vermutung bezüglich des Erwartungswerts für eine Stichprobe (also einer Spalte im Datensatz). Wesentliche Voraussetzung hierfür ist entweder eine Normalverteilung der Daten oder ein genügend großer Stichprobenumfang (n>30). Auch sollte die Varianz (z. B. aus Erfahrung) bekannt sein. In der Praxis ist dies jedoch relativ selten der Fall, daher muss in der Praxis auf den 1-Sample t-Test zurückgegriffen werden, den wir ebenfalls in diesem Abschnitt erläutern.

Beispiele:
- Das Gewicht einer Obstkiste soll bei mindestens 8 kg liegen, also: $\mu_{Obst} \geq 8$ kg.
- Das durchschnittliche Gewicht einer Tafel Schokolade liegt bei 100 g, also $\mu_{Schoko} = 100$g.
- Die durchschnittlichen Reparaturkosten einer Produktgruppe sollen bei maximal 157 Euro pro Jahr liegen, also $\mu_{Rep} \leq 157$ Euro.

Folgend möchten wir kurz den Grundgedanken des Tests, mithilfe eines Rechenbeispiels verdeutlichen. Wir wollen dies recht ausführlich tun, da die Tests, die wir vorstellen, alle sehr ähnlich in ihrer Konzeption sind. Darüber hinaus ist ein ein einmal erworbenes Verständnis des Aufbaus und der Interpretation beim Erarbeiten der anderen Tests äußerst hilfreich. Man stellt zuerst eine Null- und eine Alternativhypothese auf und gibt sich eine Irrtumswahrscheinlichkeit vor (üblich 5 %). Anschließend berechnet man folgende Teststatistik:

$$z = \frac{\overline{x} - \mu_0}{\sigma} \sqrt{n} \sim N(0,1)$$

Dabei bezeichnet $\bar{x}$ das arithmetische Mittel, μ_0 den vorgegebenen und zu prüfenden Erwartungswert, σ die Standardabweichung und n den Stichprobenumfang. Die Teststatistik ist normalverteilt mit dem Erwartungswert 0 und der Varianz 1.

Machen Sie sich an dieser Stelle die Mühe, und schauen Sie sich die Teststatistik näher an. Das Prinzip ist intuitiv und einfach zu verstehen: Gemessen wird nichts anderes als der Unterschied zwischen dem Mittelwert der Stichprobe ($\bar{x}$) und dem Wert, den man testen möchte (μ_0).

Je größer dieser Unterschied ist, desto eher spricht dies für die Vermutung, dass die Nullhypothese nicht stimmt. Man möchte einen Schluss von der Stichprobe auf die Grundgesamtheit ziehen. Daher ist es leicht nachvollziehbar, dass eine größere Stichprobengröße einen Schluss sicherer macht. Der Parameter n in der Teststatistik trägt diesem Argument Rechnung. Auch macht eine geringe Streuung einen Schluss auf die Grundgesamtheit sicherer. Dieser Aspekt ist in der Standardabweichung σ zu finden, die ebenfalls in der Teststatistik erscheint. Tiefere statistische Kenntnisse werden benötigt, um zu sehen, dass die Größe standardnormalverteilt (Erwartungswert 0, Varianz 1) ist. Man vergleicht nun den Wert der Teststatistik mit der Standardnormalverteilung, um zu sehen, ob dieser in die interessierende Richtung extrem abweicht oder nicht, um anschließend eine Testentscheidung zu fällen.

Für die Testentscheidung gilt:

Fall	H_0	H_1	Lehne H_0 ab, wenn
(a)	$\mu = \mu_0$	$\mu \neq \mu_0$	$|z| > z_{1-\alpha/2}$
(b)	$\mu \geq \mu_0$	$\mu < \mu_0$	$z < z_\alpha = -z_{1-\alpha}$
(c)	$\mu \leq \mu_0$	$\mu > \mu_0$	$z > z_{1-\alpha}$

Die z-Werte stehen dabei für Quantile der Normalverteilung. Wichtige Werte sind beispielsweise:

$z_{0.95} = 1.64$, $z_{0.975} = 1.96$, $z_{0.99} = 2.33$ (siehe Tabelle C.1)

Beispiel: Ein Unternehmen liefert tiefgefrorene Torten an einen Zwischenhändler. Die (in kg gemessene) Masse X der Torten ist dabei normalverteilt. Das angegebene Verkaufsgewicht und damit die geforderte Mindestmasse ist µ = 2 kg. Die Varianz σ² = 0.12 sei aus Erfahrung bekannt. Bei einer Stichprobe vom Umfang n = 20 Torten und einem durchschnittlichen Gewicht von $\bar{x}$ = 1.97 kg soll überprüft werden, ob das Stichprobenergebnis gegen die Hypothese H₀: µ ≥ µ₀ = 2 kg spricht. Mit α = 0.05 und $z_{1-\alpha}$ = 1.64 folgt für die Realisierung der Testgröße:

$$z = \frac{\bar{x} - \mu}{\sigma}\sqrt{n} = \frac{1.97 - 2}{0.1}\sqrt{20} = -1.34$$

Das heißt, die Nullhypothese (dass das Gewicht der Torten bei mindestens 2 kg liegt) wird nicht abgelehnt, da z = -1.34 > -1.64 = $-z_{1-0.05}$ = $z_{0.05}$.

Der t-Test: Ist die Varianz σ nicht bekannt (was der Regelfall ist), so wird diese durch die Stichprobenvarianz s² geschätzt (siehe auch Abschnitt 3.2.8). Die t-Statistik zum Prüfen von H₀ : µ = µ₀ hat dann die Gestalt

$$t = \frac{\bar{x} - \mu}{s}\sqrt{n} \sim t_{n-1}$$

und ist t-verteilt mit n-1 Freiheitsgraden. Das Vorgehen und die Interpretation sind analog zum Gauß-Test.

Anwendung in Minitab

Stat ⇨ Basic Statistics ⇨ 1-Sample t

Zu beachten sind folgende Optionen:
- Wählen Sie im Feld „Samples in Columns" die entsprechende Spalte aus, die Sie testen möchten.
- Im Feld „Test mean" geben Sie den Wert ein, der getestet werden soll.
- Unter „Options" können Sie einstellen, ob es sich um ein ein- oder zweiseitiges Testproblem handelt. Bitte beachten Sie, dass die Alternativhypothese eingegeben werden muss.

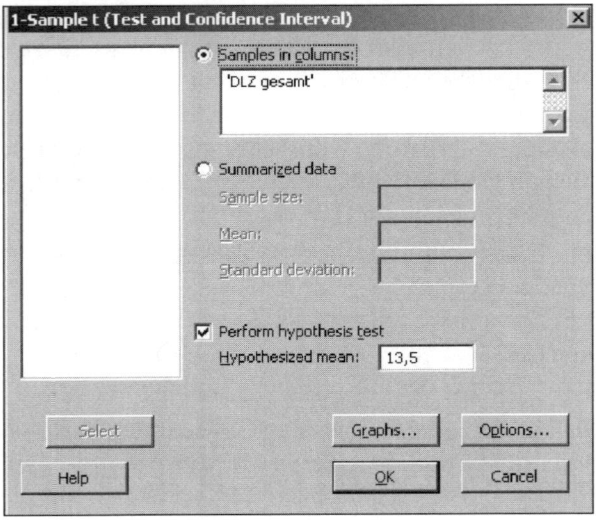

Abb. 57. Minitab-Fenster beim Aufrufen eines Einstichproben-t-Tests

Beispiel: Wir betrachten die Durchlaufzeit (in Tagen) des Reparaturprozesses, in diesem Fall für Laserdrucker. Ein Sollwert von maximal 13.5 Werktagen soll eingehalten werden. Zu prüfen ist nun die Hypothese, ob die Länge der mittleren Durchlaufzeit mit 13.5 Tage beziffert werden kann oder nicht. Die Nullhypothese würde also lauten: $H_0 : \mu = 13.5$, die Alternativhypothese $H_1 : \mu \neq 13.5$. Im Optionsfeld in Minitab muss also der Fall „not equal" eingestellt werden. Nun öffnet sich ein Fenster (siehe Abb. 57).

Wir betrachten nun das oben beschriebene Beispiel, und testen, ob von einem Mittelwert von 13.5 Tagen ausgegangen werden kann. Wir führen in MINTAB einen 1-Sample t-Test durch (da uns die Varianz unbekannt ist) und erhalten folgenden Output:

One-Sample T: DLZ gesamt

```
Test of mu = 13,5 vs not = 13,5


Variable        N    Mean   StDev  SE Mean      95% CI              T      P
DLZ gesamt    401  13,499   3,802    0,190  (13,125; 13,872)    -0,01  0,995
```

Die erste Zeile zeigt uns an, dass wir einen 1-Stichproben-t-Test durchgeführt haben, und zwar an der Variable „C1". In der zweiten Zeile sind unsere Hypothesen abzulesen:

$$H_0 : \mu = 13.5 \qquad \text{gegen} \qquad H_1 : \mu \neq 13.5$$

Entscheidend ist jedoch der dritte Teil des Minitab-Outputs. Als erste Informationen können wir Stichprobenumfang (N), Mittelwert (Mean), Standardabweichung (StDev) und mittleren Standardfehler (SE Mean) ablesen. Ebenfalls angegeben ist das Konfidenzintervall. Der Wert „T" bezeichnet die Teststatistik. Minitab vergleicht diesen Wert mit dem entsprechenden Quantil der t-Verteilung und liefert den für uns interessanten p-Wert:

$$p = 0.995$$

Da dieser Wert größer als 0.05 (unsere Irrtumswahrscheinlichkeit) ist, werden wir die Nullhypothese nicht ablehnen. Man kann also davon ausgehen, dass die Durchlaufzeit der Reparaturen im Mittel tatsächlich bei 13.5 Werktagen liegt.

Anmerkung: Alternativ hätte die Testentscheidung auch anhand des Konfidenzintervalls durchgeführt werden können. Da das Konfidenzintervall den Wert 13.5 überdeckt, würden wir zum Schluss kommen, dass die Nullhypothese nicht verworfen werden kann.

Zur Vertiefung kann Übung 6 aus dem Anhang durchgeführt werden.

4.2.6.3 t-Test für zwei Stichproben

Bisher lag das Augenmerk auf der Betrachtung von Hypothesen innerhalb einer Stichprobe (also einer Spalte des Datensatzes). Nun sollen Fragestellungen innerhalb der Analyse von zwei Stichproben (also zwei Spalten des Datensatzes) erörtert werden.

Beispiele

- Es soll untersucht werden, ob die Ausgaben bei Männern und Frauen gleich sind, also $\mu_F = \mu_M$.
- Kann man sagen, dass die durchschnittliche Durchlaufzeit von Reparateur A größer ist als von Reparateur B, also dass $\mu_A \geq \mu_B$ gilt?

Man muss nun zwischen den beiden Fällen unterscheiden, ob die beiden Stichproben abhängig oder unabhängig sind. Wir bezeichnen Stichproben (im Sinne von Variablen) als abhängig, wenn an einer Untersuchungseinheit zu verschiedenen Zeitpunkten ein bestimmtes Merkmal erhoben wird. Wenn beispielsweise die mittlere Durchlaufzeit eines Reparateurs in den Monaten Januar und Februar verglichen werden soll, so sprechen wir von einer Abhängigkeit, da an einer Person (Untersuchungseinheit) ein Merkmal (Durchlaufzeit) zu zwei verschiedenen Zeitpunkten (Januar, Frebruar) erfasst wurde. Wird dagegen die mittlere Durchlaufzeit zweier Reparateure miteinander verglichen, so sprechen wir von einer Unabhängigkeit.

Zwei unabhängige Stichproben

Beim Vergleich der Mittelwerte zweier unabhängiger Stichproben verwenden wir den 2-Sample t-Test.

Wie beim Gauß-Test bzw. 1-Sample t-Test gilt auch hier die Annahme, dass die Daten entweder normalverteilt sein müssen oder der Stichprobenumfang n größer als etwa 30 sein muss. Wir wollen nun den Testaufbau kurz umreißen, bevor wir den Test an einem ausführlichen Beispiel in Minitab erläutern. Man stellt nach dem üblichen Schema eine Null- und eine Alternativhypothese auf, gibt eine Irrtumswahrscheinlichkeit vor und berechnet dann anschließend die Testgröße. Hier ist zu unterscheiden, ob die Varianzen bekannt sind oder – falls sie unbekannt sind – ob die Varianzen in den beiden Gruppen als gleich anzunehmen sind oder nicht. Folgende Fälle können dementsprechend auftreten:

Variante	Test	Voraussetzung
Fall 1	Doppelter Gauss-Test	σ_1, σ_2 bekannt
Fall 2	Doppelter t-Test	σ_1, σ_2 unbekannt, aber gleich
Fall 3	Welch-Test	σ_1, σ_2 unbekannt und verschieden

Für jeden Fall unterscheiden sich Testgröße und Testentscheidung (siehe dazu auch Toutenburg, Induktive Statistik). Die Theorie des Tests soll hier jedoch vernachlässigt und anhand eines Beispiels in Minitab erläutert werden:

Anwendung in Minitab

Stat ⇨ Basic Statistics ⇨ 2-Sample t

Beispiel: Wir betrachten erneut das Beispiel der Durchlaufzeit eines Prozesses, mit dem wir uns bereits beim Einstichproben t-Test beschäftigt haben. Nun interessiert uns nicht mehr die mittlere Durchlaufzeit eines Prozesses, sondern der Vergleich zweier Prozesse. Untersucht werden soll, ob sie sich hinsichtlich ihrer Dauer unterscheiden oder nicht. Wir stellen also folgende Hypothesen auf:

$$H_0 : \mu_1 = \mu_2 \quad \text{gegen} \quad H_1 : \mu_1 \neq \mu_2$$

Wir wählen den Minitab-Pfad wie oben angegegeben. Es öffnet sich ein Fenster, das in Abb. 58 zu sehen ist:

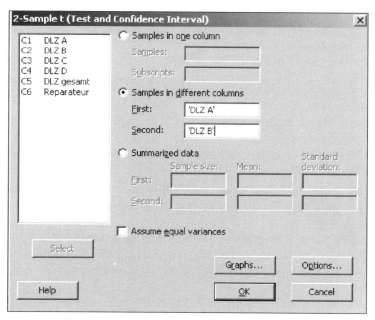

Abb. 58. Minitab-Fenster beim Aufrufen eines Zweistichproben-t-Tests

Man geht wie folgt vor:
- Wählen Sie aus, ob die beiden Stichproben in einer Spalte („one column") oder in zwei Spalten („different columns") zu finden sind.
- Wählen Sie die entsprechenden Spalten aus.
- Wählen Sie aus, ob von gleichen Varianzen ausgegangen werden kann (dies kann mithilfe eines weiteren Tests bestimmt werden, siehe Abschnitt 4.2.6.4).

- Unter „Optionen" kann ausgewählt werden, ob es sich um eine ein- oder zweiseitige Fragestellung handelt.

Minitab liefert für unser obiges Beispiel der Durchlaufzeiten zweier Prozesse folgenden Output:

Two-Sample T-Test and CI: DLZ A; DLZ B

```
Two-sample T for DLZ A vs DLZ B

        N    Mean   StDev   SE Mean
DLZ A  102  12,42   3,70     0,37
DLZ B   95  14,56   3,71     0,38


Difference = mu (DLZ A) - mu (DLZ B)
Estimate for difference:  -2,136
95% CI for difference: (-3,179; -1,094)
T-Test of difference = 0 (vs not =): T-Value = -4,04  P-Value = 0,000  DF = 193
```

Erneut gibt uns die erste Zeile den Namen des Tests aus, die zweite die Namen der beiden zu testenden Variablen. Nun erhalten wir in den folgenden beiden Zeilen einen Eindruck von den beiden Variablen. Mittelwerte, Stichprobenumfang etc. werden angegeben. Ähnlich wie beim Einstichprobenfall werden in den unteren Zeilen Konfidenzintervall, Testgröße und p-Wert angegeben. Dieser liegt hier bei 0.000. Da dieser also kleiner als 0.05 ist, muss die Nullhypothese gleicher Mittelwerte verworfen werden. Die beiden mittleren Durchlaufzeiten unterschieden sich also signifikant.

Alternativ wäre wieder eine Testentscheidung anhand des Konfidenzintervalls möglich gewesen. Die hypothetische Differenz (hier: 0) wurde vom Konfidenzintervall nicht überdeckt. Die Nullhypothese ist also zu verwerfen.

Sollen mehr als zwei unabhängige Stichproben verglichen werden, so ist die einfaktorielle Varianzanalyse zu verwenden (siehe Abschnitt 5.2.4.1).

Zwei abhängige Stichproben

Beim Vergleich des Mittelwerts zweier abhängiger Stichproben wird der Paired t-Test durchgeführt. Wir gehen davon aus, dass die Daten (hier: Differenzen) normalverteilt sind oder der Stichprobenumfang hinreichend groß ist (n>30). Zur Durchführung des Tests stellt man erneut eine Null- und eine Alternativhypothese auf, gibt eine Irrtumswahrscheinlichkeit vor und berechnet dann die entsprechende Testgröße. Die Theorie des Tests soll hier vernachlässigt werden. Der Test wird anhand eines Beispiels in Minitab erläutert:

Anwendung in Minitab
Stat ⇨ Basic Statistics ⇨ Paired t

Beispiel: Wir betrachten ein Beispiel, bei dem die Ausgaben von 100 Kunden zu zwei Zeitpunkten (2005/2006) notiert wurden. Man geht davon aus, dass die beiden Stichproben abhängig sind, da die beiden Messungen jeweils an denselben Personen durchgeführt wurden.

In Minitab öffnet sich das folgende Fenster (siehe Abb. 59):

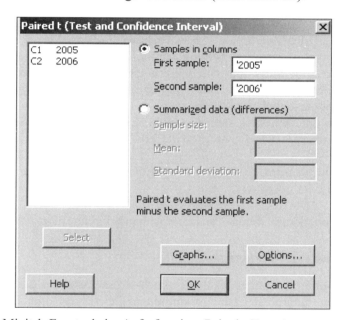

Abb. 59. Minitab-Fenster beim Aufrufen eines Paired t-Tests

Ähnlich wie beim 2-Sample t-Test können nun die relevanten Spalten ausgewählt werden und unter „Optionen" die Fragestellung modifiziert werden.

Minitab liefert für unser Beispiel folgenden Output:

Results for: Worksheet 2

Paired T-Test and CI: 2005; 2006

```
Paired T for 2005 - 2006

              N    Mean    StDev   SE Mean
2005        100  231,77    34,71      3,47
2006        100  230,32    33,32      3,33
Difference  100    1,45    46,02      4,60


95% CI for mean difference: (-7,68; 10,58)
T-Test of mean difference = 0 (vs not = 0): T-Value = 0,31  P-Value = 0,754
```

Zu erkennen sind in den ersten beiden Zeilen erneut die Art des Tests („paired t-Test") und die relevanten Variablen. In den nächsten drei Zeilen sind Werte (Mittelwerte etc.) für Variable 1, Variable 2 und deren Differenz (wird für den Test benötigt) aufgeführt. Nun kann wieder anhand des Konfidenzintervalls oder des p-Werts eine Testentscheidung getroffen werden. Da der p-Wert bei 0.754 liegt, und damit größer ist als 0.05, kann die Nullhypothese nicht verworfen werden. Die Mittelwerte zu den beiden Zeitpunkten unterscheiden sich also nicht. Eine Entscheidung mithilfe des Konfidenzintervalls würde natürlich dieselbe Entscheidung liefern.

Wichtig: Hierfür wird geprüft, ob die mittlere Differenz (unter H_0 also 0) im Intervall liegt oder nicht.

Zur Vertiefung kann Übung 7 aus dem Anhang durchgeführt werden.

4.2.6.4 Tests auf Varianzgleichheit

Bei vielen Fragestellungen kann es von Interesse sein, ob die Varianzen zweier (oder mehrerer) Grundgesamtheiten gleich sind oder ob sie sich unterscheiden (siehe Abb. 47).

Beispiele

- Sie wollen beim 2-Sample t-Test zwei unabhängige Stichproben bezüglich ihres Mittelwertes vergleichen, brauchen für die richtige Teststatistik aber eine Aussage über das Verhalten der Varianzen.
- Sie wollen untersuchen, ob zwei Maschinen verschiedener Firmen mit der gleichen Genauigkeit abfüllen.
- Sie wollen die Zuverlässigkeit zweier Reparateure vergleichen, indem Sie die Varianz ihrer Durchlaufzeiten vergleichen.

Ein bekannter Test zum Vergleich zweier Varianzen ist der F-Test auf Varianzgleichheit. Seine Testgröße ist der Quotient der beiden Stichprobenvarianzen s_1^2 / s_2^2, der einer F-Verteilung folgt. Für Details siehe Toutenburg, Induktive Statistik. Weitere Tests, die bei Statistik-Software (so auch Minitab) gerne verwendet werden, sind der Test von Bartlett sowie der Test von Levene. Das Vorgehen in Minitab soll im Folgenden erläutert werden:

Vorgehen beim Vergleich zweier Varianzen

> **Anwendung mit Minitab:**
> Für die Anwendung eines Tests auf gleiche Varianzen geht man in Minitab wie folgt vor:
> Stat ⇨ Basic Statistics ⇨ 2 Variances

Beispiel: Die Zuverlässigkeit zweier Reparateure soll miteinander verglichen werden. Über den oben angegebenen Pfad erhält man in Minitab ein Fenster wie in Abb. 60.

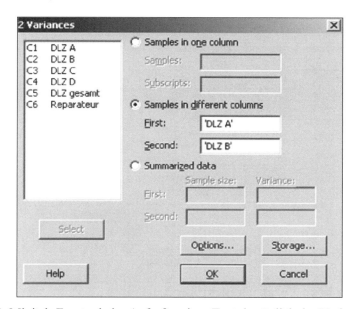

Abb. 60. Minitab-Fenster beim Aufrufen eines Tests bezüglich der Varianz

Zu beachten ist:
- Daten sind üblicherweise in zwei Arten strukturiert: entweder in einer Spalte mit Segmentierungsfaktoren oder in zwei Spalten. Entsprechend muss „Samples in one column" oder "Samples in different columns" ausgewählt werden.
- Im Optionsfeld „Storage" können Sie angeben, ob Sie die entsprechenden Varianzen ausgegeben haben wollen oder nicht.

Wollen wir nun die beiden Reparateure miteinander vergleichen, erhalten wir einen Output, wie er in Abb. 61 zu sehen ist. Entscheidend ist der rechte obere Teil der Grafik. Dort sind die p-Werte des F-Tests und des Levene-Tests (der nicht von Normalverteilung ausgeht) zu sehen. Beide verwerfen hier die Nullhypothese gleicher Varianzen nicht, ihr p-Wert ist >0.05. Man kann also nicht ablehnen, dass $\sigma_1 = \sigma_2$ gilt, da dies beide Tests suggerieren.

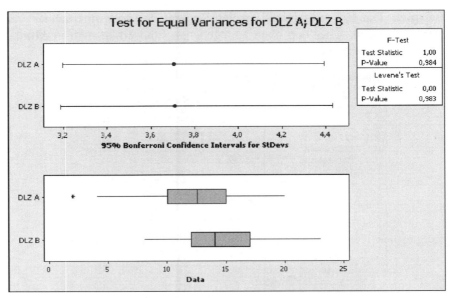

Abb. 61. Minitab-Output beim Vergleich zweier Varianzen

Vorgehen beim Vergleich mehrerer Varianzen

Sollen mehr als zwei Varianzen mit Minitab verglichen werden, so ergibt sich ein ähnliches Vorgehen. Der einzige Unterschied besteht darin, dass unter „Factors" eine Variable mit mehr als zwei Gruppen angegeben werden muss.

Anwendung mit Minitab:
Für die Anwendung eines Tests von mehreren Varianzen geht man in Minitab wie folgt vor:
Stat ⇨ ANOVA ⇨ Test for Equal Variances

Beispiel: Die Zuverlässigkeit von fünf verschiedenen Reparateuren soll miteinander verglichen werden. Der entsprechende Minitab-Output ist in Abb. 62 zu sehen.

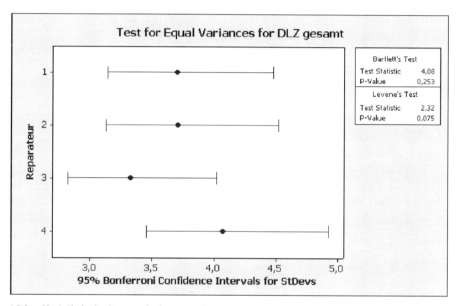

Abb. 62. Minitab-Output beim Vergleich mehrerer Varianzen

Zwei verschiedene Tests werden ausgegeben: Der Test von Barlett und der Test von Levene. Da der Test von Barlett von einer Normalverteilung ausgeht, sollte im Zweifelsfall der Test von Levene zurate gezogen werden. Auch hier sprechen die beiden p-Werte mit Werten größer 0.05 für eine Beibehaltung der Nullhypothese gleicher Varianzen.

Zur Vertiefung kann Übung 8 aus dem Anhang durchgeführt werden.

140 ANALYZE

4.2.6.5 Binomialtest

Die bisher vorgestellten Tests beziehen sich auf den Erwartungwert und die Varianz. Dies sind Lagemaße, die nur für metrische Variablen in Betracht gezogen werden können. Liegen diskrete Daten vor, die nur zwei Ausprägungen besitzen (z. B. Kostenvoranschlag erstellt „ja/nein"), so spricht man von binären Daten. Hier ist ein Anteilswert von Interesse. Dieser wird mithilfe eines Binomialtests überprüft.

Binomialtest für eine Stichprobe

Bei der Überprüfung einer Vermutung bezüglich eines Anteilswertes p („gut/schlecht", „0/1", „Ausschuss/kein Ausschuss") bei einer Variable wird der Binomialtest durchgeführt. Wichtige Voraussetzung für diesen Test ist eine hinreichend große Stichprobe.

Als Faustregel gilt: $np(1 - p) \geq 9$, wobei p hierbei den Anteilswert (Wahrscheinlichkeit) bezeichnet.

Beispiele

- Der Anteil säumiger Ratenzahler in einem Versandhaus soll höchstens 10 % betragen, also: $p \leq 0.10$.
- Bei guter Prüfungsvorbereitung für das Black-Belt-Training sollte die Durchfallquote 5 % nicht übersteigen, also: $p \leq 0.05$.

Um den Test durchzuführen, berechnet man den geschätzten Anteilswert $\hat{p}$ = Anteil der Ereignisse aus der Stichprobe. Zur Berechnung des Tests benötigt man die folgende Teststatistik:

$$\frac{(\hat{p} - p_0)}{\sqrt{p_0(1 - p_0)}} \sqrt{n} \sim N(0,1)$$

Sie ist asymptotisch normalverteilt. Analog zu den anderen bisher vorgestellten Tests kann man dann die Teststatistik mit der Standardnormalverteilung vergleichen und eine Testentscheidung fällen. Wir möchten den Test anhand eines Beispiels in Minitab erläutern.

Anwendung in Minitab
Stat ⇨ Basic Statistics ⇨ 1 Proportion

Beispiel: Ein Unternehmen hat unter n = 23 geschriebenen Rechnungen 3 Fehler entdeckt, damit ist $\hat{p} \approx 0.13$. Es soll nun getestet werden, ob dieser Wert von dem Erfahrungswert p = 0.1 = 10 % statistisch signifikant abweicht. Es erscheint ein Fenster, wie es in Abb. 63 abgebildet ist. Wählen Sie unter dem Menüpunkt „Optionen" im Feld „Test proportion" den Anteilswert, den Sie prüfen möchten. Hier wäre dies 0.1 = 10 %.

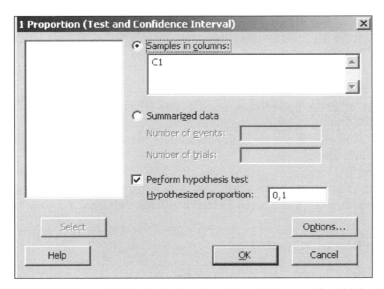

Abb. 63. Minitab-Fenster beim Aufrufen eines Binomialtests – eine Stichprobe

Es ergibt sich folgender Minitab-Output:

Test and CI for One Proportion: C1

```
Test of p = 0,1 vs p not = 0,1

Event = 1


                                                Exact
Variable   X    N   Sample p        95% CI      P-Value
C1         3   23   0,130435   (0,027752; 0,335889)   0,723
```

Da der p-Wert mit 0.723 deutlich über dem üblichen Signifikanzniveau von 0.05 liegt, kann die Nullhypothese p = 0.10 nicht abgelehnt werden. Der Ausschussanteil hat sich nicht signifikant erhöht.

Binomialtest für zwei Stichproben

Bei der Überprüfung der Gleichheit zweier Anteilswerte wird der Binomialtest für zwei Stichproben durchgeführt. Es gelten hierbei dieselben Voraussetzungen wie im Einstichprobenfall.

Beispiele

- Der Anteil säumiger Ratenzahler in zwei Versandhäusern soll auf Gleichheit überprüft werden.
- Bei guter Prüfungsvorbereitung für das Black-Belt-Training sollte die Durchfallquote in München und in Neuss gleich sein.
- Der Anteil eingehaltener Durchlaufzeiten zweier Reparateure soll gleich groß sein, also $p_1 = p_2$.

Für den Test berechnet man die geschätzten Anteilswerte aus der Stichprobe und prüft, ob deren Differenz gleich null ist.

Anwendung in Minitab

Stat ➪ Basic Statistics ➪ 2 Proportions

Beispiel:
Ein Unternehmen (siehe vorheriges Beispiel) hat in Filiale 1 unter n = 23 geschriebenen Rechnungen 3 Fehler entdeckt, in Filiale 2 dagegen 6 Fehler bei n = 29 Rechnungen. Es soll getestet werden, ob sich der Fehleranteil in den beiden Filialen unterscheidet (also ob $p_1 \neq p_2$). Es ergibt sich folgender Minitab-Output:

Test and CI for Two Proportions: A; B

```
Event = 1


Variable   X    N    Sample p
A          3    23   0,130435
B          6    29   0,206897


Difference = p (A) - p (B)
Estimate for difference: -0,0764618
95% CI for difference: (-0,278154; 0,125230)
Test for difference = 0 (vs not = 0): Z = -0,74  P-Value = 0,457

Fisher's exact test: P-Value = 0,714


* NOTE * The normal approximation may be inaccurate for small samples.
```

Da der p-Wert mit 0.457 deutlich über dem üblichen Signifikanzniveau von 0.05 liegt, kann die Nullhypothese $p_1 = p_2$ nicht abgelehnt werden. Der Fehleranteil in den beiden Filialen unterscheidet sich also nicht signifikant. Dies ist auf den ersten Blick erstaunlich, da in Filiale 1 etwa 13 % Fehler gemacht werden, während bei der anderen Filiale der Wert des Fehleranteils bei 20 % liegt. Wegen der kleinen Stichprobengröße genügt ein Unterschied von 7 % aber nicht, um einen Unterschied nachzuweisen. Alternativ kann das Konfidenzintervall für die Differenz betrachtet werden. Da der Testwert „Differenz = 0" im Intervall enthalten ist, kann die Nullhypothese $p_1 = p_2$, also $p_1 - p_2 = 0$, nicht abgelehnt werden. Die Fehlermeldung am Ende des Outputs macht den Anwender darauf aufmerksam, dass die geforderte Mindeststichprobengröße nicht eingehalten wurde, somit eine Annahme des Tests verletzt ist und der Test daher nur annähernd richtig ist.

Zur Vertiefung kann Übung 9 aus dem Anhang durchgeführt werden.

χ^2-Anpassungstest

Wir betrachten ein Merkmal (eine Variable), das entweder diskretes Skalenniveau besitzt oder stetig mit einer Gruppeneinteilung (Klassen) ist. Um zu testen, ob sich die Häufigkeiten (oder Anteile) in den verschiedenen Klassen unterscheiden, verwendet man den χ^2-Anpassungstest. Folgende Beispiele sollen dies näher erläutern:

Beispiele:
- Es wird vermutet, dass der Anteil an falsch geschriebenen Rechnungen in allen 5 Niederlassungen eines Unternehmens gleich groß ist.
- Es wird vermutet, dass innerhalb einer Produktion bei 97 % der hergestellten Teile keine Mängel gefunden werden, bei 2.5 % leichte Mängel und bei den restlichen 0.5 % erhebliche Mängel, also ein Verhältnis von 97.0 : 2.5 : 0.5 vorliegt.

Um den Test durchführen zu können, sollten die Daten in Klassen nach folgendem Schema voliegen:

Klasse	1	2	...	k	Total
Anzahl der Beobachtungen	n_1	n_2	...	n_k	n

Wir wollen folgend den Test an einem historischen und leicht nachzuvollziehenden Beispiel erläutern. Johann Gregor Mendel war ein österreichischer Augustiner und Naturforscher, der sich weitestgehend mit meteorologischen Themen beschäftigte. Er war aber auch begeisterter Züchter und untersuchte die Vererbung von Merkmalen bei Erbsen. Dabei entdeckte er die Regeln der Vererbung und wird daher oft auch als Vater der Genetik bezeichnet. Das vielleicht berühmteste Experiment von Mendel war sein Kreuzungsversuch verschiedener Erbsen, die rund oder kantig bzw. gelb oder grün waren. Nach insgesamt 556 Versuchen erhielt Mendel die folgenden Ergebnisse:

Kreuzungsergebnis	Rund gelb	Rund grün	Kantig gelb	Kantig grün
Beobachtungen	315	108	101	32

Er hatte die Hypothese, dass die vier Sorten im Verhältnis 9:3:3:1 stehen, also dass

$$\pi_1 = \frac{9}{16}, \pi_2 = \frac{3}{16}, \pi_3 = \frac{3}{16}, \pi_4 = \frac{1}{16}$$

Wir betrachten nun den Testaufbau. Null- und Alternativhypothese werden in diesem Test wie folgt formuliert:
H_0: Die Daten haben in den Gruppen einen bestimmten Anteil.
H_1: Die Daten haben in den Gruppen nicht diesen bestimmten Anteil.

Zur Durchführung wird die χ^2-Teststatistik verwendet, die einer χ^2-Verteilung folgt und wie folgt definiert ist:

$$T(x) = \sum_{i=1}^{k} \frac{(N_i - np_i)^2}{np_i}$$

Dabei ist
- N_i die absolute Häufigkeit der Stichprobe X für die Klasse i (i = 1, ..., k),
- p_i die hypothetische, vorgegebene Wahrscheinlichkeit dafür, dass die Zufallsvariable X in die Klasse i fällt, und
- n die Stichprobengröße.

Wichtig: Die χ^2- Statistik ist auch ein Zusammenhangsmaß und misst die Abweichung zwischen den erwarteten (np_i) und den beobachteten (N_i) Häufigkeiten. χ^2 ist eine interessante und wichtige Größe in der Statistik, da Unabhängigkeitstests, Anpassungstests und Zusammenhangsanalysen stark hierauf aufbauen.

Beispiel: Bei Mendel wäre χ^2 wie folgt zu berechnen (n = 315 + 108 + 101+ 32 = 556):

i	n_i	p_i	np_i
1	315	9/16	312.75
2	108	3/16	104.25
3	101	3/16	104.25
4	32	1/16	34.75

Die χ^2-Teststatistik berechnet sich dann wie folgt:

$$T(x) = \frac{(315 - 312.75)^2}{312.75} + ... + \frac{(32 - 34.75)^2}{34.75} = 0.47$$

Dieser Wert wird mit dem kritischen Wert aus der χ^2-Verteilung verglichen (hier: 7.81), in diesem Fall wird eine Entscheidung zugunsten der Nullhypothese getroffen, für Details siehe Toutenburg, Induktive Statistik.

Mendel hatte mit seiner Vermutung bezüglich der Aufteilung der Erbsen also recht.

Wir möchten nun die Anwendung des Tests in Minitab demonstrieren:

> **Anwendung in Minitab**
>
> Stat ⇨ Tables ⇨ Chi-Square Goodness-of-Fit
>
> - Geben Sie unter „Observed Counts" die Spalte an, in der die beobachteten Häufigkeiten stehen.
> - Wählen Sie die erwarteten (hypothetischen) Anteile im Feld „Specific Proportions" aus. Diese müssen in einer separaten Spalte angegeben sein.

Beispiel: Sie vermuten, dass innerhalb einer Produktion bei 95 % der hergestellten Teile keine Mängel gefunden werden, bei 4 % leichte Mängel und bei den restlichen 1 % erhebliche Mängel. Um dies zu überprüfen, geben Sie die Vermutung und Ihre Messergebnisse in folgender Tabelle in Minitab ein:

Zustand des Teils	Anzahl der Beobachtungen in der Stichprobe	Vermuteter Anteil in der Grundgesamtheit
Sehr gut (keine Mängel)	962	0.95
In Ordnung (leichte Mängel)	11	0.04
Schlecht (erhebliche Mängel)	27	0.01

Sie erhalten folgenden Output:

Chi-Square Goodness-of-Fit Test for Observed Counts in Variable: C1

```
                        Test              Contribution
Category  Observed  Proportion  Expected    to Chi-Sq
   1        962        0,95        950        0,1516
   2         11        0,04         40       21,0250
   3         27        0,01         10       28,9000


   N    DF   Chi-Sq   P-Value
 1000    2  50,0766    0,000
```

Je Kategorie können dann beobachtete und erwartete Werte abgelesen werden. Der p-Wert (0.000 < 0.05) liefert hier die Aussage, dass nicht von der erwarteten Verteilung ausgegangen werden kann. Es ist nicht schwer zu erkennen, dass der Anteil an Teilen mit erheblichen Mängeln größer als erhofft ist.

Zur Vertiefung kann Übung 10 aus dem Anhang durchgeführt werden.

4.2.6.6 Tests auf Normalverteilung

Um eine Stichprobe auf Normalverteilung zu testen, können verschiedene von Minitab angebotene Tests durchgeführt werden. Ob eine Variable normalverteilt ist oder nicht, kann unter verschiedenen Gesichtspunkten interessant sein: Einige Tests setzen (vor allem bei geringem Stichprobenumfang) Normalverteilung voraus. Kann diese Bedingung nicht erfüllt werden, müssen andere Testverfahren (oft nichtparametrisch) angewandt werden. Auch im Zuge der Prozesskapazitätsberechnung ist wichtig, ob eine Größe einer Normalverteilung folgt oder nicht. Minitab bietet folgende Normalverteilungstests an:

Normalverteilungstests Minitab	
Anderson-Darling-Test	Standardeinstellung von Minitab
Ryan-Joiner	Selten verwendet
Kolmogorov-Smirnov-Test	Standardtest in der Statistik

> **Anwendung in Minitab**
>
> Es gibt zwei Möglichkeiten, um Daten auf Normalverteilung zu testen.
>
> Stat ⇨ Basic Statistics ⇨ Normality Test
>
> Im sich dann öffnenden Fenster können Sie die Testvariable auswählen. Wählen Sie Ihren bevorzugten Test. Sie erhalten eine Ausgabe, wie sie in Abb. 64 zu sehen ist. Betrachten Sie zuerst die Grafik. Bei Normalverteilung sollten die Punkte kein asymmetrisches Verhalten zeigen und auf der Linie liegen. In der kleinen Box daneben erhalten Sie das Ergebnis des Tests. Es wird die Nullhypothese „Die Daten sind normalverteilt." getestet. Ein p-Wert mit einem geringeren Wert als 0.05 deutet also auf keine normalverteilten Daten hin.
>
> Alternativ können Sie wie folgt vorgehen:
>
> Stat ⇨ Basic Statistics ⇨ Graphical Summary
>
> Sie erhalten einen Output, wie er in Abb. 65 zu sehen ist. Sehr hilfreich ist bei dieser Variante die große Anzahl an Informationen. Die empirische Verteilung (Histogramm) ist sehr schön zu sehen und liefert im Vergleich mit der Normalverteilungskurve einen ersten Eindruck von den Daten. Als p-Wert erhalten wir stets den Wert des Anderson-Darling Tests.

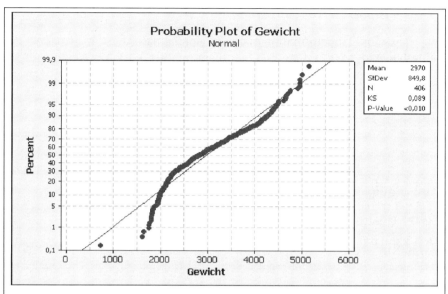

Abb. 64. Minitab-Output für einen Test auf Normalverteilung

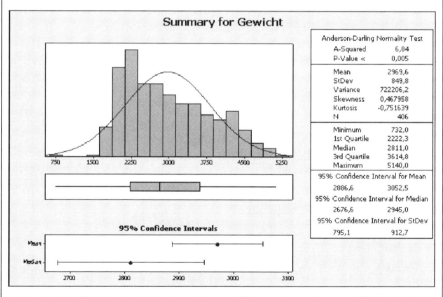

Abb. 65. Minitab-Output für einen Test auf Normalverteilung - 2. Möglichkeit

Zur Vertiefung kann Übung 11 aus dem Anhang durchgeführt werden.

4.2.6.7 Box-Cox-Transformation

Die Box-Cox-Transformation ist ein mathematisches Instrument der Zeitreihenanalyse, mit dem eine Stabilisierung der Varianz erreicht werden soll. Auch können Daten so auf eine Normalverteilung gebracht werden. Die Formel hierfür lautet (falls $\lambda \neq 0$):

$$Y^{(\lambda)} = \frac{(Y_t + c)^\lambda - 1}{\lambda}$$

Anwendung in Minitab

Stat ⇨ Control Charts ⇨ Box-Cox-Transformation

Dort kann ein geeignetes λ ermittelt werden.

Eine Box-Cox-Transformation kann in Einzelfällen hilfreich sein, birgt aber viele Gefahren, insbesondere bei der Interpretation. Am besten ist es, bei nicht normalverteilten Daten auf nichtparametrische (verteilungsfreie) Tests zurückzugreifen.

4.2.6.8 Nichtparametrische Tests

Nichtparametrische Tests bezeichnen Tests, die auf keiner Verteilungsannahme aufbauen (z. B. Normalverteilung). Die wichtigsten unter ihnen sollen hier kurz vorgestellt werden. Sie sind anwendbar für Daten mit metrischem und ordinalem Skalenniveau. In Minitab sind unter Stat ⇨ Nonparametrics verschiedene nichtparametrische Tests zu finden:

Nichtparametrische Tests	
Vorzeichentest	Test auf den Median
Wilcoxon-Test	Test auf den Median
Mann-Whitney-U-Test	Vergleich zweier unabhängiger Verteilungen bezüglich ihrer Lage (im Mittel größer)
Kruskal-Wallis-Test	Rangvarianzanalyse zum Vergleich von zwei oder mehr Verteilungen bezüglich ihrer Lage (im Mittel größer)
Moods Median-Test	Vergleich von zwei oder mehr Medianen

Vorzeichentest

Dieser Test wird zum Testen des Medians einer Variable verwendet. Wir wollen hier kurz den Aufbau und die Grundidee des Tests erläutern. Zuerst stellt man eine Null- und eine Alternativhypothese bezüglich des Medians auf:

Fall 1	$H_0 : x_{med} = \delta_0$	$H_1 : x_{med} \neq \delta_0$
Fall 2	$H_0 : x_{med} \leq \delta_0$	$H_1 : x_{med} > \delta_0$
Fall 3	$H_0 : x_{med} \geq \delta_0$	$H_1 : x_{med} < \delta_0$

Die Teststatistik lautet dann wie folgt: A = Anzahl der Stichprobenvariablen kleiner δ_0.

Dies ist eine im Prinzip sehr einfache Idee: Es wird nur darauf geschaut, wie viele Beobachtungen über bzw. unter dem vermuteten Median liegen und ob es eine (im statistischen Sinne) extreme Abweichung in eine der beiden Richtungen gibt. Die Teststatistik ist binomialverteilt und wird mit der entsprechenden Verteilung verglichen. Eine Testentscheidung ist dann möglich. Wir wollen den Test mithilfe von Minitab erläutern:

Anwendung in Minitab
Stat ⇨ Nonparametrics ⇨ 1-Sample Sign

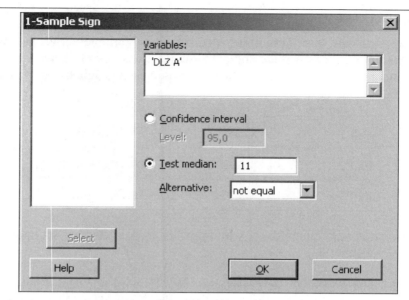

Abb. 66. Fenster bei der Durchführung eines Vorzeichentests

Es öffnet sich ein Fenster, das in Abb. 66 zu sehen ist. Das Vorgehen ist ähnlich zum 1-Stichproben-t-Test. Eine Testvariable muss ausgewählt werden, genauso wie der Median (also δ_0), der unter der Nullhypothese vermutet wird.

Beispiel: Wir betrachten den Datensatz „Reparateure.mtw". Dort ist die Reparaturdauer von vier verschiedenen Reparateuren aufgelistet. Um zu testen, ob der erste der vier Reparateure einen gewünschten Sollwert von 11 Tagen im Mittel (Median einhält, wird ein Vorzeichentest durchgeführt. Minitab erzeugt den folgenden Output:

Sign Test for Median: DLZ A

```
Sign test of median =  11,00 versus not = 11,00

         N  Below  Equal  Above       P  Median
DLZ A  102     32      9     61  0,0037   12,50
```

In der ersten Zeile können die Null- und die Alternativhypothese abgelesen werden. Der p-Wert liefert dann Angaben über die Testentscheidung. Hier ist er kleiner als 0.05, die Nullhypothese eines Medians von 11 muss also verworfen werden. Der erste der vier Reparateure kann die vorgegebene mittlere Zeit also nicht einhalten.

Mann-Whitney-U-Test

Beim Vergleich der mittleren Lage zweier Verteilungen kann unter anderem der U-Test von Mann-Whitney verwendet werden. Voraussetzung für seine Anwendung sind zwei unabhängige Stichproben. Um das Prinzip nichtparametrischer Tests näher zu verdeutlichen, wollen wir folgend nicht nur die Grundidee und die Anwendung in Minitab erläutern, sondern auch den Test anhand eines Rechenbeispiels vorführen.

Betrachten wir nun den Testaufbau: Zuerst werden Null- und Alternativhypothese vorgegeben. Diese lauten für zwei Stichproben X und Y:

$$H_0 : P(X > Y) = \frac{1}{2} \quad \text{bzw.} \quad H_1 : P(X > Y) \neq \frac{1}{2}$$

Unter der Nullhypothese ist also die Wahrscheinlichkeit, dass eine Beobachtung der ersten Verteilung größer ist als eine Beobachtung der anderen Verteilung, gerade 0.5. Man könnte also auch sagen, die Werte der beiden Stichproben sind im Mittel gleich groß. Demnach sagt die Alternativhypothese, dass die beiden Stichproben im Mittel verschieden groß sind. Man fügt die beiden Stichproben $(x_1, \ldots, x_{n1})$ und $(y_1, \ldots, y_{n2})$ zu einer gemeinsamen, aufsteigend geordneten Stichprobe S zusammen. Die Summe der Rangzahlen der X-Stichprobenelemente sei R_{1+}, die Summe der Rangzahlen der Y-Stichprobenelemente sei R_{2+}. Als Prüfgröße wählt man U, den kleineren der beiden Werte U_1, U_2:

$$U_1 = n_1 \cdot n_2 + \frac{n_1(n_1 + 1)}{2} - R_{1+}$$

$$U_2 = n_1 \cdot n_2 + \frac{n_2(n_2 + 1)}{2} - R_{2+}$$

Entscheidungsregel: Für n_1, $n_2 \geq 8$ kann die Näherung

$$Z = \frac{U - (n_1 \cdot n_2)/2}{\sqrt{[n_1 \cdot n_2(n_1 + n_2 + 1)]/12}} \overset{approx}{\sim} N(0,1)$$

benutzt werden. Für $|z| > z_{1-\alpha/2}$ wird H_0 abgelehnt.

Beispiel: Wir betrachten die Dauer eines Prozesses (in Minuten) in zwei verschiedenen Niederlassungen:

Dauer	1	2	3	4	5	6	7	8	9	10
Niederlassung 1	37	49	51	62	74	44	53	17	29	
Niederlassung 2	45	51	62	73	87	42	33	89	26	48

Geprüft werden soll die Hypothese, ob die Prozessdauer der beiden Filialen im Mittel gleich groß ist. Da der Stichprobenumfang sehr gering ist, führen wir keinen 2-Sample t-Test durch, sondern den Mann-Whitney-U-Test. Dazu berechnen wir die für den Test interessanten Informationen. Es ergeben sich folgende Werte:

	1	2	3	4	5	6	7	8	9	10	Σ
Wert$_{NL1}$	37	49	51	62	74	44	53	17	29		
Rang$_{NL1}$	5	10	12	15	17	7	13	1	3		83
Wert$_{NL2}$	45	51	62	73	87	42	33	89	26	48	
Rang$_{NL2}$	8	11	14	16	18	6	4	19	2	9	107

Mit $R_{NL1+} = 83$ und $R_{NL2+} = 107$ erhalten wir die beiden Teststatistiken

$$U_1 = n_1 \cdot n_2 + \frac{n_1(n_1+1)}{2} - R_{M+} = 9 \cdot 10 + \frac{9 \cdot 10}{2} - 83 = 52$$

$$U_2 = n_1 \cdot n_2 + \frac{n_2(n_2+1)}{2} - R_{W+} = 9 \cdot 10 + \frac{10 \cdot 11}{2} - 107 = 38$$

Mit $n_1, n_2 \geq 8$ und $U = U_2 = 38$ ergibt sich:

$$Z = \frac{U - \frac{n_1 \cdot n_2}{2}}{\sqrt{\frac{n_1 \cdot n_2 \cdot (n_1 + n_2 + 1)}{12}}} \quad Z = \frac{38 - \frac{9 \cdot 10}{2}}{\sqrt{\frac{9 \cdot 10 \cdot (9 + 10 + 1)}{12}}} \approx -0{,}572$$

Wegen $|z| = 0.572 < z_{1-\alpha/2} = 1.96$ wird die Nullhypothese beibehalten. Der Prozess wird also in beiden Niederlassungen so durchgeführt, dass keine signifikanten Zeiteffekte nachweisbar sind.

Anwendung in Minitab

Stat ⇨ Nonparametrics ⇨ Mann-Whitney

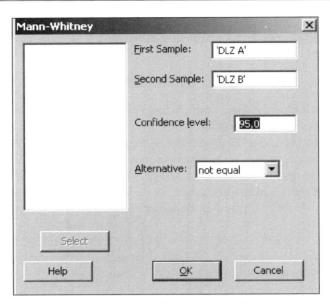

Abb. 67. Fenster bei der Durchführung eines Mann-Whitney-Tests

Beispiel: Wir betrachten erneut das Beispiel der Reparaturdauer von vier verschiedenen Reparateuren (Datensatz „Reparateure.mtw"). Dort sollte eine Durchlaufzeit von 11 Tagen bei einem Prozess eingehalten werden. Nun sollen die ersten beiden Reparateure (bezüglich ihrer „mittleren" Lage) verglichen werden. Man erhält ein Fenster, wie es in Abb. 67 zu sehen ist.

Wählen Sie die beiden Testvariablen und die Alternativhypothese aus. Sie erhalten folgenden Output:

Mann-Whitney Test and CI: DLZ A; DLZ B

```
        N  Median
DLZ A  102  12,500
DLZ B   95  14,000


Point estimate for ETA1-ETA2 is -2,000
95,0 Percent CI for ETA1-ETA2 is (-3,000;-1,000)
W = 8631,5
Test of ETA1 = ETA2 vs ETA1 not = ETA2 is significant at 0,0002
```

In den ersten beiden Zeilen können Sie sich bereits einen Überblick über die beiden Mediane verschaffen.

Im unteren Teil des Outputs genügt es, wieder den p-Wert zu betrachten. Dieser findet sich etwas versteckt im Text. Hier wird die Nullhypothese (p-Wert 0.0002) eindeutig verworfen. Die mittlere Lage der Verteilungen der Reparaturdauer der beiden Reparateure ist also verschieden. Anders formuliert bedeutet dies also, dass sie nicht gleich schnell arbeiten.

Hinweis: Um den Test von Mann-Whitney durchführen zu können, müssen die beiden Stichproben in zwei verschiedenen Spalten stehen. Dies verdeutlicht noch einmal die Grundannahme des Tests, nämlich dass die beiden Stichproben unabhängig sein sollten. Falls die Daten komplett in einer Spalte zu finden sind und nur durch eine Gruppenvariable in einer zweiten Spalte getrennt sind, so müssen die Daten entweder umstrukturiert werden oder am besten durch den Moods Median-Test getestet werden.

Moods Median-Test

Beim Vergleich von zwei oder mehr Medianen kann unter anderem der Median-Test von Mood durchgeführt werden. Die Hypothesen werden hier wie folgt definiert:

H_0 : Alle Mediane sind gleich.
H_1 : Mindestens zwei Mediane sind verschieden.

Anwendung in Minitab

Stat ⇨ Nonparametrics ⇨ Mood's Median

Beispiel: Wir betrachten erneut das Beispiel der Reparaturdauer der vier Reparateure (Datensatz „Reparateure.mtw") deren Mediane nun verglichen werden sollen. Es öffnet sich das Fenster, das in Abb. 68 zu sehen ist. Bitte beachten Sie, dass Sie eine Gruppenvariable haben müssen, um den Test durchzuführen.

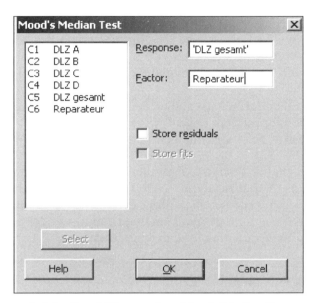

Abb. 68. Fenster bei der Durchführung eines Moods Median-Tests

Minitab liefert folgenden Output:

Mood Median Test: DLZ gesamt versus Reparateur

```
Mood median test for DLZ gesamt
Chi-Square = 14,60    DF = 3    P = 0,002

                                Individual 95,0% CIs
Reparateur  N<=  N>  Median  Q3-Q1  ---+---------+---------+---------+--
1           63   39  12,50   5,00   (-------*----)
2           35   60  14,00   5,00                             *--------)
3           59   43  13,00   4,00      (---------*---------)
4           49   53  14,00   6,00             (-----------*---------)
                                    ---+---------+---------+---------+--
                                    12,0      13,0      14,0      15,0

Overall median = 13,00
```

Der p-Wert von 0.002 gibt an, dass die Nullhypothese gleicher Mediane verworfen werden muss. Die mittleren Arbeitszeiten (bezüglich des

Medians) aller vier Reparateure unterscheiden sich also. Beachten Sie bitte, dass die hier angegebenen Intervalle nicht den von uns eingeführten Konfidenzintervallen entsprechen. Sie beziehen sich auf den Median, nicht auf das arithmetische Mittel und entsprechen einer anderen Konzipierung und Interpretation.

Kruskal-Wallis-Test

Der Kruskal-Wallis-Test ist eine Verallgemeinerung des Mann-Whitney-U-Tests. Er wird beim Vergleich von k ≥ 2 unabhängigen Verteilungen verwendet. Null- und Alternativhypothese lauten hier wie folgt:

H_0 : Die k Stichproben entstammen derselben Grundgesamtheit, d. h. sie besitzen dieselbe mittlere Lage
H_1 : Mindestens zwei Verteilungen sind verschieden.

Der Kruskal-Wallis-Test ist das nichtparametrische Äquivalent zur einfaktoriellen Varianzanalyse (ANOVA) aus Abschnitt 5.2.4.1. Nichtparametrisch bedeutet hier, dass die Werte der Zielgröße in den Untergruppen nicht normalverteilt sind und damit statt der parametrischen ANOVA eine Rangvarianzanalyse durchgeführt wird.

Anwendung in Minitab

Stat ⇨ Nonparametrics ⇨ Kruskal-Wallis

Unter „Response" wird die Zielgröße eingegeben, unter „Factor" die Gruppenvariable.

Beispiel: Wir betrachten erneut das Beispiel der Reparaturdauer der vier Reparateure. Beim Vergleich der Mediane mit dem Moods-Median-Test erhalten wir das Ergebnis, dass sich die vier Mediane statistisch signifikant unterscheiden. Für die vergleichbare Fragestellung der Gleichheit der vier Verteilungen kann auch der Test von Kruskal-Wallis verwendet werden.

Man erhält folgenden Output:

Kruskal-Wallis Test: DLZ gesamt versus Reparateur

```
Kruskal-Wallis Test on DLZ gesamt

Reparateur   N     Median   Ave Rank      Z
1            102   12,50    171,8      -2,95
2             95   14,00    232,5       3,04
3            102   13,00    183,5      -1,76
4            102   14,00    218,3       1,74
Overall      401            201,0

H = 18,10   DF = 3   P = 0,000
H = 18,23   DF = 3   P = 0,000   (adjusted for ties)
```

Auch dieser Test kommt zu dem Ergebnis, dass sich die Reparaturdauern der vier Reparateure unterscheiden, und zwar bezüglich der Lage ihrer Verteilungen. Man sagt hier: Der Faktor Reparateur ist signifikant.

Zur Vertiefung kann Übung 12 aus dem Anhang durchgeführt werden.

Zusammenfassung Hypothesentests

Eine Übersicht über alle Tests ist im Anhang A.3 zu finden.

4.2.7 Korrelations- und Regressionsanalyse

Im nächsten Schritt werden die Zusammenhänge zwischen den durch Hypothesentests als relevant herausgefilterten Faktoren näher bestimmt. Dies geschieht, um einen ersten Überblick zu erhalten, zunächst grafisch. Anschließend werden Korrelations- und Regressionsanalysen angewendet, um den Zusammenhang quantifizieren zu können.

Es werden hierbei nicht mehr notwendigerweise nur zwei Variablen betrachtet, sondern mehrere. Es stellt sich die Frage, ob – und wenn ja wie stark – verschiedene Einflussgrößen (mit X_i bezeichnet) auf eine Zielgröße (mit Y bezeichnet) wirken. Die lineare Regression liefert hierauf eine Antwort und eröffnet gute Möglichkeiten, unter einer Menge verschiedener Einflussgrößen die wichtigsten (Vital Few X) zu erkennen.

4.2.7.1 Streudiagramme

Einen ersten Eindruck über den Zusammenhang zweier metrischer Variablen erhält man über Streudiagramme (Scatterplots). Die x-Achse repräsentiert dabei die Werte der einen Variable, die y-Achse die der anderen.

> **Anwendung in Minitab**
>
> Graph ⇨ Scatterplot
>
> Wählen Sie aus, welchen Typ von Streudiagramm Sie haben möchten (einfach, gruppiert etc.). Sie erhalten dann die Möglichkeit, Ihr Streudiagramm näher zu spezifizieren (siehe auch Abb. 69). Mit einem Streudiagramm ist es möglich, schnell zu erkennen, ob ein Zusammenhang zwischen zwei Variablen vorliegt und – falls ja – ob dieser linear, quadratisch oder von anderer Form ist.

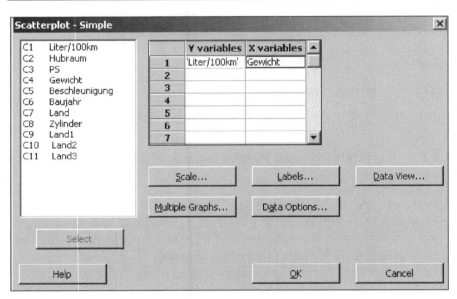

Abb. 69. Fenster beim Erzeugen eines Streudiagramms

Beispiel 1: Wir betrachten den Datensatz „Benzinverbrauch.mtw", der in Übung 3 näher erläutert wird. Ein Streudiagramm zwischen der Zielgröße Liter/100km (Verbrauch) und der Einflussgröße Gewicht ist in Abb. 70 zu sehen. Ein linearer Zusammenhang der beiden Größen könnte vermutet werden. Im oberen linken Bildrand ist ein Datenpunkt zu erkennen, den man als Ausreißer bezeichnen könnte, da er nicht in das Gesamtbild der anderen Punkte zu passen scheint. Auf solche Ausreißer sollte stets geachtet werden, oft sind Tipp- oder Übertragungsfehler ihre Ursache.

Speziell bei der linearen Regression können sie Schätzungen verzerren und so zu falschen Schlüssen führen.

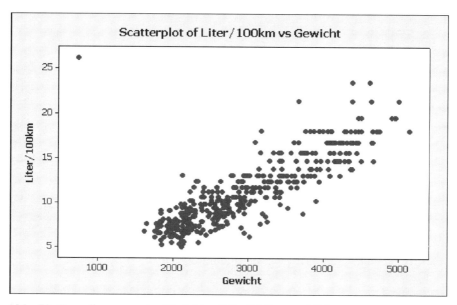

Abb. 70. Streudiagramm der Variablen Liter/100km und PS

Beispiel 2: Wir betrachten den Datensatz „Reparateure_reg.mtw", den wir auch im weiteren Verlauf des Kapitels betrachten werden. Zielgröße ist hier die Durchlaufzeit in Tagen (Spalte C7). Mögliche Einflussgrößen sind die stetigen Merkmale Artikelpreis und Reparaturpreis, sowie die diskreten Größen Kostenvoranschlag gestellt (ja/nein), Reparateur und Herkunft des Reparateurs (Inland/Ausland). Ein Streudiagramm der beiden Variablen Durchlaufzeit und Reparaturpreis ist in Abb. 71 zu sehen. Man erkennt sofort, dass sich der Großteil der Datenpunkte im linkeren unteren Bildrand sammelt, ein (linearer) Zusammenhang ist kaum zu erkennen. Ob ein höherer Reparaturpreis eine längere bzw. kürzere Durchlaufzeit bewirkt, kann zu diesem Zeitpunkt nicht festgestellt werden. Dieses Beispiel soll verdeutlichen, dass in realen Projekten selbstverständlich keine Musterdaten vorliegen, die Ergebnisse daher oft nicht eindeutig sind und in der statistischen Analyse vorsichtig vorgegangen werden muss, um Fehler zu vermeiden.

162 ANALYZE

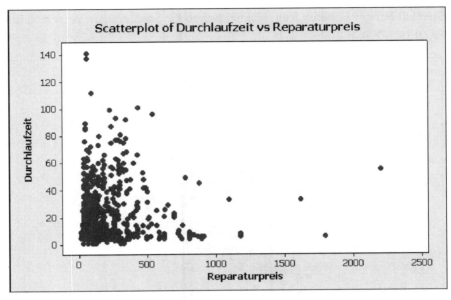

Abb. 71. Streudiagramm DLZ vs. Reparaturpreis

Hinweis: Durch das Minitab-Kommando Graph ⇨ Matrixplot lassen sich mehrere Streudiagramme in einem Output vereinigen. Für einen schnellen Überblick kann dies sehr hilfreich sein.

4.2.7.2 Korrelationen

Um den Zusammenhang zweier Merkmale zu quantifizieren, benutzt man Korrelationskoeffizienten, allgemein auch als Zusammenhangsmaße bezeichnet. Die Wahl des „richtigen" Maßes hängt dabei vom Skalenniveau der Variablen ab. In der Statistik existiert eine Vielzahl von Maßen, die verschiedene Eigenschaften und Konzeptionen mit sich bringen. Einige gebräuchliche Maße, die auch in Minitab verwendet und angeboten werden, sollen hier kurz vorgestellt werden:

- Korrelationskoeffizient von Bravais-Pearson (für zwei metrische Variablen)
- Korrelationskoeffizient von Spearman (für zwei ordinale Variablen)
- Cramers V (für den Zusammenhang zweier diskreter Variablen).

Korrelationskoeffizient von Bravais-Pearson

Der Korrelationskoeffizient von Bravais-Pearson berechnet sich über Varianzen und Kovarianzen der beiden Variablen (siehe Toutenburg, Induktive Statistik für Details) und kann Werte zwischen -1 und 1 annehmen:

$$-1 \leq r_{BP} \leq 1$$

Für die Interpretation sind im Wesentlichen folgende Aspekte zu berücksichtigen:
- Je näher $|r_{BP}|$ an 1 liegt, desto stärker ist der Zusammenhang. Als Faustregel gilt, dass Werte ab etwa 0.7 für einen starken Zusammenhang sprechen.
- Das Vorzeichen gibt die Richtung des Zusammenhangs wieder. Ein positives Vorzeichen bedeutet, dass mit steigendem x auch y steigt. Ein negatives Vorzeichen dagegen impliziert, dass y fällt, wenn x steigt.
- Für $r_{BP} = 1$ liegt ein exakter linearer, positiver Zusammenhang vor bzw. für $r_{BP} = -1$ ein exakter linearer, negativer Zusammenhang.

Anwendung in Minitab

Stat ⇨ Basic Statistics ⇨ Correlation

(Rang-)Korrelationskoeffizient von Spearman

Seinem Namen entsprechend nutzt der Korrelationskoeffizient von Spearman nicht die volle Information der Daten aus, sondern nur deren Rangordnung. Dies hat den Vorteil, dass er nicht nur für metrische Daten, sondern auch für ordinale Daten geeignet ist. Sein Wertebereich liegt ebenfalls zwischen -1 und 1:

$$-1 \leq r_{Sp} \leq 1$$

Seine Interpretation entspricht der des Korrelationskoeffizienten von Bravais-Pearson.

Anwendung in Minitab

Stat ⇨ Tables ⇨ Cross Tabulation and Chi Square

- Wählen Sie die Variablen aus.
- Wählen Sie unter „Other Stats" die Option „Correlation Coefficients for Ordinal Categories" aus (siehe Abb. 72).

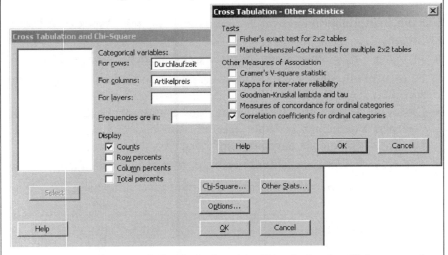

Abb. 72. Minitab-Fenster beim Aufrufen eines Korrelationskoeffizienten nach Spearman

Wird der Zusammenhang zwischen zwei diskreten Variablen betrachtet, so existiert eine große Menge an Maßen, die auf der Größe χ^2 aufbauen, die bereits in Abschnitt 4.2.6.6 vorgestellt wurde. Minitab bietet als Zusammenhangsmaß für diskrete Größen Cramers V an. Dies misst im Wesentlichen die Abweichung zwischen den beobachteten Werten und den Werten, die unter Unabhängigkeit zu erwarten wären und normiert sie. Seine Werte liegen (im Gegensatz zu den Korrelationskoeffizienten von Bravais-Pearson und Spearman) im Bereich zwischen 0 und 1. Je näher der Wert bei 1 liegt, desto stärker ist der Zusammenhang.

Anwendung in Minitab

Stat ⇨ Tables ⇨ Cross Tabulation and Chi Square

Unter „Other Statistics" kann „Cramer's V-Statistic" ausgewählt werden.

Beispiel: Wir betrachten erneut den Datensatz „Reparateure_reg.mtw", der zu Beginn des Abschnitts 4.2.7.1 erläutert wurde. Zuerst interessiert uns der Zusammenhang zwischen Artikelpreis und Reparaturpreis und der Durchlaufzeit. Wir erhalten u. a. folgende Minitab-Outputs für die Korrelationskoeffizienten nach Bravais-Pearson:

```
Results for: REPARATEURE_REG.MTW

Correlations: Durchlaufzeit; Artikelpreis; Reparaturpreis

                Durchlaufzeit    Artikelpreis
Artikelpreis           -0,003
                        0,859

Reparaturpreis          0,126           0,347
                        0,000           0,000


Cell Contents: Pearson correlation
```

Es ist zu erkennen, dass die Korrelationen (nach Bravais-Pearson) des Artikelpreises und des Reparaturpreises mit der Durchlaufzeit nur sehr gering sind (-0.003 bzw. 0.126). Hier scheint man also keinen Zusammenhang zu erkennen.

Nun interessieren wir uns für den Zusammenhang zwischen den beiden diskreten Größen Herkunftsland und Reparateure (d. h. wir nutzen Cramers V).

In der Tabelle ist klar zu erkennen, dass die Reparateure aus dem Ausland nur aus Kategorie 3 (PairRepair Limited) und 5 (Sonstige kleinere Reparateure) kommen. Dementsprechend liefert uns Cramers V einen sehr starken Zusammenhang von 0.97. Dies ist inhaltlich leicht nachzuvollziehen und bestätigt, dass die Daten gut und sinnvoll aufbereitet wurden.

Minitab liefert folgenden Output:

Tabulated statistics: Reparateur; Land

```
Rows: Reparateur    Columns: Land

             0      1    All

  1          0    787    787
  2          0    507    507
  3        875      0    875
  4          0    758    758
  5         22     72     94
All        897   2124   3021

Cell Contents:        Count


Cramer's V-square   0,973280
```

Zur Vertiefung können Übung 6, Übung 10 und Übung 13 aus dem Anhang durchgeführt werden.

Ergänzende Bemerkungen: Für den Spezialfall einer Vier-Felder-Tafel (zwei Variablen mit je zwei Ausprägungen) ist es möglich, die sogenannte Odds-Ratio zu berechnen. Das zugrundeliegende Konstruktionsprinzip wollen wir mithilfe des folgenden Beispiels erläutern: Zwei Reparateure reparieren einen bestimmten Artikel – entweder wird die Durchlaufzeit eingehalten oder nicht. Das heißt, wir haben nun zwei Variablen (Reparateur, DLZ eingehalten) mit je zwei Ausprägungen (Reparateur A bzw. Reparateur B und DLZ eingehalten ja bzw. nein). Die Odds-Ratio ist dann das Verhältnis von zwei relativen Risiken und hat nach mathematischen Umformungen folgende Form:

$$OR = \frac{ad}{bc}$$

Dabei bezeichnen die Buchstaben a,b,c,d die Einträge aus einer *2x2*-Tabelle:

	X=1	X=0
Y=1	a	b
Y=0	c	d

- Im Fall der Unabhängigkeit sind die beiden relativen Risiken gleich. Damit nimmt die Odds-Ratio den Wert 1 an: OR=1.
- Falls eine hohe Übereinstimmung zwischen X und Y dahingehend vorliegt, dass die gleichgerichteten Paare (a und d) häufiger als die gegenläufigen Paare (b und c) beobachtet werden, so liegt ein positiver Zusammenhang zwischen X und Y vor. Die Odds-Ratio ist dann größer als 1.
- Liegt ein negativer Zusammenhang vor, d. h., die gegenläufigen Paare (b und c) werden häufiger beobachtet als die gleichgerichteten Paare (a und d), so ist die Odds-Ratio kleiner als 1.

Die Odds-Ratio ist stets größer null. Sollte eines der Felder b und c in der Vier-Felder-Tafel mit 0 besetzt sein, so kann die Odds-Ratio nicht berechnet werden, da dann durch 0 dividiert werden müsste. Um die Odds-Ratio dennoch berechnen zu können, kann statt der 0 eine Stetigkeitskorrektur von 0.5 verwendet werden.

Nehmen wir an, wir hätten für unser Beispiel folgende Werte beobachtet:

	Reparateur A	Reparateur B
Durchlaufzeit nicht eingehalten	13	5
Durchlaufzeit eingehalten	95	83

Dann lautet die Odds-Ratio

$$OR = \frac{ad}{bc} = \frac{13 \cdot 83}{95 \cdot 5} = 2.27.$$

Das heißt, die Chance einen Fehler zu begehen, ist bei Reparateur A 2.27 mal so groß wie bei Reparateur B. Es liegt also ein positiv gerichteter Zusammenhang vor.

χ^2-Unabhängigkeitstest: Dieser Test wird durchgeführt, um zu prüfen, ob zwei Variablen einer Kontingenztabelle unabhängig sind oder nicht. Die Daten müssen hierfür diskret sein oder klassiert in einer Kontingenztabelle vorliegen (stetige Größen, die in Gruppen unterteilt wurden). Als Grundidee des Tests werden (ähnlich der Konzeption von Cramers V) beobachtete und unter Unabhängigkeit erwartete Werte miteinander verglichen. Wir wollen nun den Testaufbau näher erläutern:

H_0: Die Variablen sind unabhängig, H_1: Die Variablen sind abhängig.

Es wird die Teststatistik χ^2 berechnet (siehe auch χ^2-Anpassungstest) und mit einem passenden Wert der χ^2-Verteilung verglichen, um eine Entscheidung zu fällen.

Selbstverständlich erleichtert uns auch hier Minitab die Entscheidungsfindung.

Anwendung in Minitab

Stat ⇨ Tables ⇨ Cross-Tabulation

Wählen Sie im Optionenpunkt „Chi-Square" den Punkt „Chi-Square-Analysis" aus.

Beispiel: Wir betrachten noch einmal den Datensatz „Reparateure_reg.mtw". Wir hatten für den Zusammenhang der beiden Variablen Land und Reparateur einen starken Zusammenhang (Cramers V = 0.97) entdeckt. Ein χ^2-Unabhängigkeitstest sollte nun bestätigen, dass ein statistisch signifikanter Zusammenhang vorliegt, die Variablen also abhängig sind.

Minitab liefert folgenden Output:

```
Pearson Chi-Square = 2940,280; DF = 4; P-Value = 0,000
```

Der p-Wert ist kleiner 0.05. Die Nullhypothese der Unabhängigkeit muss also verworfen werden. Die beiden Variabeln sind wie vermutet statistisch abhängig.

Zur Vertiefung kann Übung 14 aus dem Anhang durchgeführt werden.

4.2.7.3 Lineare Regression

Wie zu Beginn des Abschnitts 4.2.7 bereits angedeutet soll bei der linearen Regression der Zusammenhang von mehreren Variablen beschrieben werden. Ziel ist es, unter allen potenziellen Einflussgrößen X_i diejenigen zu finden, die auf eine Zielgröße Y statistisch signifikant wirken. Im Kontext von Six Sigma ist eine Zielgröße Y in der Regel ein CTQ, also eine Kundenanforderung, die es zu kontrollieren und zu optimieren gilt. Es stellt sich die Frage, welche der Einflussgrößen X_i überhaupt einen Einfluss darauf besitzen und wie groß dieser ist. Die lineare Regression kann darauf eine Antwort liefern und somit einen großen Teil dazu beitragen, die wenigen wichtigen Einflussfaktoren (die Vital Few) zu bestimmen.

Grundmodell der linearen Regression

Ausgangspunkt der linearen Regression ist das Grundmodell

$$Y = a + bX + \varepsilon$$

das auch wie folgt notiert werden kann:

$$Y = a + b_1 \cdot X_1 + b_2 \cdot X_2 + \ldots + b_n \cdot X_n + \varepsilon$$

Es ist leicht zu erkennen, dass die metrische Zielgröße y durch einen linearen Term beschrieben wird. Dieser besteht aus einer Normierungskonstante a (im zweidimensionalen Fall auch als y-Achsenabschnitt interpretierbar), verschiedenen Einflussfaktoren X_i sowie deren Steigung b_i und einem zufälligen, normalverteilten Fehler ε mit Mittelwert 0. Wir wollen das Modell folgend mit zwei Beispielen erläutern und beschränken uns dabei zunächst auf den Fall metrischer Einflussgrößen.

Beispiel 1: Wir betrachten den Datensatz „Benzinverbrauch.mtw", der in Übung 3 genauer erläutert wird. Zielgröße ist die Variable Liter/100km, die den Verbrauch beschreibt. Unter allen möglichen Einflussgrößen wollen wir uns zunächst auf die Einflussgröße Gewicht (X_1) beschränken und erhalten also folgendes Modell:

$$Verbrauch = a + b_1 \cdot Gewicht + \varepsilon .$$

Die Zufallsgröße ε spiegelt die Tatsache wider, dass die Daten nicht notwendigerweise einem exakten linearen Verlauf folgen.

Beispiel 2: Wir betrachten erneut den Datensatz „Reparateure_reg.mtw". Die Zielgröße Y sei die Dauer, die ein Reparateur für die Reparatur eines Artikels benötigt, also die Durchlaufzeit (Spalte C7). Wir beschränken uns zunächst auf eine mögliche Einflussgröße, nämlich den Wert des Artikels (X_1). Es ergibt sich folgendes Modell:

$$Dauer = a + b_1 \cdot Artikelwert + \varepsilon.$$

Das Modell beschreibt nun einen *linearen* Zusammenhang zwischen den gemessenen Werten der Reparaturdauer (Y) und den gemessenen Werten des Artikelwerts (X_1).

Um die Werte von a und b zu bestimmen, so dass sich eine „sinnvolle" Gerade ergibt, werden die quadratischen Abstände zwischen Datenpunkten und der Gerade minimiert (siehe Toutenburg, Induktive Statistik für Details). Minitab übernimmt diese Aufgabe natürlich auf gewohnt einfache Art und Weise. Im Menüpunkt Stat ⇨ Regression ⇨ Regression kann die Regressionsgerade berechnet werden. Wir wollen die Regression zuallererst jedoch grafisch erläutern. In Abb. 73 sind sowohl das Streudiagramm, als auch die Regressionsgerade für die beiden oben erläuterten Beispiele gegeben.

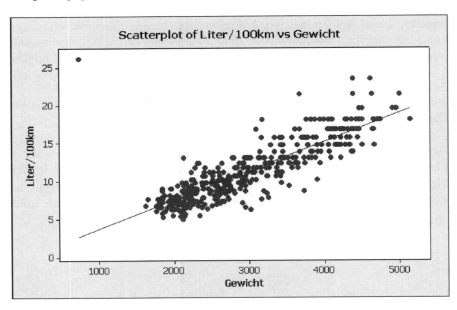

Ermitteln der Grundursachen 171

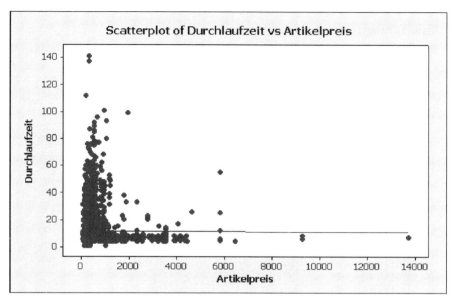

Abb. 73. Streudiagramme mit Regressionsgeraden für Liter/100km versus Gewicht sowie Durchlaufzeit versus Artikelpreis

Für das oben beschriebene Beispiel zum Verbrauch und Gewicht der Autos (Beispiel 1) erkennen wir eindeutig einen linearen Zusammenhang zwischen den beiden Größen. Die Regressionsgerade scheint den Zusammenhang adäquat zu beschreiben. Das Modell ist (auf den ersten Blick) geeignet, um die Daten wiederzugeben.

Ein anderes Bild bietet sich beim Blick auf die beiden Variablen Durchlaufzeit und Artikelpreis (Beispiel 2). Der Großteil der Daten befindet sich in der linken unteren Ecke des Streudiagramms, ein Zusammenhang ist nur sehr schwer bzw. gar nicht zu erkennen. Zudem beeinflussen einige wenige „Ausreißer" mit sehr hohem Artikelpreis die Regressionsgerade ungünstig. Man kann also sicher nicht davon ausgehen, dass sie Gerade die Daten adäquat beschreibt.

Wenn wir uns nun von dem Spezialfall mit nur einer Einflussgröße abwenden, ist es nicht mehr möglich, die Zusammenhänge unter den Variablen grafisch zu veranschaulichen. Stattdessen ist es nötig, das Regressionsmodell direkt in Minitab zu berechnen. Verschiedene statistische Maße erlauben es dem Anwender zu beurteilen, welche Größen tatsächlich einen Einfluss besitzen und in welchem Maße eine lineare Regression Sinn ergibt.

Anwendung in Minitab

Stat ⇨ Regression ⇨ Regression

Es öffnet sich ein Fenster, wie es in Abb. 74 zu sehen ist. Geben Sie unter „Response" die Zielvariable ein (also Y), unter „Predictor" die Einflussgrößen (also X_1, X_2 etc.).

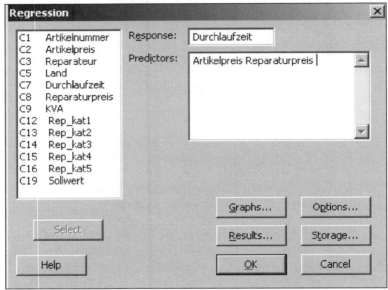

Abb. 74. Minitab-Fenster beim Erstellen einer Regression

Wir betrachten erneut unsere beiden Beispiele.

Beispiel 1: Wir rechnen in Minitab eine lineare Regression für den Datensatz „Benzinverbrauch.mtw". Zielgröße ist erneut der Verbrauch. Um herauszufinden, welche der potenziellen (metrischen) Einflussgrößen tatsächlich Einfluss haben und wie stark dieser Einfluss ist, rechnen wir eine lineare Regression mit den Einflussgrößen Gewicht, PS, Hubraum und Beschleunigung. Minitab liefert unter anderem folgenden Output:

Regression Analysis: Liter/100km versus Hubraum; PS; ...

```
The regression equation is
Liter/100km = - 0,20 + 0,00550 Hubraum + 0,0469 PS + 0,00147 Gewicht
              + 0,0696 Beschleunigung


392 cases used, 14 cases contain missing values


Predictor              Coef      SE Coef        T       P
Constant             -0,196        1,151    -0,17   0,865
Hubraum            0,005496     0,003138     1,75   0,081
PS                 0,046924     0,007720     6,08   0,000
Gewicht            0,0014743   0,0003745     3,94   0,000
Beschleunigung      0,06957      0,05839     1,19   0,234


S = 1,95899    R-Sq = 75,1%    R-Sq(adj) = 74,8%


Analysis of Variance

Source           DF       SS       MS       F       P
Regression        4   4476,8   1119,2   291,64   0,000
Residual Error  387   1485,2      3,8
Total           391   5962,0


Source           DF    Seq SS
Hubraum           1    4142,2
PS                1     227,1
Gewicht           1     102,0
Beschleunigung    1       5,4
```

Wir erkennen:
- Die Regressionsgleichung lautet:
  Verbr.=-0.2+0.00550·Hubr.+0.0469·PS+0.00147·Gew.+0.0696·Beschl.
- Interpretation: Je Hubraum-Einheit (ccm) erhöht sich der Verbrauch um 0.0055 Liter/100km, je PS erhöht sich der Verbrauch um 0.0469Liter/100km, je Einheit Gewicht (kg) erhöht sich der Verbrauch um 0.00147 Liter/km und je Beschleunigungseinheit erhöht sich der Verbrauch um 0.069 Liter/100km.
- Außerdem erkennt man im unteren Teil die p-Werte (letzte Spalte). Sie geben an, ob ein Parameter (a, b_1, b_2 etc.) statistisch signifikant von null verschieden ist, d. h. ob das zugehörige X_i also tatsächlich einen linearen Einfluss hat. In diesem Fall scheinen PS und Gewicht einen

Einfluss zu besitzen, da ihr p-Wert jeweils geringer ist als 0.05, Hubraum und Beschleunigung dagegen nicht.

- Demnach würde im nächsten Schritt ein Regressionsmodell ohne die Variable mit dem geringsten Einfluss gerechnet werden, hier also ohne die Beschleunigung. Sind im nächsten Schritt noch immer Variablen enthalten, die keinen Einfluss besitzen, so werden auch diese sukzessive entfernt, bis schließlich ein passendes Endmodell gefunden ist. Modellwahl-Prozeduren erlauben es dem Anwender, schnell ein passendes Modell zu finden. Diese Prozeduren werden im Weiteren noch näher erläutert.

Beispiel 2: Wir betrachten den Datensatz „Reparateure_reg.mtw" und rechnen eine lineare Regression mit der Zielgröße Durchlaufzeit und den (metrischen) Einflussgrößen Artikelpreis und Reparaturpreis. Minitab liefert folgenden Output:

Regression Analysis: Durchlaufzeit versus Artikelpreis; Reparaturpreis

```
The regression equation is
Durchlaufzeit = 10,2 - 0,000732 Artikelpreis + 0,0123 Reparaturpreis


Predictor            Coef     SE Coef       T      P
Constant          10,2435      0,2978   34,40  0,000
Artikelpreis    -0,0007324   0,0002632   -2,78  0,005
Reparaturpreis   0,012298     0,001633    7,53  0,000


S = 12,2010   R-Sq = 1,8%   R-Sq(adj) = 1,8%
```

Die Regressionsgleichung lautet:

Durchlaufzeit = 10.2 − 0.000732·Artikelpreis + 0.0123·Reparaturpreis

Interpretion:
- Alle p-Werte sind kleiner als 0.05. Die beiden Parameter sind also signifikant von null verschieden und die Variablen haben einen statistisch signifikanten Einfluss.
- Der Einfluss selbst ist gering. Jeder Euro im Artikelpreis erhöht die Durchlaufzeit um 0.000732 Tage, mit jedem Euro des Reparaturpreises steigt die Durchlaufzeit um 0.0123 Tage.

Wenn wir uns an die vorherigen Auswertungen dieses Beispiels erinnern, sehen wir die Schwierigkeit dieser Daten. Sowohl die Korrelationsanalyse als auch der erste Eindruck vom Streudiagramm ließen uns vermuten, dass kein Zusammenhang zwischen Artikelpreis, Reparaturpreis und Durchlaufzeit existierte. Betrachten wir diese Variablen nun nicht mehr separat, sondern in einem Modell mit allen drei Größen, stellt sich die Sachlage anders dar: Ein Einfluss ist zu erkennen (p-Werte kleiner 0.05), er ist aber sehr gering (Parameterschätzungen 0.000732 und 0.0123).

Güte der Regression

Ein anderer Aspekt betrifft die Anpassung der Daten und des Modells. Auch wenn statistisch signifikante Ergebnisse vorliegen und Zusammenhänge konstatiert werden, so bedeutet dies noch lange nicht, dass das Modell die Daten gut beschreibt. Selbstverständlich kann für jeden passenden Datensatz eine Regression berechnet werden; ob diese jedoch sinnvoll ist, ist zu prüfen. Im Optimalfall liegen alle Punkte auf der geschätzten Gerade, im schlechtesten Fall bunt gestreut und ohne jeden Zusammenhang. Um zu beurteilen, wie „gut" die Regression ist, verwendet man das Bestimmtheitsmaß R^2. Je näher dieses bei 1 liegt, desto besser passen Regressionsgerade und Daten zusammen.

Minitab liefert R^2 und das adjustierte R^2 (für mehr als eine Einflussgröße) automatisch mit dem Output. Ein Blick auf die oberen beiden Outputs bestätigt dies und liefert uns folgende Werte:

Beispiel 1: R-Sq(adj) = 74.8% = 0.748
Beispiel 2: R-Sq(adj) = 1.8% = 0.018

Unser erstes Beispiel bestätigt sich erneut als Musterfall. R^2 liegt bei 0.748, dieser Wert ist sehr hoch und spricht für eine gute Wiedergabe der Daten durch das Modell. Im zweiten Modell liegt der Wert nur bei 0.018, also nahezu bei null. Die Regressionsgerade beschreibt die Daten also nicht adäquat. Dies bedeutet für unser zweites Beispiel:
- Werden mit diesem Modell Voraussagen getroffen, also bei bekanntem Artikelwert und Reparaturpreis eine Durchlaufzeit vorausgesagt, so kann man davon ausgehen, dass der Prognosewert nicht sehr gut, wahrscheinlich sogar falsch sein wird.
- Trotzdem haben wir einen signifikanten Einfluss der beiden Variablen Artikelpreis und Reparaturpreis festgestellt.

Normalverteilung der Residuen
Eine der Grundannahmen in der linearen Regression ist, dass die Fehlerterme ε (empirisch also die Abstände der Datenpunkte zur

Geraden) normalverteilt sind. In der Unteroption „Graphs" kann „Normplot of Residuals" ausgewählt werden. Liegen die Werte annähernd auf der Geraden, kann von Normalverteilung ausgegangen werden. Für unsere beiden Beispiele sehen die Plots wie folgt aus (siehe Abb. 75):

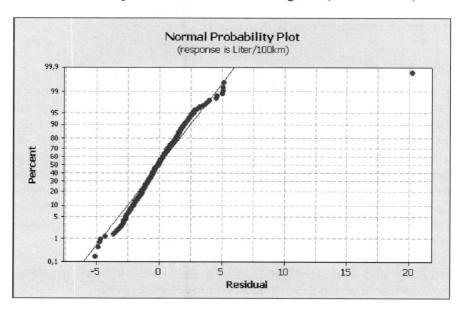

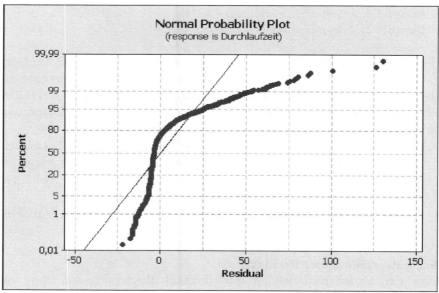

Abb. 75. Prüfung der Normalverteilung der Residuen

Wir sehen, dass für unser Beispiel aus dem Benzinverbrauch-Datensatz die Punkte ungefähr auf der Linie liegen. Man kann also in etwa von der Normalverteilung der Residuen ausgehen. Nur ein Ausreißerpunkt, der auch bereits im Streudiagramm (siehe Abb. 73) zu sehen ist, fällt aus der Rolle. Die Grundannahme der Normalverteilung der Residuen scheint also erfüllt.

Die Schwierigkeiten, sich mit dem Datensatz „Reparateure_reg.mtw" zeigten, setzen sich auch hier fort. Wir sehen eindeutig, dass die Residuen nicht normalverteilt sind. Eine tiefere statistische Analyse bietet die Möglichkeit, generalisierte lineare Modelle zu verwenden, worauf hier aber nicht näher eingegangen werden soll. Wir halten fest, dass ein lineares Modell in letzter Konsequenz die Daten nicht optimal beschreibt und daher mit Vorsicht zu betrachten ist.

Heterogenität der Varianzen. Eine weitere wichtige Grundannahme, die sich einfach grafisch überprüfen lässt, betrifft die Heterogenität der Varianzen. Die Varianzen der Störterme ε_i sollten nicht von i abhängen.

Um dies zu überprüfen, sollte der Plot „Residuals vs. Fit" ausgewählt werden. Hier werden die geschätzten Werte (also die y-Werte, die durch die geschätzte Regressionsgerade vorausgesagt werden) gegen die Residuen (also die Abstände der Datenpunkte zur Regressionsgerade) geplottet. Im Optimalfall ist hier keine Systematik zu erkennen. Falls dies dennoch der Fall sein sollte, ist eine Grundannahme an das Modell verletzt.

In Abb. 76 wird gezeigt, dass für das Beispiel des Datensatzes „Benzinverbrauch.mtw" die Grundannahmen erfüllt zu sein scheinen. Es ist keine Systematik in dem Plot zu erkennen. Dagegen erkennen wir, dass für den Datensatz „Reparateure_Reg.mtw" erneut eine Grundannahme verletzt zu sein scheint. Der Plot zeigt eine klare Systematik, die Punkte häufen sich klar um den Wert 15, bei höheren und niedrigeren Werten sind die Residuenwerte ausschließlich nahe null.

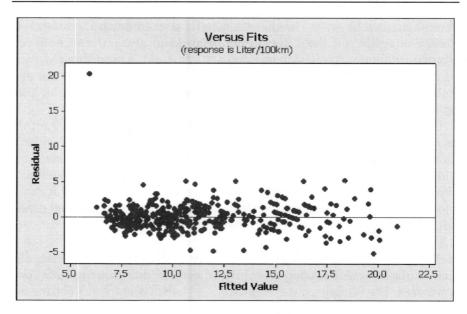

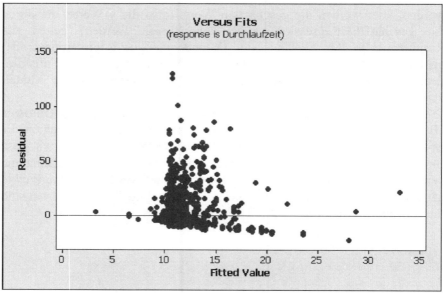

Abb. 76. Analyse der Residuen

Weitere Annahmen des linearen Modells. Die Annahmen im linearen Modell beziehen sich im Wesentlichen auf den Fehlerterm ε. Viele dieser Annahmen lassen sich grafisch und analytisch untersuchen. Es ist jedoch ein fundiertes statistisches Wissen erforderlich, um ggf. Probleme zu erkennen und zu beheben. Dafür sind komplexere Verfahren nötig, die hier nicht näher erläutert werden sollen.

Kategoriale Einflussgrößen

Wir haben bisher nur den Fall metrischer Einflussgrößen betrachtet. Selbstverständlich bietet die lineare Regression auch die Möglichkeit, diskrete Größen in das Modell einzubeziehen. Eine binäre Variable (also eine diskrete Größe mit zwei Ausprägungen) kann ganz normal in das Modell aufgenommen werden, nur die Interpretation ändert sich. Liegt eine diskrete Größe mit mehr als zwei Ausprägungen vor, so muss diese umkodiert werden. Dafür stehen mehrere Möglichkeiten zur Verfügung. Die zwei gebräuchlichsten (mit Referenzkategorien) wollen wir hier kurz vorstellen:

1. Dummykodierung. Für jede Ausprägung (bis auf die Referenzkategorie) wird eine binäre Variable erzeugt. Dabei erhält die Kategorie der vorliegenden Ausprägung den Wert 1, die Referenzkategorie den Wert 0 und alle anderen Ausprägungen ebenfalls den Wert 0. Die enthaltenen Parameterschätzer bei einer Dummykodierung können als Differenzen zur Referenzkategorie interpretiert werden.

Beispiel: Auszug aus dem Benzinverbrauch-Datensatz. Land hat drei Ausprägungen: USA = 1, Deutschland = 2, Korea = 3.

ID	Liter/100km	Land	Land1 (USA)	Land2 (D)
...	...	...	...	...
128	19	2	0	1
129	15	1	1	0
130	24	2	0	1
131	20	3	0	0
...	...	...	...	...

(Auszug aus dem Datensatz, Dummykodierung mit Korea als Referenzkategorie)

2. Effektkodierung. Für jede Ausprägung (bis auf die Referenzkategorie) wird eine Variable erzeugt. Dabei erhält die Kategorie der vorliegenden

Ausprägung den Wert 1, die Referenzkategorie den Wert -1 und alle anderen Ausprägungen den Wert 0.
Die enthaltenen Parameterschätzer bei einer Effektkodierung können als Differenz zum Gesamtmittel interpretiert werden.

Beispiel: Auszug aus dem Benzinverbrauch-Datensatz. Land hat drei Ausprägungen: USA = 1, Deutschland = 2, Korea = 3.

ID	Liter/100km	Land	Land1 (USA)	Land2 (D)
...	...	...	...	...
128	19	2	0	1
129	15	1	1	0
130	24	2	0	1
131	20	3	-1	-1
...	...	...	...	...

(Auszug aus dem Datensatz, Effektkodierung mit Korea als Referenzkategorie)

Die neu erzeugten Variablen werden dann statt der ursprünglichen kategorialen Variable in das Regressionsmodell aufgenommen. Wir betrachten erneut die beiden Beispiele der Datensätze „Benzinverbrauch.mtw" und „Reparateure_reg.mtw", um die Interpretation und Anwendung der Dummykodierung zu verdeutlichen.

Beispiel 1: Wir betrachten den Datensatz „Benzinverbrauch.mtw" und rechnen eine Regression mit Land als einziger Einflussgröße. Dafür nehmen wir die beiden Dummyvariablen Land 1 (USA) und Land 2 (Deutschland) mit in das Modell auf. Wir erhalten folgenden Output von Minitab.

Wir betrachten den Output: Wird ein Auto in den Vereinigten Staaten hergestellt, so können wir für Land 1 den Wert 1 einsetzen, für Land 2 dagegen 0 und erhalten als Prognose:

Liter/100km = 8.06 + 4.71 = 12.77

Ein in Deutschland produziertes Auto erhält die Prognose:

Liter/100km = 8.06 + 0.846 = 8.852

Ein in Korea produziertes Auto erhält die Prognose:

Liter/100km = 8.06

Regression Analysis: Liter/100km versus Land1; Land2

```
The regression equation is
Liter/100km = 8,06 + 4,71 Land1 + 0,846 Land2


397 cases used, 9 cases contain missing values


Predictor      Coef    SE Coef      T       P
Constant     8,0559     0,3600   22,38   0,000
Land1        4,7125     0,4134   11,40   0,000
Land2        0,8462     0,5253    1,61   0,108


S = 3,19997    R-Sq = 30,4%    R-Sq(adj) = 30,0%
```

Wir sehen eine klare Rangfolge: In den USA produzierte Autos haben den höchsten Verbrauch, danach folgen Deutschland und Korea. Die Parameterschätzungen kann man daher wie folgt interpretieren:
- Ein in den USA hergestelltes Auto hat ein im Mittel 4.71 Liter/100km höheren Verbrauch als die Referenzkategorie Korea.
- Ein in den Deutschland hergestelltes Auto hat ein im Mittel 0.85 Liter/100km höheren Verbrauch als die Referenzkategorie Korea.

Die Interpretation bezieht sich also immer auf die Referenz. Beim Betrachten der p-Werte muss darauf geachtet werden, dass allen Dummyvariablen ursprünglich nur eine Variable – hier das Herkunftsland – zugrunde liegt. Ist eine Dummyvariable signifikant, so ist die ganze Variable in das Modell mit aufzunehmen. Hier bedeutet dies, dass trotz eines p-Wertes von 0.108 > 0.05 von Land 2 die Variable Land im Gesamten mit in das Modell aufgenommen wird, da Land 1 signifikant ist.

Wir wollen an dieser Stelle betonen, dass selbstverständlich sowohl diskrete als auch metrische Größen in das Modell aufgenommen werden können. Sukzessive können dann beispielsweise diejenigen Variablen entfernt werden, die nicht signifikant sind, um schließlich zu einem Endmodell zu gelangen, das dann interpretierbar und nutzbar wird. Wir wollen dies im nächsten Beispiel etwas deutlicher machen.

Das Finden eines Endmodells

Beispiel 2: Mit dem Datensatz „Reparateure_reg.mtw" haben wir uns bereits ausführlich beschäftigt. Wir hatten bereits kleinere Untersuchungen angestellt, jedoch bisher kein vernünftiges Modell gefunden. Nun wollen wir exemplarisch an diesem Datensatz das Vorgehen bei einer Regression beschreiben. Uns liegen folgende Variablen vor: Die Zielgröße (Y), nämlich die Durchlaufzeit in Tagen. Potenzielle Einflussgrößen sind Artikelpreis, Reparaturpreis, Land (Inland/Ausland), Kostenvoranschlag erstellt (ja/nein) und Reparateur. Die beiden Variablen Artikelpreis und Reparaturpreis sind metrisch, sie müssen demnach nicht umkodiert werden. Die binären Variablen Land und Kostenvoranschlag müssen ebenfalls nicht umkodiert werden. Die diskrete Größe Reparateur besitzt fünf Ausprägungen (Alfotrano GmbH = 1, Kantmann & Co = 2, PairRepair Limited = 3, RQV AG = 4, Sonstige kleinere Reparateure = 5), wir müssen sie also kodieren. Dafür wählen wir Alfotrano GmbH als Referenzkategorie und nehmen Dummyvariablen für die restlichen vier Ausprägungen in das Modell mit auf. Minitab errechnet folgendes Modell:

Regression Analysis: Durchlaufzeit versus Artikelpreis; Land; ...

```
The regression equation is
Durchlaufzeit = - 5,91 - 0,000125 Artikelpreis + 11,0 Land
              + 0,00871 Reparaturpreis + 14,8 KVA + 6,34 Rep_kat2
              + 20,5 Rep_kat3 + 0,017 Rep_kat4 + 4,68 Rep_kat5
```

Predictor	Coef	SE Coef	T	P
Constant	-5,912	2,536	-2,33	0,020
Artikelpreis	-0,0001246	0,0002214	-0,56	0,574
Land	10,960	2,487	4,41	0,000
Reparaturpreis	0,008710	0,001426	6,11	0,000
KVA	14,7974	0,6717	22,03	0,000
Rep_kat2	6,3435	0,5824	10,89	0,000
Rep_kat3	20,494	2,552	8,03	0,000
Rep_kat4	0,0174	0,5164	0,03	0,973
Rep_kat5	4,679	1,254	3,73	0,000

S = 10,1464   R-Sq = 32,3%   R-Sq(adj) = 32,1%

Wir sehen, dass sowohl der Artikelpreis als auch Reparateur 4 (RQV AG) nicht signifikant sind (p-Wert > 0.05). Da aber alle anderen Kategorien der Reparateure signifikant sind, behalten wir Reparateur 4 im Modell und entfernen nur den Artikelpreis. Rechnen wir das Modell noch einmal, diesmal jedoch ohne die Variable Artikelpreis, so erhalten wir folgendes Modell:

Regression Analysis: Durchlaufzeit versus Land; Reparaturpreis; ...

```
The regression equation is
Durchlaufzeit = - 5,92 + 10,9 Land + 0,00844 Reparaturpreis + 14,8 KVA
              + 6,38 Rep_kat2 + 20,5 Rep_kat3 + 0,022 Rep_kat4 + 4,73 Rep_kat5


Predictor            Coef    SE Coef       T       P
Constant           -5,923      2,536   -2,34   0,020
Land               10,923      2,486    4,39   0,000
Reparaturpreis   0,008441   0,001343    6,29   0,000
KVA               14,7993     0,6716   22,04   0,000
Rep_kat2           6,3806     0,5786   11,03   0,000
Rep_kat3          20,479      2,551     8,03   0,000
Rep_kat4          0,0219     0,5163     0,04   0,966
Rep_kat5           4,727      1,251     3,78   0,000


S = 10,1453   R-Sq = 32,2%   R-Sq(adj) = 32,1%
```

Wir sehen, dass nun alle Variablen (außer Reparateur 4 als „Teil" der umkodierten Variable Reparateur) signifikant sind. Wir haben also ein Endmodell gefunden.

Der Wert von R-Sq(adj) = 32.1% = 0.321 ist nicht besonders hoch, jedoch nun aber deutlich höher als bei unserer ersten Regression, als wir nur die metrischen Größen betrachtet haben. Eine gezielte Voraussage sollte mit diesem Modell also nicht getroffen werden.

Um zu sehen, ob von einer Normalverteilung der Residuen ausgegangen werden kann und ob die Varianzen heteroskedastisch sind, betrachten wir die folgenden Plots:

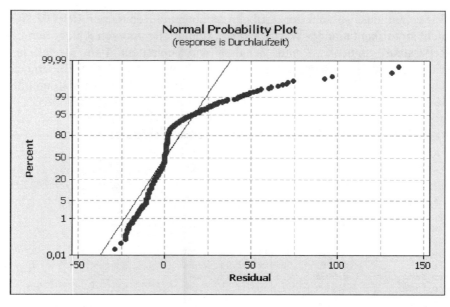

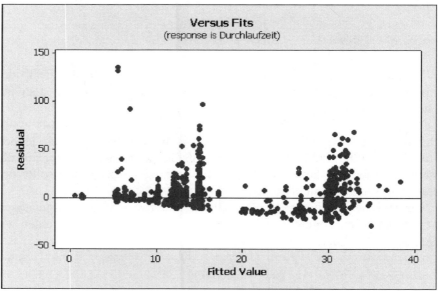

Abb. 77. Analyse der Residuen

Wir sehen eindeutig, dass die Residuen noch immer nicht normalverteilt sind. Auch der Plot „Vorhergesagte Werte/Residuen" weist noch immer ein Muster auf. Die Ergebnisse dieser Regression sind also mit Vorsicht zu genießen.

Dieses Beispiel sollte noch einmal verdeutlichen, dass es schwer ist, ein gutes oder das beste Modell zu finden, und statistische Methoden wie die Regression vorsichtig eingesetzt werden müssen, um nicht zu falschen (möglicherweise kostspieligen) Entscheidungen zu kommen. Zusammenhänge sind manchmal zu komplex, um sie einfach linear zu erfassen. Wir wollen im Weiteren zwar noch einige interessante Aspekte der Regression ansprechen, für ein tieferes Verständnis und das Anwenden komplexerer Modelle sollte jedoch entsprechende Spezialliteratur zur Hilfe genommen werden.

Dennoch bietet die lineare Regression oft eine gute, effiziente und schnelle Möglichkeit, relevante Einflussfaktoren zu quantifizieren und statistisch zu verifizieren, so dass damit die Vital Few erkannt werden. Hierfür ist es nicht notwendig, genaueste Vorhersagen zu treffen oder gar jede Modellannahme im letzten Detail abzusichern. Es genügt das Wissen, ob ein relevanter Einflussfaktor gefunden wurde oder nicht.

Zur Vertiefung kann Übung 15 aus dem Anhang durchgeführt werden.

Probleme bei einer Regression

In einem berühmten Beispiel von Anscombe werden vier völlig unterschiedliche Datensituationen beschrieben und anschließend eine lineare Regression angepasst (siehe auch Abb. 78).

Sofort fällt auf, dass für alle Situationen dieselbe Gerade geschätzt wird – und das, obwohl die Daten auf den ersten Blick extrem unterschiedlich wirken. Der Grund dafür ist, dass für die Berechnung der Schätzungen die Residuenquadratsumme minimiert wird und extreme Werte einen intuitiven Verlauf der Gerade verändern können. Die erste Grafik (oben links) scheint tatsächlich einen linearen Verlauf widerzuspiegeln. Die Regressionsgerade kann man daher als durchaus sinnvolle und adäquate Datenbeschreibung ansehen. Die zweite Grafik jedoch (oben rechts) scheint einem eher quadratischen Muster zu folgen, und die Linearität eines Zusammenhangs muss angezweifelt werden. Das Kriterium zur Berechnung der Regressionsgerade, nämlich die Minimierung der Residuenquadratsummen, liefert hier aber dieselbe Gerade. In der dritten Grafik (unten links) ist zwar ein linearer Verlauf zu erkennen, ein Ausreißerpunkt verändert die Steigung der Gerade jedoch ungünstig. Die vierte Grafik (unten rechts) zeigt ebenfalls, dass ein Ausreißerpunkt die Schätzung einer Gerade völlig verzerren kann.

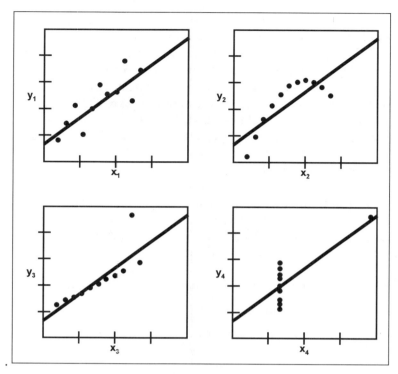

Abb. 78. Probleme bei einer Regression

Modellselektion

In der Regel ist zu Beginn der Analyse noch nicht bekannt, welches finale Modell man wählen wird. Bei der Suche nach diesem finalen Modell, in dem nur noch die relevanten signifikanten Variablen enthalten sein sollen, kann man zum Beispiel auf die Modellwahlverfahren, die in Minitab unter Stepwise zusammengefasst sind, zurückgreifen. Hier gibt es folgende Varianten:

1. Forward Selection
   Dabei werden der Reihe nach – beginnend bei null – Variablen, die zu einem bestimmten Signifikanzniveau α_1 signifikant sind, in das Modell aufgenommen, bis keine signifikanten Variablen mehr in das Modell aufgenommen werden können.
2. Backward Elimination
   Dabei werden der Reihe nach – beginnend bei einem vollen Modell, das alle Variablen enthält – Variablen, die zu einem bestimmten Signifikanzniveau α_2 nicht signifikant sind, aus dem Modell entfernt, bis nur noch signifikante Variablen im Modell enthalten sind.

3. Stepwise Regression
Dabei werden – beginnend bei null – zunächst mindestens zwei Variablen, die zu einem bestimmten Signifikanzniveau α_1 signifikant sind, in das Modell aufgenommen. Sollten daraufhin bestimmte Variablen zu einem anderen Signifikanzniveau α_2 nicht mehr signifikant sein, so werden diese wieder aus dem Modell genommen. Dieses Verfahren wird so lange weitergeführt, bis keine zu α_1 signifikanten Variablen mehr in das Modell aufgenommen werden können und keine zu α_2 nicht signifikanten Variablen mehr aus dem Modell genommen werden können.

Anwendung in Minitab

Stat ⇨ Regression ⇨ Stepwise

Wählen Sie den Typ des Verfahrens aus (stepwise, forward oder backward).

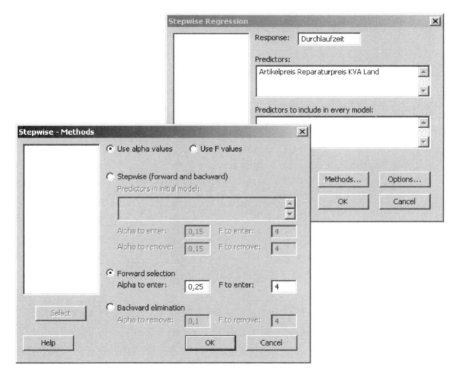

Abb. 79. Minitab-Fenster beim Aufrufen einer stepwise, forward oder backward Regression

Achtung: Sofern in der Regression dummykodierte (oder auch effektkodierte) Variablen vorhanden sind, die aus einer diskreten Variable erzeugt worden sind, so ist darauf zu achten, dass alle auf diese Variable bezogenen kodierten Variablen entweder komplett im Modell verbleiben oder komplett aus dem Modell entfernt werden. Eine automatische Modellselektion mit Minitab ist dann nicht mehr durchführbar.

Beispiel: Wir betrachten den Datensatz „Reparateure_reg.mtw". Wir vernachlässigen die diskrete Einflussgröße Reparateur, da Minitab nicht erkennen kann, dass dies eine diskrete Einflussgröße mit mehr als zwei Ausprägungen ist. Wir beschränken uns also auf die vier Einflussgrößen Reparaturpreis, Artikelpreis, Land und Kostenvoranschlag. Minitab liefert uns bei einer Forward-Selection folgenden Output:

```
Stepwise Regression: Durchlaufzei versus Artikelpreis; Reparaturpre; ...

Forward selection.  Alpha-to-Enter: 0,25

Response is Durchlaufzeit on 4 predictors, with N = 3021


Step                1        2        3        4
Constant        9,523   14,578   14,115   14,194

KVA             19,12    16,60    15,71    15,70
T-Value         28,23    24,78    22,78    22,77
P-Value         0,000    0,000    0,000    0,000

Land                     -6,85    -7,28    -7,24
T-Value                 -15,87   -16,63   -16,52
P-Value                  0,000    0,000    0,000

Reparaturpreis                   0,0070   0,0079
T-Value                            5,12     5,40
P-Value                           0,000    0,000

Artikelpreis                             -0,00039
T-Value                                     -1,72
P-Value                                     0,085

S                11,0     10,5     10,5     10,5
R-Sq            20,88    26,98    27,61    27,68
R-Sq(adj)       20,86    26,93    27,53    27,58
Mallows Cp      282,4     30,2      6,0      5,0
```

Jeder Schritt ist in einer Spalte zu erkennen. Minitab beginnt damit, dem Modell die Variable hinzuzufügen, die bezüglich eines bestimmten Kriteriums am besten geeignet ist – in diesem Fall ist es die Variable KVA/Kostenvoranschlag. Dieser Schritt wird so lange wiederholt, bis keine „guten" Variablen mehr gefunden werden. In unserem Beispiel werden in vier Schritten alle vier Variablen aufgenommen. Das Endmodell ist in der letzen Spalte zu erkennen. Damit ergibt sich folgende Regressionsgleichung für die Durchlaufzeit (DLZ):

DLZ = 15.7 · KVA - 7.24 · Land + 0.0079 · Rep.preis - 0.00039 · Art.preis

Wir erkennen, dass das jetzige Modell von unserem bisher gefundenen Modell abweicht. Dies liegt natürlich daran, dass wir mit nur vier (an Stelle von fünf) Einflussgrößen die Regression gerechnet haben. Abhängig davon, wie viele Variablen der Anwender überhaupt erfasst und dann in das Modell einbauen möchte, ändert sich natürlich auch die Regressionsgerade. Werden bei der Datenerfassung wichtige Variablen übersehen, so kann sich dies vehement auf die Regression auswirken.

Regression mit transformierten Einflussgrößen

Bisher wurde immer davon ausgegangen, dass zwischen der Zielgröße und den Einflussgrößen ein linearer Zusammenhang besteht. Es besteht jedoch auch die Möglichkeit, dass dieser Zusammenhang quadratischer, kubischer oder logarithmischer Natur ist. Das (immer noch) lineare Modell notiert sich dann z. B. wie folgt:

$$y = a + b_1 x_1 + b_2 x_1^2 + ... + \varepsilon$$

Prinzipiell kann man einfach eine weitere Spalte mit der transformierten Größe in das Minitab-Datenblatt eingeben und anschließend in das lineare Modell mit aufnehmen. Bei der Interpretation muss in diesem Fall jedoch vorsichtig vorgegangen werden.

Logistische Regression

Sobald die Zielgröße nicht mehr metrisch, sondern ordinal, nominal oder binär ist, kann eine Regression nicht mehr wie bisher durchgeführt werden. Bei einer binären Zielgröße wird stattdessen eine sogenannte logistische Regression durchgeführt.

Theorie und Interpretation der logistischen Regression sind deutlich schwieriger zu verstehen als die gewöhnliche lineare Regression. Ein einfaches Beispiel soll die Grundprinzipien dennoch verdeutlichen. In der linearen Regression lautet die Regressionsgleichung:

$$Y = a + b_1 X_1 + b_2 X_2 + \ldots + b_n X_n + \varepsilon$$

In der logistischen Regression ist der Ansatz wie folgt:

$$\frac{\pi}{1-\pi} = e^{a+b_1 X_1 + \ldots + b_n X_n}$$

$$\text{„Chancen"} = e^a \cdot e^{b_1 X_1} \cdot \ldots \cdot e^{b_n X_n}$$

π bezeichnet dabei die Wahrscheinlichkeit, dass die Ausprägung 1 bei der binären Zielgröße vorliegt. Wir möchten die Durchführung und Interpretation an einem Beispiel in Minitab verdeutlichen.

Anwendung in Minitab

Stat ⇨ Regression ⇨ Binary Logistic Regression
- Unter „Response" geben Sie Ihre Zielvariable ein.
- Unter „Model" geben Sie Ihre Einflussgrößen ein.

Beispiel: Wir betrachten erneut den Datensatz „Reparateure_Reg.mtw". Es gebe die Vorgabe, dass die Durchlaufzeit bei maximal 16 Tagen liegen soll; dann gilt die Durchlaufzeit als eingehalten. Bei jedem größeren Wert gilt die geplante Durchlaufzeit als nicht erreicht. Wir definieren eine neue (binäre) Variable, die diesem Gedanken Rechnung trägt. Dabei bezeichnet der Wert 1 einen Fehler, also eine Durchlaufzeit von mehr als 16 Tagen, alle anderen Werte sind mit 0 kodiert. Wir beschränken uns auf die vier Einflussgrößen Reparaturpreis, Artikelpreis, Land und Kostenvoranschlag. Minitab liefert uns folgenden Output:

Binary Logistic Regression: Überschritte versus Reparaturpre; Artikelpreis; ...

```
Link Function: Logit

Response Information

Variable         Value   Count
Überschritten      1       469   (Event)
                   0      2552
                 Total    3021

Logistic Regression Table
                                                        Odds     95% CI
Predictor           Coef      SE Coef        Z      P   Ratio  Lower  Upper
Constant         -1,19102   0,0915706   -13,01   0,000
Reparaturpreis    0,0019023  0,0003954     4,81   0,000   1,00   1,00   1,00
Artikelpreis     -0,0002611  0,0001230    -2,12   0,034   1,00   1,00   1,00
Land             -1,71859    0,120846    -14,22   0,000   0,18   0,14   0,23
KVA               2,14681    0,152295     14,10   0,000   8,56   6,35  11,53
```

Wir interpretieren den Output wie folgt:

- An den p-Werten erkennen wir, dass alle Variablen einen signifikanten Einfluss besitzen (p-Wert < 0.05). Wir führen also keine weitere Modellwahl durch.
- Die erste Spalte gibt die Werte für die Koeffizienten a, b_1, b_2 etc. aus obigem Modell an. Diese sind jedoch schwer zu interpretieren.
- Am besten zu interpretieren sind die Werte e^{b_1}, e^{b_2} etc. Diese sind in der Spalte mit dem Namen „Odds" zu finden.
  Dies bedeutet hier:
  - Die Chancen, die Durchlaufzeit nicht einzuhalten, erhöhen sich pro Einheit des Artikelpreises (Euro) um das $e^{-0.0002611} \approx 1.00$-fache.
  - Die Chancen, die Durchlaufzeit nicht einzuhalten, erhöhen sich pro Einheit des Reparaturpreises (Euro) um das $e^{0.0019023} \approx 1.00$-fache.
  - Die Chancen, die Durchlaufzeit nicht einzuhalten, erhöhen sich bei einem deutschen Reparateur (Land=1) um das $e^{-1.71859} \approx 0.18$-fache. Anders ausgedrückt bedeutet dies, dass die Chance, einen Fehler zu begehen, bei den ausländischen Reparateuren höher ist.
  - Die Chancen, die Durchlaufzeit nicht einzuhalten, erhöhen sich bei gestelltem Kostenvoranschlag (KVA=1) um das $e^{2.14681} = 8.56$-fache.

4.3 Quantifizieren der Verbesserungsmöglichkeiten

Im letzten Arbeitsschritt der ANALYZE-Phase kann auf Basis der bis hierhin gewonnenen Erkenntnisse nun die in der DEFINE-Phase erstmals gestellte Frage nach dem Nutzen des Projekts weiter präzisiert werden: Es gilt, den potenziellen Ertrag des Verbesserungsprojektes einzuschätzen. Dieser Arbeitsschritt umfasst die Schätzung des materiellen und immateriellen Ertrags und liefert die finanzielle Grundlage für die Fortsetzung des Projekts. Es ist durchaus denkbar, dass das Projekt nun abgebrochen wird, wenn sich herausstellt, dass sich der Aufwand nicht lohnt.

Der materielle Ertrag kann umfassen:
- Einsparung von Kosten durch die Reduktion von Durchlaufzeiten, Abfall, Verwaltungskosten oder Arbeitsstunden,
- Steigerung der Kapazität und der Effizienz durch geringere Schwankungen im Prozess und/oder
- Zinserlöse oder Einsparung von Zinsen.

Der immaterielle Ertrag kann umfassen:
- Gesteigerte bzw. verbesserte Kundenbindung,
- verbessertes Firmenimage,
- gestiegene Arbeitsmoral der Angestellten und/oder
- zuverlässigere Forecasts.

Wichtig: Hier wird lediglich der potenzielle Ertrag berechnet – eine detaillierte Kosten-Nutzen-Rechnung wird später in der IMPROVE-Phase für eine konkrete Lösung berechnet. Zu diesem Zeitpunkt sollte der Net Benefit Controller hinzugezogen werden, um fundierte und belastbare Aussagen über das Potenzial des Projektes zu ermitteln.

4.4 Zusammenfassung der Projektphase ANALYZE

In der ANALYZE-Phase wurden durch die Daten- und Prozessanalyse die Prozessleistung und unterschiedliche Prozesselemente herausgearbeitet: wertschöpfende, nicht wertschöpfende und wertfördernde Prozessschritte, Wartezeiten im Prozess und direkter Kundenkontakt. Die tatsächlichen Probleme, die zur Diskrepanz zwischen Ist- und Soll-Leistung führen, sind identifiziert worden. Gleiches gilt für die Ursachen, die den stärksten Einfluss auf den Prozess haben und die in der Kontrolle des Projektteams liegen. Ferner wurden die Wechselbeziehungen zwischen den Ursachen und Wirkungen erfasst.

Auf Basis der tatsächlichen ermittelten Ursachen geht es nun weiter in die IMPROVE-Phase.

IMPROVE
Lösungen erarbeiten, auswählen und verfeinern

10. Lösungen finden und auswählen
- Lösungen finden
- Lösungen auswählen

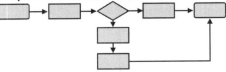

- Sollprozess dokumentieren

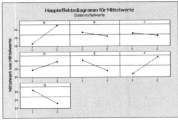

11. Lösungen verfeinern und testen
- Modellierung und Simulation
- Fehler-/Risikoerkennung und Absicherung
- Failure Mode & Effects Analysis (FMEA)
- Design of Experiments (DOE)
- Pilot

12. Lösungen bewerten und rechtfertigen
- Net Benefit aus Erträgen
- Net Benefit aus einer Kostenreduktion
- Weitere Effekte

Optimale Lösung

5 IMPROVE

Nach dem intensiven Definieren, Messen und Analysieren geht es nun endlich in Richtung Verbesserung. Die IMPROVE-Phase wird häufig als die befriedigendste im Projektverlauf empfunden, denn hier geht es nun um das kreative Ermitteln von möglichen Lösungen zur Verbesserung des Prozesses. Gleichzeitig müssen diese Lösungen jedoch Tests und Verfeinerungen und schließlich auch einer strengen Bewertung standhalten: Nur eine Lösung, die sich am Ende durch eine positive Kosten-Nutzen-Bilanz auszeichnet, wird auch tatsächlich zur Verbesserung des Prozesses eingesetzt.

Die Phase IMPROVE beantwortet die folgenden Fragen: Welche Lösungen kommen infrage, um den Prozess zu verbessern? Sind die Lösungen praktikabel? Bringt die schließlich ausgewählte Lösung eine wirkliche Verbesserung? Die Kernfrage lautet also: Was ist die beste Lösung und was bringt sie?

Folgendes ist hier zu tun

- Lösungen finden und auswählen.
- Lösungen verfeinern und testen.
- Lösungen bewerten und rechtfertigen.

5.1 Lösungen finden und auswählen

Ein Hauptproblem beim Entwickeln von Lösungen besteht darin, dass Projektteammitglieder häufig nicht (mehr) über die nötige Distanz verfügen, um kreative Lösungen zu finden. Die intensive Beschäftigung mit den Problemursachen versperrt oft den Blick auf ungewöhnliche Ansätze oder führt dazu, dass alle im Team auf die gleiche Lösung kommen. Gerade in dieser Projektphase sind daher verschiedene Kreativitätstechniken hilfreich – ebenso wie die Einbindung eines Black

Belts, der in die untersuchten Abläufe nicht unmittelbar involviert ist. Wichtig ist zudem, dass die Lösungen stets auf die zuvor ermittelten Hauptursachen abzielen und aus Kundensicht entwickelt werden. Auf Basis zu definierender Kriterien ist danach die bestmögliche Lösung auszuwählen.

5.1.1 Lösungen finden

Viele Wege führen ans Ziel – zur Ermittlung möglicher Lösungen existiert eine Vielzahl von Techniken und Methoden. Im Folgenden seien die gängigsten und diejenigen, die sich in Six-Sigma-Projekten bewährt haben, dargestellt: Brainstorming mit verschiedenen Abwandlungen, Benchmarking und Best Practices. Beim Erarbeiten von Lösungsideen ist zu beachten, dass die Kernursachen beseitigt, die CTQs erfüllt und die Betroffenen (der Kunde oder der Champion) nach Möglichkeit mit einbezogen werden müssen.

5.1.1.1 *Brainstorming*

Beim Brainstorming steht das gemeinsame Entwickeln von Lösungsvorschlägen im Team im Vordergrund. Das Ausgangsproblem wird nochmals kurz skizziert, dann sind die Teilnehmer aufgefordert, spontan und intuitiv Lösungsideen zu äußern, die zunächst alle ungefiltert auf einem Flipchart oder einer Moderationswand notiert werden. Die interaktive Form fördert die Kreativität und bezieht alle Teilnehmer mit ein. Sie sollen ohne Beschränkungen Ideen generieren und sie mit den Ideen der anderen Teammitglieder kombinieren.

Zunächst ist ein Moderator zu bestimmen, der einige Regeln beachten sollte, um die Entwicklung möglichst vieler kreativer Ideen zu fördern.

> **Praxistipps für Moderatoren von Brainstormings**
>
> - Lassen Sie dem Team genug Zeit zum Nachdenken.
> - Nehmen Sie möglichst viele Ideen auf.
> - Diskutieren oder bewerten Sie die Ideen während der Sammelphase nicht. Jeder soll seine Ideen frei äußern können, niemand soll seine Vorschläge verteidigen müssen.
> - Lassen Sie keine Killerphrasen zu. Gesprächskiller sind: befehlen, anordnen („Sie müssen …", „Ich empfehle Ihnen dringend …"), belehren und dozieren („Ihr Irrtum liegt darin, dass …"). Auch das

> Lächerlichmachen von Ideen ist wenig hilfreich.
> - Dokumentieren Sie die Ergebnisse.

Die dokumentierten Ergebnisse werden im zweiten Schritt von den Teilnehmern geordnet und kategorisiert. Es geht hier zunächst um eine thematische Gruppierung und um die Reduktion gleicher Ideen. Des Weiteren erfolgt hier das Aussortieren jener Ideen, die zu weit vom Problem entfernt liegen. Erst dann sollten die besten Lösungsansätze im nächsten Schritt mittels weiterer Techniken ausgewählt werden (siehe auch Abschnitt 5.1.2).

Analogie

Eine Variante des Brainstormings ist die Analogie. Hierbei möchte man über eine systematische Verfremdung zu neuen Lösungsansätzen gelangen. Das Team konzentriert sich auf ein analoges, verwandtes Problem aus einem anderen Bereich und versucht, für dieses Lösungen zu finden. Die Lösungsvorschläge werden im Anschluss daran auf das eigentliche Problem übertragen. In der Entwicklung neuer Technologien werden häufig Analogien zur Natur gefunden: Die Oberflächenstruktur einer Lotusblüte wurde zur Entwicklung von Glas untersucht, das besonders schmutzabweisend ist; die Haut eines Hais für Oberflächen mit äußerst geringem Strömungswiderstand. Auf Dienstleistungen übertragen könnte ein Trustcenter als Dritter bei Onlineauktionen in Analogie zu anderen finanziellen Transaktionen untersucht werden: Welche Lösungsansätze oder Teile der Lösung können dabei auf das Problem übertragen werden?

Antilösung

Eine weitere Möglichkeit ist die Antilösung: Hier führt das Team ebenfalls ein Brainstorming durch, jedoch wird die Fragestellung ins Gegenteil gedreht. Diese Vorgehensweise klingt auf den ersten Blick banal und/oder lächerlich. Das Ergebnis nach anfänglicher Heiterkeit ist jedoch eine zusätzliche Aktivierung der Teilnehmer durch Beschreiten neuer Wege und daraus resultierend eine stark erhöhte Kreativität. Die Ergebnisse dienen dann bei der eigentlichen Lösungsfindung als kreativer Input durch die „Umkehrung" der identifizierten Ansätze. Ein Beispiel dafür ist die Fragestellung: Wie minimiere ich die Zeit, die ein Vertriebsmitarbeiter beim Kunden zur Verfügung hat? Mögliche Antworten sind „möglichst viele Reporting-Anforderungen stellen" oder „für Kundenfahrten nur öffentliche Verkehrsmittel erlauben" etc. Die umgekehrten Lösungsansätze sind dann wiederum durchaus plausibel und teilweise neuartiger als bei der klassischen Frage: Wie kann ich den Kundenkontakt der Vertriebsmannschaft erhöhen?

5.1.1.2 Brainwriting

Die schriftliche Variante des Brainstormings ist das Brainwriting. Hierbei schreiben die Teilnehmer ihre Ideen auf Kärtchen, die dann an der Moderationswand gesammelt werden. Der Vorteil dieser Methode gegenüber dem Brainstorming ist, dass auch introvertiertere Teilnehmer ihre Ideen ungestört entwickeln und platzieren können. Ansonsten ist der Ablauf wie beim Brainstorming und folgt den gleichen Regeln.

Eine strukturiertere Variante des Brainwritings ist die „Methode 6-3-5": Sie geht von einer optimalen Teilnehmerzahl von sechs Personen aus. Das Vorgehen ist wie folgt: Jeder Teilnehmer erhält ein Blatt Papier, das in drei Spalten und sechs Reihen aufgeteilt ist. Jeder soll nun auf seinem Blatt in der ersten Reihe drei Ideen zum vorgegebenen Problem entwickeln. Dann wird das Blatt zum nächsten Teilnehmer weitergegeben, der die drei Ideen des Vorgängers aufgreift, ergänzt und weiterentwickelt. So enthält jedes Blatt am Ende von jedem der sechs Teilnehmer je drei Lösungsansätze und wird insgesamt fünfmal weitergegeben – daher rührt die Bezeichnung der Methode.

5.1.1.3 Benchmarking

Beim Benchmarking vergleicht das Projektteam die Leistung des zu verbessernden (bestehenden) Prozesses mit dem Optimalprozess des besten Konkurrenten aus der gleichen Branche. Es können auch Unternehmen anderer Branchen, aber z. B. mit ähnlichen Strukturen untersucht werden. Das Ziel hierbei ist es, herauszufinden, wie diese Unternehmen ihre Leistungsfähigkeit erreicht haben, also die eigene Leistungslücke zu ermitteln. Dies erfolgt im Rahmen einer strukturierten Wettbewerbsanalyse. Mithilfe der hieraus gewonnenen Erkenntnisse soll der eigene Grad der Leistungsfähigkeit verbessert werden. Das Benchmarking gibt somit Aufschluss über das Verbesserungspotenzial eines Prozesses.

Abb. 80. Vorgehen beim Benchmarking

Mittels eines Benchmarkings können Best Practices, also Beispiele für beste realisierte Lösungen aus der eigenen Branche, ermittelt werden. Tatsächlich auf dem Markt verfügbare Produkte oder Dienstleistungen bzw. tatsächlich verwendete Prozesse werden anhand einheitlicher Kriterien miteinander verglichen. Die bei diesem Vergleich am besten bewertete Lösung ist die Best-Practice-Lösung. Best Practices zeichnen sich z. B. dadurch aus, dass sie innovativ und nachhaltig erfolgreich sind und messbare Ergebnisse erzielen. Die Suche nach Best Practices kann auch innerhalb des eigenen Unternehmens oder Konzerns sehr sinnvoll sein. Vielleicht wurde gar das Rad schon einmal erfunden, zu dessen Entwicklung das aktuelle Projekt gestartet wurde?

5.1.2 Lösungen auswählen

Zunächst müssen diejenigen Lösungen identifiziert und verworfen werden, die nicht akzeptabel sind. Eine Methode zum Aussortieren von inakzeptablen Lösungen ist die Mehrfachabstimmung, bei der durch eine strukturierte Serie von Abstimmungen die zuvor ermittelte lange Liste von Lösungsansätzen rasch reduziert und priorisiert werden kann.

Praxistipp zur Mehrfachabstimmung

- Beginnen Sie mit der gesamten Liste der zuvor ermittelten Ideen. Jedes Teammitglied erhält mindestens ein Drittel der Ideenanzahl als Stimmen. Dies wird auch N über 3 oder N/3 genannt.
- Jedes Teammitglied wählt die aus seiner Sicht wichtigsten Lösungsansätze aus (eine Stimme pro Lösungsansatz).
- Die Ansätze mit den wenigsten Stimmen werden gestrichen.
- Ab dem zweiten Durchgang erhält jedes Teammitglied die Hälfte der Ideenanzahl als Stimmen und wählt nun wieder die aus seiner Sicht wichtigsten aus.
- Das Verfahren wird so lange wiederholt, bis nur noch drei bis fünf Lösungsansätze übrig geblieben sind.

Nominalgruppentechnik

Eine andere Methode ist die Nominalgruppentechnik (NGT). Hier muss jeder Teilnehmer seine fünf favorisierten Lösungsansätze auswählen und erhält fünf Post-its oder Karteikarten, die von 1 bis 5 durchnummeriert sind. Die Idee mit der höchsten Priorität erhält die Karte mit der Ziffer 5, die mit der niedrigsten die 1. Die verbleibenden erhalten die Karten mit den Ziffern 2, 3 und 4. Nun werden aus allen Karten der Teammitglieder die Summen für die einzelnen Lösungsansätze gebildet und die gesamte Liste vom höchsten bis zum niedrigsten Wert sortiert. Der Ansatz mit den meisten Punkten ist folglich jener mit der höchsten Priorität.

Muss-Kriterien

Nun werden sogenannte „Muss-Kriterien" definiert. Muss-Kriterien sind solche, die die Lösung zwingend erfüllen muss. Das können zum einen gesetzliche Rahmenbedingungen sein, aber auch zeitliche oder finanzielle Vorgaben. Es kann auch ein Muss-Kriterium sein, dass die Lösung zur Unternehmensstrategie passt. Hier ist es erneut wichtig, den Kunden ins Spiel zu bringen: Er sollte die Gelegenheit haben, seinerseits Muss-Kriterien zu formulieren – dies kann schon vor Beginn der IMPROVE-Phase auf Basis der ermittelten Vital Few X erfolgen.

Lösungen, mit denen der Kunde nicht zufrieden sein kann, die keine Verbesserung der wesentlichen Hauptursachen schaffen oder die die Muss-Kriterien nicht erfüllen, sollten nun beseitigt sein. Im nächsten Schritt ist die bestmögliche Lösung zu finden.

Kriterienbasierte Matrix

Zur Auswahl der besten Lösung kann nun die kriterienbasierte Matrix verwendet werden. Das Projektteam definiert dabei auf der Suche nach der besten Lösung weitere Kriterien, sogenannte „Kann-" oder „Wunsch-Kriterien". Anhand dieser Kriterien wird der unterschiedliche Nutzen der Lösungen in einem strukturierten Prozess transparent und vergleichbar gemacht.

Praxistipp zur kriterienbasierten Matrix

In der Matrix werden die Kann- oder Wunsch-Kriterien untereinander eingetragen und gewichtet: Das wichtigste Kriterium erhält die Gewichtung 10, das unwichtigste die 1.

Wichtig: Es sollte keine Gewichtung mehrfach vergeben werden. In den Spalten werden die konkurrierenden Lösungsmöglichkeiten eingetragen. Nun werden die Lösungen dahingehend bewertet, wie gut sie die einzelnen Wunsch-Kriterien erfüllen. Die Lösung, die das Kriterium am besten erfüllt, erhält die Bewertung 10, die anderen Lösungen werden im Verhältnis dazu bewertet. Diese Gewichtung wird für jedes Kriterium nacheinander vorgenommen.

Hervorzuheben ist hier wiederum, dass jeder Erfüllungsgrad nur einmal vergeben wird – es sollte z. B. nicht vorkommen, dass zwei Lösungen ein Kriterium jeweils mit 10 erfüllen. Abschließend werden die Erfüllungsgrade mit den zuvor vergebenen Gewichtungen multipliziert und für jede Lösung die Summe der Werte errechnet. Die Lösung mit dem höchsten Wert ist die zu favorisierende.

Kriterien	Gewichtung	Lösung A Vermehrt inländische Reparateure nutzen		Lösung B Überarbeitung des Tracking-Tools	
		Bewertung	gewichtete Bewertung	Bewertung	gewichtete Bewertung
Geringer Aufwand für Änderungen an Systemen	10	10	100	1	10
Geringe Änderung der Reparaturkosten	9	5	45	10	90
Kurzfristig wirksame Lösung	5	10	50	2	10
		Summe	195	Summe	110

Abb. 81. Kriterienbasierte Matrix

Die Vorteile dieser Methode liegen in der Transparenz und Strukturiertheit der Entscheidungsfindung auf Basis von akzeptierten Kriterien. Gleichzeitig wird der Prozess klar dokumentiert und dadurch nachvollziehbar.

5.1.3 Sollprozess dokumentieren

Nachdem aus allen Lösungsmöglichkeiten die beste Lösung herausgefiltert wurde, muss in einem nächsten Schritt der Soll-Prozess visualisiert werden. Dazu wird im Team ein Flussdiagramm für den neuen, der Lösung entsprechenden Prozess entwickelt:

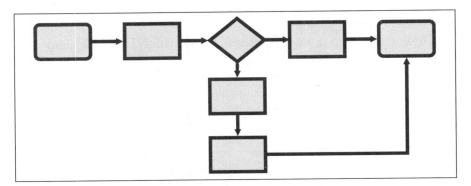

Abb. 82. Dokumentation des Sollprozesses

Das Flussdiagramm, das den Sollprozess darstellt, muss alle wesentlichen Prozessschritte und Änderungen berücksichtigen. Er wird zum neuen Ist-Prozess, wenn die Lösung implementiert ist. Somit ist der zum jetzigen Stand als „Soll" definierte Prozess die Grundlage für die Dokumentation (CONTROL-Phase) und gibt den Lösungsvorschlag genau wieder. Unabhängig davon, welche der priorisierten Lösungen am Ende eingeführt wird, muss nun für jede dieser Lösungsmöglichkeiten ein Sollprozess aufgezeichnet werden. Wichtig: Jetzt ist der Gesamtprozess zu dokumentieren, während bislang nur Teilprozesse aufgezeichnet wurden. Dies erfordert etwas Aufwand, jedoch ist häufig durchaus bereits ein Gesamtprozess dokumentiert, so dass diese Aufzeichnung auf Basis der gewonnenen Erkenntnisse nur noch angepasst werden muss.

5.2 Lösungen verfeinern und testen

Nun müssen die ausgewählten Lösungsansätze getestet werden, um sicherzustellen, dass sie realisierbar sind und die Beziehung zwischen X und Y auch wirklich positiv beeinflussen. Außerdem kann die Lösung bereits in der Testphase so verbessert werden, dass sie die Kundenanforderungen optimal erfüllt. Das Projektteam hat dabei mehrere Optionen, um Lösungsansätze zu verfeinern und zu testen.

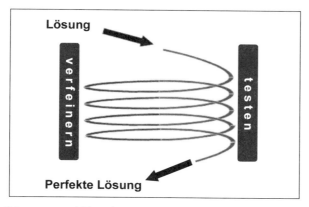

Abb. 83. Verfeinerung und Test der Lösung

5.2.1 Modellierung und Simulation

Modelle

Modelle stellen Funktionen, Prozesse oder die Gestalt eines Gegenstandes vereinfacht dar. Beispiele hierfür sind Architekturmodelle und Konstruktionsmodelle, aber auch mathematische Modelle wie Preis- oder Risikomodelle. Mittels einer Prozessmodellierung kann sowohl der Ist-Prozess als auch der Soll-Prozess abgebildet werden. Die Modellierung des Ist-Prozesses mag auf den ersten Blick wenig sinnvoll erscheinen, sie bringt aber Vorteile: Die Ausgangslage wird auch auf der Modellebene klar bestimmt und mit der späteren Situation nach der Verbesserung vergleichbar gemacht. Außerdem unterstützt das Prozessmodell dabei, zu erkennen, wie der Prozess wirklich abläuft und bildet so die Basis für eine dynamische Prozesssteuerung: Modell und Wirklichkeit sollten jederzeit übereinstimmen, damit der Prozess dynamisch gesteuert werden kann. Im Modell wird dann auch definiert, wie der Prozess nach der Umsetzung der Verbesserung ablaufen soll.

Simulation

Bei einer Simulation wird ein technischer Ablauf nachgeahmt. Die Simulation ist das Mittel der Wahl, wenn der tatsächliche Prozess besonders aufwendig oder gefährlich ist. Beispiele sind Crashtests oder Flugsimulationen. Mit der Simulation soll die Funktionsfähigkeit des Prozesses abgeschätzt werden. Sie dient der Entwicklung eines realistischen Prozessabbilds und erlaubt Vorhersagen über das Prozessverhalten und mögliche Probleme unter verschiedenen Bedingungen.

Computersimulation

Varianten der Simulation sind Computersimulationen, wie diskrete und stetige Simulationen. Bei Prozessen, die einen fest definierten Anfangs- und Endpunkt haben bzw. von einem definierten Ereignis ausgelöst werden (Beispiel: Anruf im Callcenter), empfiehlt sich die diskrete Ereignissimulation. Haben die Variablen eines Prozesses keinen definierten Start- und Endpunkt, ist hingegen die stetige oder kontinuierliche Simulation das Mittel der Wahl. Hier können pro Zeitintervall unendlich viele Veränderungen beobachtet werden. Beiden Varianten ist gemein, dass sie softwaregestützt durchgeführt werden.

5.2.2 Fehler-/Risikoerkennung und Absicherung

Das Identifizieren möglicher Fehler und die Absicherung gegen solche Risiken ist ein weiterer wichtiger Schritt im Rahmen des Testens und Verfeinerns des Prozesses. Je nach Komplexität des Prozesses und der gewählten Lösung kann dieser Schritt mehr oder weniger aufwendig sein. Bislang lag die Konzentration auf dem zu verbessernden Prozess und seinen direkten Ergebnissen – nun werden auch seine Auswirkungen auf andere Unternehmensbereiche und bestehende Strukturen betrachtet. Bei der frühzeitigen Identifizierung von Risiken oder Fehlern des Prozesses sind einige Fragen hilfreich:

- Welche Veränderungen im Unternehmen werden durch die Prozessverbesserung ausgelöst?
- Auf welche bestehenden Prozesse, Systeme und Strukturen wirkt sich die Lösung aus? Welche Faktoren könnten Störungen verursachen?
- Was würde geschehen, wenn man die Verbesserungsidee bis ins Extrem betriebe?
- Welche Ressourcen werden benötigt, an welcher Stelle sind sie knapp? Wie verändert sich die Nachfrage nach bestimmten Ressourcen im Unternehmen? Werden Ressourcen aus anderen Bereichen benötigt?
- Liegen bei einem Prozesselement noch keine Erfahrungen vor? Gibt es Prozesselemente, die durch Aktionen Dritter (etwa die Konkurrenz) gestört werden könnten? Bei welchen Prozesselementen ist die Gefahr menschlichen Versagens besonders hoch?

Das Risikomanagement ermittelt die Wahrscheinlichkeiten und Auswirkungen der einzelnen Risiken, die mit der Prozessverbesserung verbunden sind. Es werden Maßnahmen zur Reduktion dieser Risiken bestimmt, indem mit jedem Risiko dessen Eintrittswahrscheinlichkeit und Auswirkungen verbunden werden. Die Maßnahmen werden in einem Zeitplan festgeschrieben und Verantwortlichkeiten zugewiesen. In der CONTROL-Phase werden weitere Maßnahmen zur Fehlerreduktion bzw. Prozesskontrolle ergriffen (siehe Abschnitt 6.1.2).

Nun stellt sich die Frage: Wie können die identifizierten möglichen Fehler, Störungen oder Risiken vermieden oder zumindest reduziert werden? Grundsätzlich ist dies durch Inspektion (Überprüfung) oder durch Absicherung möglich. Inspektionen sind jedoch in der Regel zu kostspielig, um dem Six-Sigma-Anspruch an die Effizienz zu genügen. Die Möglichkeiten der Risikoabsicherung werden in Abb. 84 anhand eines Beispiels dargestellt.

Minimiere die Fehlermöglichkeit	Unausgesprochene Regeln	Man geht davon aus, dass niemand S-Bahntüren während der Fahrt öffnet, da die Gefahr offensichtlich ist.
	Ausgesprochene Regeln	Das Verbot des Öffnens der Türen während der Fahrt wird durch ein Schild an der Tür kommuniziert.
	Low-Level-Intervention	Türen schließen automatisch. Ein Signal ertönt beim Öffnen während der Fahrt.
Eliminiere jede Fehlermöglichkeit	High-Level-Intervention	Die Türen sind während der Fahrt blockiert.

Abb. 84. Risikoabsicherung am Beispiel von Türen im S-Bahn-Waggon

In der Regel ist es daher effizienter, sich gegen Fehler von vornherein abzusichern. Hier gibt es nun wiederum verschiedene Möglichkeiten bzw. Stufen. Die höchste Stufe garantiert eine Fehlerabsicherung von 100 Prozent – in der Realität wird aber auch hierfür der Aufwand meist zu hoch sein. Dennoch sind Präventivmaßnahmen das Mittel der Wahl, da sie die Ursache eines möglichen Fehlers von Beginn an beseitigen oder zumindest die Wahrscheinlichkeit seines Auftretens verringern. Eine Präventivmaßnahme beantwortet folglich die Frage: Wie kann ich jetzt vorsorgen, damit die mögliche Störung überhaupt nicht auftritt?

Einschränkende Maßnahmen hingegen werden erst wirksam, nachdem die Störung aufgetreten ist. Sie sorgen dafür, dass die Auswirkungen auf ein möglichst geringes Maß beschränkt bleiben. Einschränkende Maßnahmen müssen unmittelbar nach Eintritt des Fehlers ausgelöst werden (etwa durch ein Alarm- oder Meldesystem). Sie beantworten die Frage: Was kann jetzt getan werden, um die Auswirkungen eines Fehlers zu minimieren?

5.2.3 Failure Mode and Effects Analysis

Die Failure Mode and Effects Analysis (FMEA) ist die Analyse von Fehlern und ihren Auswirkungen. Das Werkzeug hilft dabei, Fehler von vornherein zu vermeiden, anstatt sie nach ihrem Auftreten zu erkennen und zu beseitigen. Die FMEA analysiert mögliche Produkt- und Prozessfehler sowie die damit verbundenen Risiken. Mittels FMEA werden Maßnahmen zur Reduzierung und Eliminierung dieser Risiken definiert. Vor allem bei komplexen Prozessen lassen sich Risiken mithilfe dieses Werkzeugs identifizieren und beurteilen. Bei weniger komplexen Prozessen kann es ebenfalls hilfreich sein, um Risiken kritisch zu betrachten.

Bei der Gestaltung von Produkten oder Dienstleistungen lautet die Kernfrage der FMEA: In welcher Hinsicht könnte das Produkt oder die Dienstleistung versagen? Ziel ist es, Probleme aufzudecken, die zu Sicherheitsrisiken, Fehlfunktionen, einer Verkürzung des Produktlebenszyklus oder zur Verringerung der Kundenzufriedenheit führen könnten.

Bei Prozessen stellt FMEA die Frage: Inwieweit können Menschen, Werkstoffe, Maschinen, Methoden und das Umfeld für den Prozess problematisch sein oder einen negativen Einfluss auf ihn haben? Hiermit sollen Probleme aufgedeckt werden, die zu Sicherheitsrisiken oder Mängeln im Produktionsprozess oder Entwicklungsprozess führen können. Auch Ursachen für eine verringerte Effektivität und Effizienz des Prozesses sollen mittels FMEA aufgedeckt werden.

Gründe für den Einsatz der FMEA

- Identifikation und bevorzugte Behandlung von Produkt- oder Prozessbereichen, die weiter verbessert werden müssen.
- Sicherung von Qualität, Zuverlässigkeit und Schutz von Produkten und Dienstleistungen.
- Erhöhung der Kundenzufriedenheit durch Verhinderung oder Reduktion der negativen Folgen von Fehlern.
- Durchführung und Dokumentation von Maßnahmen zur Risikoreduktion.

- Erarbeitung von Aktionsplänen, die zur Vermeidung von Fehlern und Risiken beitragen und von Reaktionsplänen (in der Control-Phase) für nicht ausschließbare Risiken.

Projektname:		Ersteller:										
Projektleiter:		Datum:		Version:	0.1			*computacenter*				
		FMEA-Prozess							Ergebnis der Maßnahme			
Prozess-schritt	Fehler-möglich-keit	Potentielle Auswirkung des Fehlers	Schwere	Mögliche Ursachen	Häufigkeit	Derzeitige Kontrollen	Nachweisbarkeit	RPZ	Empfohlene Maßnahmen	Verant-wortung	Erledigt bis	Erfolgte Aktionen	Schwere	Häufigkeit	Nachweis	RPZ

Abb. 85. Formblatt FMEA

Herzstück des Tools ist das FMEA-Arbeitsblatt. In ihm werden Prozessschritte und Fehlermöglichkeiten sowie Gegenmaßnahmen eingetragen. Die Fehlermöglichkeiten werden nach drei Kriterien bewertet: Bedeutung des Fehlers aus Sicht des Kunden (Schwere), Wahrscheinlichkeit des Auftretens (Häufigkeit) und die Wahrscheinlichkeit, dass der Fehler entdeckt wird (Nachweis). Für alle drei Kriterien werden Werte von 1 (niedrig) bis 10 (hoch) vergeben. Das Produkt aus den drei Kriterien bildet die sogenannte Risiko-Prioritätszahl (RPZ).

Praxistipps zum FMEA-Arbeitsblatt

- Prüfen Sie das Produkt, die Dienstleistung oder den Prozess und ermitteln Sie mithilfe eines Brainstormings mögliche Fehlerarten.
- Schreiben Sie für jeden Fehler mindestens eine mögliche Folge auf.
- Tragen Sie für jede Konsequenz je einen Wert für die Schwere, Häufigkeit und Nachweisbarkeit ein.
- Berechnen Sie für jede Fehlerfolge die Risiko-Prioritätszahl (RPZ), indem Sie die Werte für die Schwere, Häufigkeit und Nachweisbarkeit miteinander multiplizieren. Sie erhalten für jede Fehlerfolge einen Wert zwischen 1 und 1.000.
- Anhand der RPZ können Sie nun die Fehler mit der höchsten Priorität auswählen.
- Entwickeln Sie Maßnahmen zur Reduktion oder vollständigen

> Beseitigung der Risiken, die zu Fehlern hoher Priorität führen.
> - Führen Sie diese Maßnahmen durch und berechnen Sie danach die RPZ von Neuem.

Wichtig: Das FMEA-Arbeitsblatt ist ein „lebendes" Dokument, das sich im Prozess weiterentwickelt. Es ist unbedingt sicherzustellen, dass die Fehlereinschätzungen des Projektteams realistisch sind. Gegebenenfalls müssen Personen hinzugezogen werden, die über fundierte Kenntnisse des zu überprüfenden Prozesses verfügen.

Um die Werte für die Schwere, Häufigkeit und Nachweisbarkeit einschätzen zu können, sind die folgenden Skalen hilfreich. Diese müssen an das jeweilige Projektumfeld bzw. Unternehmen angepasst werden.

Skala zur Bewertung der Schwere – beschreibt die Konsequenzen eines Fehlers:

Bewertung	Schwere
10	Verursacht die Verletzung eines Angestellten oder Kunden.
9	Ist illegal oder sorgt für Probleme mit der Kontrollinstanz.
8	Macht das Produkt oder die Dienstleistung unbrauchbar.
7	Ruft sehr große Kundenunzufriedenheit hervor.
6	Ruft teilweise Fehlfunktionen hervor.
5	Verursacht eine Leistungsminderung, die wahrscheinlich zu einer Kundenreklamation führt.
4	Bringt geringfügige Leistungseinbußen mit sich.
3	Ist ein kleiner Schaden, der ohne Beeinträchtigung der Leistung behebbar ist.
2	Bleibt unbemerkt, mit unwesentlichem Einfluss auf die Leistung.
1	Bleibt unbemerkt, ohne Beeinträchtigung der Leistung.

Skala zur Bewertung der Häufigkeit eines Versagens – beschreibt die Wahrscheinlichkeit oder die Frequenz:

Bewertung	Häufigkeit	Wahrscheinlichkeit
10	Häufiger als einmal pro Tag	> 30 %
9	Einmal alle 3-4 Tage	30 %
8	Einmal pro Woche	5 %
7	Einmal pro Monat	1 %
6	Alle 3 Monate	0.03 %
5	Alle 6 Monate	1 pro 10.000
4	Einmal pro Jahr	6 pro 100.000
3	Alle 1-3 Jahre	6 pro Million
2	Alle 3-6 Jahre	3 pro 10 Millionen
1	Alle 6-100 Jahre	2 pro Billion

Die folgende Skala zur Bewertung der Nachweisbarkeit des Versagens beschreibt die Wahrscheinlichkeit, dass ein Versagen bemerkt wird, bevor seine Auswirkungen entdeckt werden:

Bewertung	Nachweisbarkeit
10	Der durch das Versagen verursachte Fehler ist nicht nachweisbar.
9	Einheiten werden gelegentlich auf Fehler überprüft.
8	Einheiten werden systematisch überprüft.
7	Alle Einheiten werden manuell überprüft.
6	Einheiten werden manuell überprüft, mit Modifikation der Fehlerprüfung.
5	Prozess wird überwacht (SPK=Statistische Prozesskontrolle) und manuell überprüft.
4	SPK, mit sofortiger Reaktion auf nicht kontrollierbare Bedingungen.
3	SPK wie oben, mit 100-prozentiger Inspektion nicht kontrollierbarer.
2	Alle Einheiten werden automatisch überprüft.
1	Der Fehler ist offensichtlich; es kann verhindert werden, dass der Kunde beeinträchtigt wird.

5.2.4 Versuchsplanung

Bei der Versuchsplanung (auch Design of Experiments, DOE) werden die Ursache-Wirkungs-Beziehungen zwischen den Einflussfaktoren X und dem Prozessergebnis Y modelliert und genauer untersucht. Sie dient dazu, die Resultate mehrerer möglicher Lösungsansätze zu vergleichen und das beste „Mischungsverhältnis" der Einflussfaktoren X zur Erreichung der Kundenanforderungen zu ermitteln. Denn bislang wurden zwar die X intensiv untersucht, nicht jedoch ihre gegenseitigen Abhängigkeiten. Mithilfe von DOE kann nun festgestellt werden, welche der Einflussfaktoren das Prozessergebnis signifikant beeinflussen und welche der Faktoren wie zusammenspielen.

Die einfache Versuchstabelle des folgenden Beispiels zeigt: Es werden verschiedene Einflussfaktoren eingetragen, die ihrerseits verschiedene Ausprägungen (Levels) haben. Die Einflussfaktoren für den Prozessoutput, die Durchlaufzeit (Y), sind im Beispiel die Faktoren Standort des Reparateurs, Versandart und Versandhäufigkeit. Die Ausprägungen sind jeweils hoch und niedrig. Aus der Menge der X und der Levels ergibt sich nun die Anzahl der Tests:

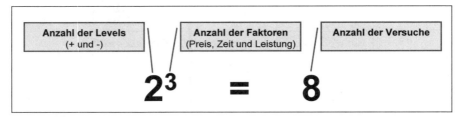

Abb. 86. DOE: Anzahl der Versuche

Schon wenn man nur die Anzahl der Faktoren auf 4 erhöht, vervielfacht sich die Anzahl der notwendigen Versuche auf $2^4 = 16$. Bei der Untersuchung vieler Faktoren empfiehlt sich daher der Einsatz geeigneter statistischer Tools zur Analyse (siehe Abschnitt 5.2.4.3).

Aufbau der Versuchstabelle

Zunächst wird das Problem definiert und die Hypothese aufgestellt. Beispiel: „Die Gesamtkosten hängen vom Standort des Reparateurs sowie von der Versandart und -häufigkeit ab". Die abhängige Variable sind somit die Gesamtkosten, d. h. die Summe aus den Reparaturkosten, Transportkosten und den Kosten der fehlenden Verfügbarkeit (je höher die Durchlaufzeit, desto mehr Ersatzbeschaffungen). Die unabhängigen (beeinflussenden) Variablen sind der Standort des Reparateurs, die Versandart (verschiedene Logistikdienstleister) und die Versandhäufigkeit. In der Versuchstabelle werden die X und Y eingetragen, die Levels – und + repräsentieren hier niedrige bzw. hohe Werte.

Diese Tabelle bildet alle möglichen Kombinationen aus Testlevels und Faktoren ab:

Standort des Reparateurs	Versandart	Versand-häufigkeit	Durchlaufzeit
-	-	-	
+	-	-	
-	+	-	
+	+	-	
-	-	+	
+	-	+	
-	+	+	
+	+	+	
-	-	-	

Um diese Veränderungen so zeit- und kostengünstig wie möglich zu gestalten, reicht die Erfahrung der Beteiligten oder die Analyse von zufällig produzierten Teilen nicht aus. Besser ist es, gezielte Versuche mit intelligenten statistischen Versuchsplänen durchzuführen.

Der Begriff Versuchsplanung umfasst in der Statistik des Weiteren die Auswertung dieser Versuchspläne – in unserem Fall mithilfe einer ein-, zwei- oder mehrfaktoriellen Varianzanalyse oder Analysis of Variance (ANOVA).

Die Zielgröße bei einer Varianzanalyse ist eine stetige und nach Möglichkeit normalverteilte Größe. Die Einflussgrößen bei einer Varianzanalyse sind diskrete Größen, die in je mindestens zwei verschiedenen Kategorien bzw. Stufen vorliegen. Diese diskreten Variablen werden in der Varianzanalyse auch als Faktorvariablen bezeichnet. Stetige Einflussgrößen kommen in der Varianzanalyse nicht vor.

Vor der Durchführung der Varianzanalyse muss die Zielgröße – aufgeteilt nach den einzelnen Faktorkombinationen – mit dem Kolmogorov-Smirnov-Test auf Normalverteilung überprüft werden (vgl. Abschnitt 4.2.6.4). Ebenso muss die Zielgröße auf Gleichheit der Varianzen für die einzelnen Faktorstufen mit dem Levene-Test auf Varianzhomogenität überprüft werden (vgl. Abschnitt 4.2.6.4). Streng genommen darf man die Varianzanalyse nur anwenden, wenn diese beiden Kriterien – Normalverteilung und Varianzhomogenität – erfüllt sind. Sollten diese Kriterien jedoch nicht erfüllt sein, so kann man die Varianzanalyse dennoch durchführen. Die Ergebnisse haben dann allerdings nur noch einen deskriptiven (beschreibenden) und keinen induktiven (schließenden) Charakter mehr. Sie sind folglich als Trend zu interpretieren.

5.2.4.1 Einfaktorielle Varianzanalyse

Als Einflussgröße bei der einfaktoriellen Varianzanalyse liegt eine Faktorvariable mit mindestens drei Kategorien vor. Falls sie keinen Variablennamen hat, wird sie als Faktor A bezeichnet. Diese Variable kann natürlich auch in nur zwei Kategorien vorliegen. In diesem Fall kann man die vorliegende Situation jedoch auf ein Zweistichprobenproblem wie in Abschnitt 4.2.6.3 reduzieren, so dass man die Analyse auf die dort beschriebene Vorgehensweise mit einem t-Test durchführen kann. Die Zielvariable bei der einfaktoriellen Varianzanalyse ist eine stetige und normalverteilte Größe. Falls sie keinen Variablennamen hat, wird sie als Zielgröße (oder Response) Y bezeichnet. Darüber hinaus muss für eine korrekte Anwendung der einfaktoriellen Varianzanalyse die Varianz für die Zielgröße in jeder der Faktorstufen von A gleich groß sein. Diese Bedingung bezeichnet man als Varianzhomogenität.

Das Ziel der einfaktoriellen Varianzanalyse ist die Überprüfung der folgenden Nullhypothese:

H_0: Faktor A hat keinen statistisch signifikanten Einfluss auf die Zielgröße.

Dies bedeutet, dass die Mittelwerte für die Zielgröße für jede der Faktorstufen gleich groß sind. Somit lässt sich die Nullhypothese auch folgendermaßen darstellen:

$$H_0: \mu_1 = \mu_2 = \ldots = \mu_s$$

Die Alternativhypothese lautet damit:

H_1: Faktor A hat einen statistisch signifikanten Einfluss auf die Zielgröße.

Dies bedeutet, dass die Mittelwerte für die Zielgröße für mindestens zwei der Faktorstufen von A nicht gleich groß sind. Somit lässt sich die Alternativhypothese auch folgendermaßen darstellen:

H$_1$: $\mu_i \neq \mu_j$ für mindestens zwei der Faktorstufen von A.

Beispiel: Die Vorgehensweise bei der einfaktoriellen Varianzanalyse soll anhand des Datensatzes „ANOVA_Reparatur_einfaktoriell.mtw" erläutert werden. Dieser Datensatz beschreibt die Zielgröße Durchlaufzeit eines Reparaturauftrags in einer Servicestelle. Zusätzlich steht die Fakorvariable Hersteller zur Verfügung, die in den drei Kategorien Hersteller 1 (1), Hersteller 2 (2) und Hersteller 3 (3) vorliegt.

Es soll folgende Fragestellung überprüft werden: Gibt es einen statistisch signifikanten Unterschied in der Durchlaufzeit für die verschiedenen Hersteller?

Wir beginnen mit der Überprüfung der Normalverteilungsannahme für die Zielvariable Durchlaufzeit ohne Beachtung des Segmentierungsfaktors, um einen ersten Eindruck bezüglich Schiefe, Ausreißern und weiterer Charakteristiken zu gewinnen.

Anwendung in Minitab

Stat ⇨ Basic Statistics ⇨ Normality Tests

- Wählen Sie die zu testende Variable Durchlaufzeit aus.
- Wählen Sie unter „Tests for Normality" „Kolmogorov-Smirnov" aus. (siehe Abb. 87).

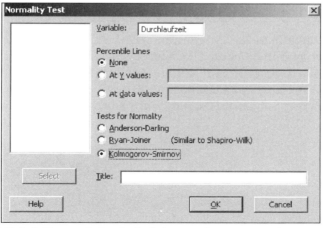

Abb. 87. Minitab-Fenster beim Aufruf eines Kolmogorov-Smirnov-Tests

Mit dem Datensatz „ANOVA_einfaktoriell_Reparatur.mtw" erhält man für die Zielgröße Durchlaufzeit den in Abb. 88 dargestellten Output.

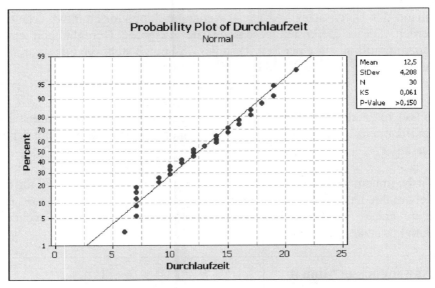

Abb. 88. Minitab-Output beim Kolmogorov-Smirnov-Test auf Normalverteilung

Die Punkte liegen ziemlich genau auf der Geraden, was zu der Vermutung führt, dass eine Normalverteilung vorliegt. Der p-Wert von 0.407 bestätigt diese Vermutung, so dass die Nullhypothese H_0 „Die Durchlaufzeit ist normalverteilt." nicht verworfen werden kann.

Vor der Durchführung der Varianzanalyse muss die Zielgröße Durchlaufzeit aufgesplittet nach den einzelnen Kategorien der diskreten Einflussgröße Hersteller auf Normalverteilung überprüft werden. Dazu muss zuerst der Datensatz nach der Variable Hersteller aufgeteilt werden, so dass man drei Subdatensätze für jeweils einen der Hersteller erhält.

Anwendung in Minitab

Data ⇨ Split Worksheet

- Wählen Sie die Faktorvariablen Hersteller als Splitvariable aus, nach der der Datensatz aufgeteilt werden soll.

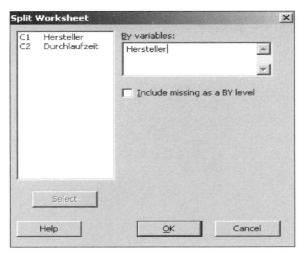

Abb. 89. Minitab-Fenster beim Aufrufen einer Aufteilung des Datensatzes

Dann wird für jeden dieser Sub-Datensätze die Zielvariable Durchlaufzeit erneut wie oben beschrieben auf Normalverteilung überprüft. Dabei erhält man für den vorliegenden Datensatz „ANOVA_Reparatur_einfaktoriell.mtw" folgendes Ergebnis. Beim Test auf Normalverteilung der Durchlaufzeit für den Subdatensatz mit Hersteller 1 ergibt sich ein p-Wert von 0.345, für den Subdatensatz mit Hersteller 2 ein p-Wert von 0.513 und für den Subdatensatz mit Hersteller 3 einen p-Wert von 0.768. Das bedeutet, dass die Durchlaufzeit aufgesplittet nach den verschiedenen Kategorien der Hersteller normalverteilt ist. Somit ist die Voraussetzung für eine Varianzanalyse gegeben.

Anschließend wird die Zielgröße Durchlaufzeit auf Varianzhomogenität für die verschiedenen Kategorien der Einflussgröße Hersteller überprüft.

Anwendung in Minitab

Stat ⇨ ANOVA ⇨ Test for Equal Variances
- Wählen Sie die zu testende Variable Durchlaufzeit aus.
- Wählen Sie die Faktorvariable Hersteller aus.

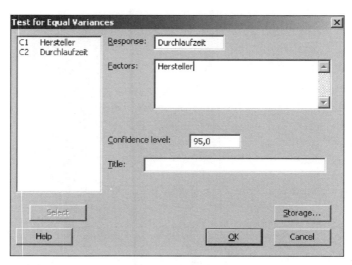

Abb. 90. Minitab-Fenster beim Aufruf eines Levene-Tests auf Varianzhomogenität

Für die abhängige Zielgröße Durchlaufzeit und die unabhängige Faktorvariable Hersteller erhält man folgenden Minitab-Output.

Test for Equal Variances: Durchlaufzeit versus Hersteller

```
95% Bonferroni confidence intervals for standard deviations

Hersteller    N    Lower      StDev     Upper
         1   10  2,28802   3,59166   7,64334
         2   10  2,33098   3,65908   7,78683
         3   10  2,28802   3,59166   7,64334


Bartlett's Test (Normal Distribution)
Test statistic = 0,00; p-value = 0,998


Levene's Test (Any Continuous Distribution)
Test statistic = 0,04; p-value = 0,962
```

Sowohl mit dem Test von Bartlett, der nur für normalverteilte Daten geeignet ist, als auch mit dem Test von Levene, der für alle stetig verteilten Daten verwendbar ist, kann mit einem p-Wert von 0.998 bzw. 0.962 die Nullhypothese, dass Varianzhomogenität zwischen den verschiedenen Kategorien der Faktorvariable Hersteller für die abhängige Variable Durchlaufzeit vorliegt, nicht verworfen werden. Somit ist auch die zweite Voraussetzung für eine Varianzanalyse erfüllt.

Das gleiche Ergebnis erhält man bei der Betrachtung von Abb. 91.

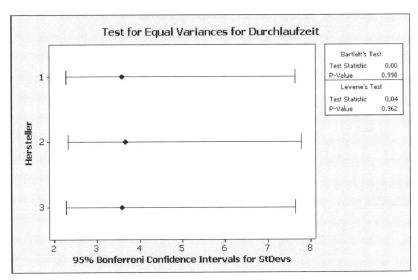

Abb. 91. Minitab-Output beim Levene-Test auf Varianzhomogenität

Die Nullhypothese der Varianzhomogenität kann nicht verworfen werden (vgl. die am rechten Rand der Abbildung aufgeführten p-Werte zum Test von Bartlett und zum Test von Levene).

Zu beachten ist, dass eine einfaktorielle ANOVA nicht durchgeführt werden sollte, falls eine der beiden Voraussetzungen Normalverteilung oder Varianzhomogenität der Zielgröße zwischen den Kategorien der Einflussgröße nicht erfüllt ist. In diesem Fall ist stattdessen auf das nichtparametrische Äquivalent zur einfaktoriellen Varianzanalyse – den Kruskal-Wallis-Test aus Abschnitt 4.2.6.8 – zurückzugreifen.

Im dargestellten Fall sind jedoch beide Voraussetzungen für eine Varianzanalyse erfüllt, so dass diese bedenkenlos durchgeführt werden kann, um herauszufinden, ob die Faktorvariable Hersteller einen statistisch signifikanten Einfluss auf die Zielgröße Durchlaufzeit hat. Man überprüft dabei die Nullhypothese H_0 (die Faktorvariable Hersteller hat keinen statistisch signifikanten Einfluss auf die Zielgröße Durchlaufzeit) gegen die Alternativhypothese H_1 (die Faktorvariable Hersteller hat einen statistisch signifikanten Einfluss).

Anwendung in Minitab

Stat ⇨ ANOVA ⇨ One-Way

- Wählen Sie die Zielgröße Durchlaufzeit aus.
- Wählen Sie die Faktorvariable Hersteller aus.
- Lassen Sie sich über „Graphs" zusätzlich den Boxplot der Daten ausgeben.

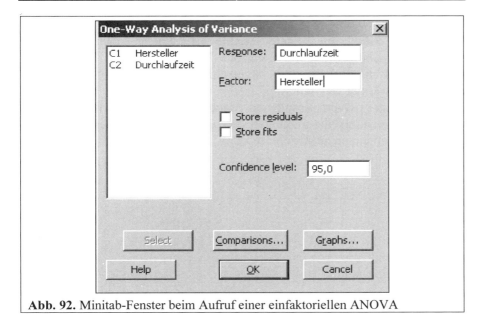
Abb. 92. Minitab-Fenster beim Aufruf einer einfaktoriellen ANOVA

Für die abhängige Zielgröße Durchlaufzeit und die unabhängige Faktorvariable Hersteller erhält man folgenden Minitab-Output.

One-way ANOVA: Durchlaufzeit versus Hersteller

```
Source       DF      SS     MS      F      P
Hersteller    2   160,8   80,4   6,15  0,006
Error        27   352,7   13,1
Total        29   513,5

S = 3,614   R-Sq = 31,31%   R-Sq(adj) = 26,23%


                              Individual 95% CIs For Mean Based on
                              Pooled StDev
Level    N    Mean    StDev   ---+---------+---------+---------+-----
1       10  10,300    3,592   (------*-------)
2       10  11,500    3,659      (------*-------)
3       10  15,700    3,592                       (------*-------)
                              ---+---------+---------+---------+-----
                                 9,0      12,0      15,0      18,0

Pooled StDev = 3,614
```

Der p-Wert von 0.006 zeigt an, dass die Nullhypothese abgelehnt werden muss und damit die Faktorvariable Hersteller einen statistisch signifikanten Einfluss auf die Zielgröße Durchlaufzeit hat. Es gibt also einen statistisch signifikanten Unterschied in der Durchlaufzeit für mindestens zwei der Hersteller.

Die durch die p-Werte erhaltenen Ergebnisse kann man oft auch schon nach der Betrachtung der erzeugten Boxplots erahnen (siehe Abb. 93; zu Boxplots allgemein siehe Abschnitt 3.2.9).

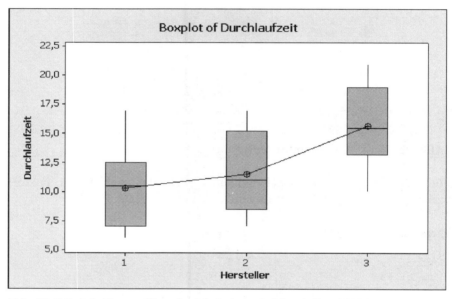

Abb. 93. Minitab-Output (Boxplots) bei einer einfaktoriellen ANOVA

Um nun herauszufinden, zwischen welchen Faktorstufen bzw. Kategorien diese statistisch signifikanten Unterschiede für die Durchlaufzeit vorliegen, kann man die ebenfalls im Minitab Output ausgegebenen 95 %-Konfidenzintervalle für den Mittelwert betrachten. Die Konfidenzintervalle für Hersteller 1 und 2 sowie für Hersteller 2 und 3 überschneiden sich. Hier vermutet man also keinen statistisch signifikanten Unterschied zwischen den jeweiligen Kategorien der Variable Hersteller. Diese Vermutung muss jedoch durch einen t-Test bestätigt werden. Die Konfidenzintervalle für Hersteller 1 und 3 überschneiden sich jedoch nicht. Dies ist ein Indiz für einen statistisch signifikanten Unterschied zwischen diesen beiden Kategorien der Variable Hersteller. Auch diese Vermutung müsste durch einen t-Test bestätigt werden.

Da die Berechnung vieler einzelner t-Tests zur Bestätigung der vermuteten Unterschiede jedoch bei Vorliegen mehrerer mehrstufiger Faktorvariablen sehr mühsam und zeitaufwendig ist und man außerdem ein globales Signifikanzniveau für alle Tests und nicht lauter einzelne Signifikanzniveaus für die einzelnen Tests haben möchte, verwendet man stattdessen multiple Vergleiche – insbesondere sei hier der Test von Tukey genannt. Dabei werden alle paarweisen Differenzen der Zielvariablen in den verschiedenen Faktorstufen betrachtet und darauf getestet, ob sie 0 sind oder nicht, ob also für jeweils zwei der Faktorstufen ein statistisch signifikanter Unterschied in der Zielgröße vorliegt oder nicht.

Anwendung in Minitab

Stat ⇨ ANOVA ⇨ One-Way

- Gehen Sie vor wie oben und lassen Sie sich unter „Comparisons" zusätzlich die „One-Way Multiple Comparisons" nach Tukey mit der „Family Error Rate" 5 ausgeben.

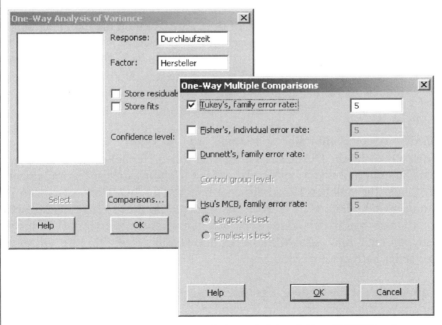

Abb. 94. Minitab-Fenster beim Aufruf einer einfaktoriellen ANOVA mit multiplen Vergleichen

Man erhält folgenden Minitab-Output.

```
Tukey 95% Simultaneous Confidence Intervals
All Pairwise Comparisons among Levels of Hersteller

Individual confidence level = 98,04%


Hersteller = 1 subtracted from:

Hersteller   Lower   Center   Upper   ------+---------+---------+---------+---
2            -2,812  1,200    5,212         (-------*-------)
3             1,388  5,400    9,412                         (-------*-------)
                                     ------+---------+---------+---------+---
                                         -5,0       0,0      5,0      10,0


Hersteller = 2 subtracted from:

Hersteller   Lower   Center   Upper   ------+---------+---------+---------+---
3             0,188  4,200    8,212                   (-------*-------)
                                     ------+---------+---------+---------+---
                                         -5,0       0,0      5,0      10,0
```

Das Konfidenzintervall [-2.812, 5.212] für die Differenz der Durchlaufzeit zwischen Hersteller 1 und 2 enthält die 0. Hier besteht also kein statistisch signifikanter Unterschied zwischen den beiden Herstellern. Die Konfidenzintervalle [1.388, 9.412] und [0.188, 8.212] für die Differenzen zwischen den Herstellern 1 und 3 sowie den Herstellern 2 und 3 enthalten die 0 jedoch nicht. Hersteller 3 hat also einen statistisch signifikant von Hersteller 1 und 2 verschiedenen Mittelwert in der Zielvariablen.

Dieses Testergebnis gibt allerdings nur Auskunft darüber, dass ein Unterschied in der Durchlaufzeit zwischen den Herstellern 1 und 3 sowie den Herstellern 2 und 3 besteht. In welche Richtung dieser Zusammenhang geht, also für welchen Hersteller eine höhere Durchlaufzeit vorhanden ist, kann aus den Tests nicht abgelesen werden. Um diese Frage beantworten zu können, zusätzlich zum Test die gemessenen Werte der Zielgröße Durchlaufzeit bzw. die Mittelwerte der Durchlaufzeit für die einzelnen Hersteller betrachtet werden.

Man beachte insbesondere, dass die Tatsache, dass ein Unterschied in der Durchlaufzeit zwischen den Herstellern 2 und 3 besteht, erst bei den multiplen Tests zu erkennen ist, jedoch noch nicht bei den oben erzeugten Konfidenzintervallen für den Mittelwert zu sehen war. Somit ist noch einmal darauf hinzuweisen, dass Grafiken in der Regel nur eine Tendenz angeben können, jedoch nie statistisch relevante Ergebnisse liefern können. Für diese sind immer statistische Tests zu verwenden.

Eine weitere Art von möglichen multiplen Vergleichen ist die Bonferroni-Adjustierung. Dabei wird – ähnlich wie bei den multiplen Vergleichen nach Tukey – ebenfalls jede Subgruppe mit jeder anderen Subgruppe der Faktorvariablen verglichen. Hierbei wird jedoch beachtet, dass zum Beispiel bei einem Vergleich von drei Gruppen der Vergleich zwischen Gruppe 1 und Gruppe 3 nicht mehr nötig ist, da dieser schon durch die Vergleiche zwischen Gruppe 1 und Gruppe 2 sowie Gruppe 2 und Gruppe 3 abgedeckt ist. Das Signifianzniveau bei der Bonferroni-Adjustierung reduziert sich vom ursprüngichen Signifikanzniveau α auf α/k, wobei k die Anzahl der nötigen Vergleichstests ist. Die Bonferroni-Adjustierung ist in Minitab nicht implementiert.

Zur Vertiefung kann Übung 16 aus dem Anhang durchgeführt werden.

5.2.4.2 *Mehrfaktorielle Varianzanalyse*

Bei der mehrfaktoriellen Varianzanalyse geht es darum, herauszufinden, welche der in ein statistisches Modell aufgenommen kategorialen Einflussgrößen einen statistisch signifikanten Einfluss auf die Zielgröße haben und bei einer später durchzuführenden Regression als Einflussgrößen zu verwenden sind. Damit kann ebenfalls herausgefunden werden, welche Variablen bei zukünftigen Erhebungen eingespart werden können. Die wichtigste Erkenntnis der mehrfaktoriellen Varianzanalyse ist jedoch, die Einflussgrößen bzw. Steuergrößen herauszufinden, an denen man etwas verändern muss, um die Zielgröße zu verbessern, z. B. die Durchlaufzeit zu verringern.

Vor der Durchführung der mehrfaktoriellen Varianzanalyse muss ebenfalls auf Normalverteilung und Varianzhomogenität getestet werden. Sollten entweder die Normalverteilung der Zielgröße – auch aufgeteilt nach Subgruppen – oder die Varianzhomogenität der Zielgröße in den Subgruppen als Voraussetzungen für die Varianzanalyse nicht erfüllt sein, so darf diese nicht durchgeführt werden. Für den Fall mit zwei Einflussgrößen kann auf die nichtparametrische Rangvarianzanalyse nach Friedmann ausgewichen werden (die hier jedoch nicht näher erläutert werden soll). Für den Fall mit mehr als zwei Einflussgrößen ist in Minitab keine nichtparametrische Methode implementiert. Deshalb kann man, um einen Eindruck von der Datenlage zu bekommen, dennoch die mehrfaktorielle Varianzanalyse durchführen. Die Ergebnisse sind dann deskriptiv zu behandeln.

Zweifaktorielle Varianzanalyse

Als Einflussgrößen bei der zweifaktoriellen Varianzanalyse liegen zwei Faktorvariablen mit jeweils mindestens zwei Kategorien vor. Falls sie keine Variablennamen haben, werden sie mit Faktor A und Faktor B bezeichnet. Die Zielvariable bei der zweifaktoriellen Varianzanalyse ist – ebenfalls wie bei der einfaktoriellen Varianzanalyse – eine stetige und normalverteilte Größe. Falls sie keinen Variablennamen hat, wird sie wieder mit Zielgröße (oder Response) Y bezeichnet. Darüber hinaus muss für eine korrekte Anwendung der zweifaktoriellen Varianzanalyse die Bedingung der Varianzhomogenität für beide Faktoren erfüllt sein.

Das Ziel der zweifaktoriellen Varianzanalyse ist die gleichzeitige Überprüfung der folgenden Nullhypothesen:

- H_{0A}: Faktor A hat keinen statistisch signifikanten Einfluss auf die Zielgröße.
- H_{0B}: Faktor B hat keinen statistisch signifikanten Einfluss auf die Zielgröße.

Die zugehörigen Alternativhypothesen lauten:

- H_{1A}: Faktor A hat einen statistisch signifikanten Einfluss auf die Zielgröße.
- H_{1B}: Faktor B hat einen statistisch signifikanten Einfluss auf die Zielgröße.

Bei der mehrfaktoriellen und somit auch bei der zweifaktoriellen Varianzanalyse sind zwei Grundmodelle zu unterscheiden – Modelle mit Haupteffekten ohne Wechselwirkungen sowie Modelle mit Haupteffekten und Wechselwirkungen. Zur Erklärung der Begriffe Haupteffekt und Wechselwirkung betrachte man den Fall zweier Faktoren A und B, die beide in je zwei Kategorien A_1 und A_2 bzw. B_1 und B_2 vorliegen. Als Haupteffekte eines Faktors bezeichnet man die Veränderung der Zielgröße beim Wechsel der Kategorien. Der Haupteffekt des Faktors A kann also als Differenz zwischen den Mittelwerten der Zielgröße der beiden Faktorstufen A_1 und A_2 interpretiert werden. Analog dazu ist der Haupteffekt des Faktors B die Differenz zwischen den Mittelwerten der Zielgröße der beiden Faktorstufen B_1 und B_2. Daneben bietet das mehrfaktorielle Experiment noch die Möglichkeit, vorhandene Wechselwirkungen zwischen den Faktorvariablen aufzudecken und damit zu einem adäquaten Modell zu kommen. Im oben genannten Beispiel wird die Wechselwirkung als A*B dargestellt. Dabei handelt es sich jedoch nicht wirklich um eine Multiplikation der Einflussgrößen A und B. Beim Aufruf einer Varianzanalyse in Minitab wird jedoch eine Wechselwirkung, die mit A*B eingegeben wird, statistisch korrekt verarbeitet. Die Vernachlässigung oder das Nichterkennen von Wechselwirkungen kann erhebliche Fehlinterpretationen der Haupteffekte zur Folge haben. Im Prinzip sind bei signifikanter Wechselwirkung die an dieser Wechselirkung beteiligten Haupteffekte von untergeordneter Bedeutung, da die Wirkung des einen Faktors auf die Zielgröße nicht mehr separat, sondern stets unter Einbeziehung des anderen Faktors zu interpretieren ist. Dennoch oder gerade deswegen sollten nichtsignifikante Haupteffekte, die an einer signifikanten Wechselwirkung beteiligt sind, im Modell verbleiben.

Wir werden die Vorgehensweise bei der zweifaktoriellen Varianzanalyse anhand des Datensatzes „ANOVA_Reparatur_zweidimensional.mtw" erläutern. Dieser Datensatz beschreibt die Durchlaufzeit eines Reparaturauftrags in einer Servicestelle. Dies ist die Zielgröße Durchlaufzeit. Zusätzlich stehen zwei mögliche Faktorvariablen zur Verfügung. Dabei handelt es sich zum einen um die Variable Hersteller, die in den vier Kategorien Hersteller 1 (1), Hersteller 2 (2), Hersteller 3 (3) und Hersteller 4 (4) vorliegt, zum anderen um die Variable Produktkategorie, die in den fünf Kategorien Notebook (1), Desktop-PC (2), Monitor (3), Server (4) und Drucker (5) vorliegt.

Im Folgenden wird davon ausgegangen, dass die beiden Kriterien Normalverteilung und Varianzhomogenität für den gegebenen Datensatz erfüllt sind, man also bedenkenlos eine zweifaktorielle Varianzanalyse durchführen kann.

Anwendung in Minitab

Stat ⇨ ANOVA ⇨ Two-Way

- Wählen Sie die Zielgröße Durchlaufzeit aus.
- Wählen Sie die Faktorvariablen Hersteller und Produktkategorie aus. Die Reihenfolge, in der diese eingegeben werden, ist irrelevant.
- Lassen Sie sich zusätzlich den Boxplot der Daten ausgeben (vgl. Abb. 95).

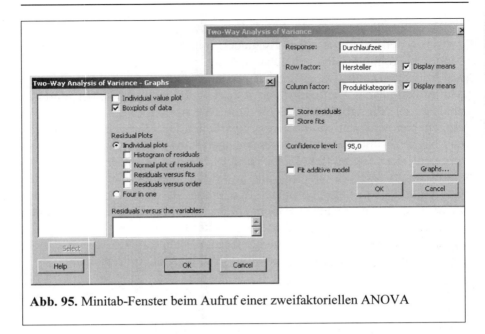

Abb. 95. Minitab-Fenster beim Aufruf einer zweifaktoriellen ANOVA

Die Effekte auf die Durchlaufzeit für die Einflussgrößen Hersteller und Produktkategorie sind grafisch durch Boxplots in Abb. 96 dargestellt. Für eine allgemeine Erklärung von Boxplots siehe Abschnitt 3.2.9.

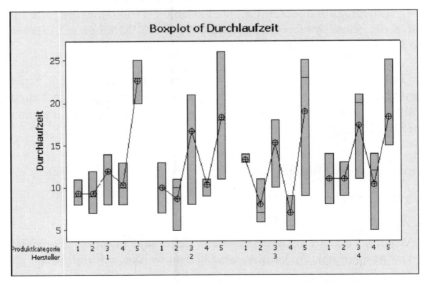

Abb. 96. Minitab-Output (Boxplots) bei einer zweifaktoriellen ANOVA

Man erhält folgenden Minitab-Output:

Results for: ANOVA_REPARATUR_ZWEIFAKTORIELL.MTW

Two-way ANOVA: Durchlaufzeit versus Hersteller; Produktkategorie

```
Source           DF      SS        MS        F       P
Hersteller        3     9,92     3,306     0,18   0,912
Produktkategorie  4   952,83   238,208    12,73   0,000
Interaction      12   147,17    12,264     0,66   0,782
Error            40   748,67    18,717
Total            59  1858,58

S = 4,326   R-Sq = 59,72%   R-Sq(adj) = 40,58%
```

```
                       Individual 95% CIs For Mean Based on Pooled StDev
Hersteller    Mean    -+---------+---------+---------+--------
1            12,7333   (--------------*--------------)
2            12,8000   (--------------*--------------)
3            12,5333   (--------------*--------------)
4            13,6000         (--------------*--------------)
                      -+---------+---------+---------+--------
                     10,5      12,0      13,5      15,0
```

```
                         Individual 95% CIs For Mean Based on
                         Pooled StDev
Produktkategorie  Mean  ---+---------+---------+---------+------
1                10,9167    (-----*------)
2                 9,2500 (-----*-----)
3                15,3333                 (-----*------)
4                 9,5000  (------*-----)
5                19,5833                            (-----*-----)
                        ---+---------+---------+---------+------
                        8,0       12,0      16,0      20,0
```

Die Einflussgröße Hersteller zeigt mit einem p-Wert von 0.912 keinen statistisch signifikanten Einfluss auf die Durchlaufzeit. Die Konfidenzintervalle für den Mittelwert, die sich alle überschneiden, ließen dies bereits vermuten. Hingegen zeigt die Einflussgröße Produktkategorie mit einem p-Wert von 0.000 einen statistisch signifikanten Einfluss auf die Durchlaufzeit. Dies ist ebenfalls aufgrund der zugehörigen Konfidenzintervalle für den Mittelwert zu erahnen, da diese sich nicht alle überschneiden. Dennoch darf nicht sofort die Einflussgröße Hersteller aus dem Modell genommen werden, die keinen statistisch signifikanten Einfluss hat, da die Wechselwirkung (Interaction) zwischen Hersteller und Produktkategorie noch nicht beachtet wurde. Der p-Wert für die Wechselwirkung dieser beiden Haupteffekte beträgt 0.782, ist also nicht statistisch signifikant.

Hätte die Wechselwirkung einen statistisch signifikanten Einfluss, so müsste diese in das finale varianzanalytische Modell aufgenommen werden. Auch ein an einer statistisch signifikanten Wechselwirkung beteiligter Haupteffekt, der selbst jedoch keinen statistisch signifikanten Einfluss besitzt, müsste in diesem Fall im Modell beibehalten werden.

Im vorliegenden Fall ist die Wechselwirkung jedoch nicht statistisch signifikant. Für eine weitere Analyse muss diese also aus dem Modell genommen werden. Da das eben beschriebene Vorgehen in Minitab über Stat ⇨ ANOVA ⇨ Two-Way jedoch nur für den Fall beider Haupteffekte inklusive Wechselwirkung implementiert ist, muss die weitere Analyse „von Hand" über folgenden Weg ausgeführt werden:

Anwendung in Minitab

Stat ⇨ ANOVA ⇨ Balanced ANOVA

- Wählen Sie die Zielgröße Durchlaufzeit aus.
- Wählen Sie als Modell das um die nicht statistisch signifikante Wechselwirkung reduzierte Modell aus, d. h. geben Sie Hersteller und Produktkategorie als Einflussgrößen an, jedoch keine Wechselwirkung (siehe Abb. 97).

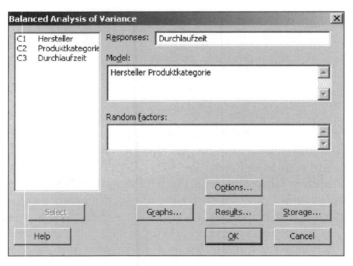

Abb. 97. Minitab-Fenster beim Aufruf einer reduzierten zweifaktoriellen ANOVA

Man erhält folgenden Minitab-Output:

ANOVA: Durchlaufzeit versus Hersteller; Produktkategorie

```
Factor            Type    Levels   Values
Hersteller        fixed        4   1; 2; 3; 4
Produktkategorie  fixed        5   1; 2; 3; 4; 5


Analysis of Variance for Durchlaufzeit

Source             DF        SS        MS       F       P
Hersteller          3      9,92      3,31    0,19   0,901
Produktkategorie    4    952,83    238,21   13,83   0,000
Error              52    895,83     17,23
Total              59   1858,58


S = 4,15061    R-Sq = 51,80%    R-Sq(adj) = 45,31%
```

Zuerst erhält man eine Übersicht über die verschiedenen Faktorstufen der in das Modell aufgenommenen kategorialen Einflussgrößen. Darin ist zu erkennen, dass die Faktorvariable Hersteller in den vier Kategorien 1, 2, 3, und 4 sowie die Faktorvariable Produktkategorie in den fünf Kategorien 1, 2, 3, 4, und 5 vorliegt. Anschließend folgt die eigentliche Varianzanalyse. Auch nach Weglassen der statistisch nicht signifikanten Wechselwirkung zeigt die Variable Hersteller mit einem p-Wert von 0.901 noch keinen statistisch signifikanten Einfluss. Deshalb muss über Stat ⇨ ANOVA ⇨ Balanced ANOVA erneut eine Varianzanalyse durchgeführt werden, in der auch diese Variable noch weggelassen wird. Dabei erhält man folgenden Minitab-Output:

ANOVA: Durchlaufzeit versus Produktkategorie

```
Factor           Type     Levels  Values
Produktkategorie fixed         5  1; 2; 3; 4; 5


Analysis of Variance for Durchlaufzeit

Source             DF        SS        MS       F       P
Produktkategorie    4    952,83    238,21   14,46   0,000
Error              55    905,75     16,47
Total              59   1858,58


S = 4,05810    R-Sq = 51,27%    R-Sq(adj) = 47,72%
```

Mit einem p-Wert von 0.000 ist die Variable Produktkategorie als (einzige) statistisch signifikante Einflussgröße im varianzanalytischen Modell verblieben.

Mit dieser für die Durchlaufzeit als statistisch relevant eingestuften Variable kann nun ein lineares Modell gerechnet werden, um die Größe dieses Zusammenhangs zu bestimmen. Dabei ist zu beachten, dass die kategoriale Einflussgröße, bevor sie in das Regressionsmodell aufgenommen werden kann, dummy- oder effektkodiert werden sollte. Hierbei empfiehlt sich die Effektkodierung, da eine als signifikant herausgefundene Zweifachwechselwirkung zweier effektkodierter Haupteffekte als Produkt dieser beiden Haupteffekte dargestellt werden kann, dieser Zusammenhang für dummykodierte Variablen jedoch nicht gilt. Im vorliegenden Beispiel wird die in fünf Stufen vorliegende statistisch signifikante Faktorvariable Produktkategorie in vier effektkodierte Variablen zerlegt, wobei Produktkategorie 5 (Drucker) als Referenzkategorie gewählt wird.

Anwendung in Minitab

Stat ⇨ Regression ⇨ Regression

- Wählen Sie die Zielgröße Durchlaufzeit aus.
- Wählen Sie die vier effektkodierten Variablen aus, die die (relevante) Einflussgröße Produktkategorie repräsentieren (vgl. Abb. 98).

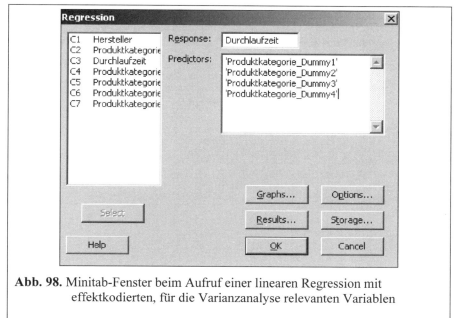

Abb. 98. Minitab-Fenster beim Aufruf einer linearen Regression mit effektkodierten, für die Varianzanalyse relevanten Variablen

Man erhält folgenden Minitab-Output:

Results for: ANOVA_REPARATUR_ZWEIFAKTORIELL.MTW

Regression Analysis: Durchlaufzei versus Produktkateg; Produktkateg; ...

```
The regression equation is
Durchlaufzeit = 19,6 - 8,67 Produktkategorie_Dummy1
              - 10,3 Produktkategorie_Dummy2 - 4,25 Produktkategorie_Dummy3
              - 10,1 Produktkategorie_Dummy4


Predictor                    Coef   SE Coef       T       P
Constant                   19,583     1,171   16,72   0,000
Produktkategorie_Dummy1    -8,667     1,657   -5,23   0,000
Produktkategorie_Dummy2   -10,333     1,657   -6,24   0,000
Produktkategorie_Dummy3    -4,250     1,657   -2,57   0,013
Produktkategorie_Dummy4   -10,083     1,657   -6,09   0,000


S = 4,05810   R-Sq = 51,3%   R-Sq(adj) = 47,7%


Analysis of Variance

Source           DF        SS        MS       F       P
Regression        4    952,83    238,21   14,46   0,000
Residual Error   55    905,75     16,47
Total            59   1858,58
```

R kennzeichnet eine Beobachtung mit einem großen standardisierten Residuum. Solche Beobachtungen sind dahingehend zu beurteilen, ob es sich um Ausreißer oder z. B. Eingabefehler handelt.

Zur Interpretation betrachten Sie bitte Abschnitt 4.2.7.3.

Beachten Sie jedoch, dass auch im Output der Regression eine ANOVA angezeigt wird. In dieser wird ein Overall-Effekt geprüft, also ob irgendwo im ausgewählten Modell ein statistisch signifikanter Einfluss besteht.

Zur Vertiefung kann Übung 18 aus dem Anhang durchgeführt werden.

Mehrfaktorielle (> 2) Varianzanalyse

Eine Varianzanalyse mit mehr als zwei Faktorvariablen folgt den Prinzipien einer zweifaktoriellen Varianzanalyse. Zu beachten ist, dass zusätzlich zu den Zweifach-Wechselwirkungen noch höhere Wechselwirkungen zwischen den Faktorvariablen aufgenommen werden können. Da eine Interpretation solcher Wechselwirkungen jedoch schwierig ist, ist dies nicht unbedingt zu empfehlen.

Die Anwendung in Minitab erfolgt wie bei der nicht-standardmäßigen zweifaktoriellen Varianzanalyse über Stat ⇨ ANOVA ⇨ Balanced ANOVA.

Jeder Haupteffekt und jede Zweifach- sowie jede Mehrfachwechselwirkung müssen von Hand eingegeben werden. Es gibt nicht die Möglichkeit, ein volles Modell mit allen Haupteffekten und allen möglichen Wechselwirkungen auszuwählen.

Bei der Auswahl der für die Varianzanalyse relevanten Daten wird immer nur jeweils ein nichtsignifikanter Haupteffekt oder eine nichtsignifikante Wechselwirkung aus dem Modell genommen. Dann wird das Modell ohne den entnommenen Effekt erneut gerechnet. Erst dann darf der nächste nichtsignifikante Effekt aus dem Modell genommen werden. Dabei geht man in der Reihenfolge so vor, dass immer der Effekt mit dem höchsten p-Wert der p-Werte, die größer sind als das vorgegebene Signifikanzniveau, das in der Regel 5 % beträgt, aus dem Modell zu nehmen ist, also der „am wenigsten signifikante Effekt" aus dem Modell genommen wird. Dabei muss man jedoch beachten, dass bei einer im Modell verbleibenden Wechselwirkung auch der zugehörige Haupteffekt im Modell bleiben muss. So ist zum Beispiel im oben beschriebenen Beispiel der vollfaktoriellen zweifaktoriellen Varianzanalyse der p-Wert des Haupteffekts Hersteller mit $p = 0.912$ größer als der p-Wert der Wechselwirkung Hersteller * Produktkategorie, der $p = 0.782$ ist. Dennoch wird als Erstes nicht der Haupteffekt Hersteller aus dem Modell genommen, sondern die Wechselwirkung Hersteller * Produktkategorie. Erst nachdem diese aus dem Modell entfernt wurde, dürfen auch die beiden zugehörigen Haupteffekte aus dem Modell genommen werden.

Zur Vertiefung können Übung 18 und Übung 19 aus dem Anhang durchgeführt werden.

Des Weiteren ist zu beachten, dass in Minitab nur die Durchführung balancierter Varianzanalysen möglich ist. Das bedeutet, dass jede Faktorkombination genau gleich oft vorkommen muss. So sind im Beispiel für die zweifaktorielle Varianzanalyse alle 4*5 = 20 Faktorkombinationen der beiden Haupteffekte genau dreimal beobachtet worden. Ist hier ein Ungleichgewicht vorhanden, kann Minitab die mehrfaktorielle Varianzanalyse nicht mehr durchführen. Lediglich bei der einfaktoriellen Varianzanalyse muss dieses Gleichgewicht nicht vorhanden sein. Bei dieser dürfen die Stichprobenumfänge der zu vergleichenden Gruppen verschieden groß sein.

5.2.4.3 Orthogonale Arrays nach Taguchi

Um balancierte Versuchspläne zu erhalten, so dass man mit Minitab eine mehrfaktorielle Varianzanalyse durchführen kann, wurden bisher alle möglichen Faktorkombinationen der in das Modell aufgenommenen Haupteffekte mit mindestens zwei Wiederholungen pro Faktorkombination durchgeführt. (Auch dies ist eine Voraussetzung für die Varianzanalyse. Ist für jede Faktorkombination nur ein Lauf durchgeführt worden, kann das Modell aufgrund fehlender Freiheitsgrade nicht berechnet werden.) Sobald man jedoch eine etwas größere Zahl an Variablen als in den Beispielen in den Abschnitten 5.2.4.1 und 5.2.4.2 hat, potenziert sich die Anzahl der nötigen Versuchsdurchläufe rapide. Angenommen, es liegen sieben Faktorvariablen in jeweils zwei Kategorien vor. Damit gäbe es schon 2^7 = 128 verschiedene Faktorkombinationen. Jede dieser Faktorkombinationen (diese bezeichnet man auch als Läufe) müsste mindestens zweimal durchgeführt werden, so dass sich eine Mindestzahl von 128*2 = 256 Versuchen ergäbe. Die Durchführung so vieler Versuche ist in der Realität gewöhnlich aus Kosten- und ähnlichen Gründen nicht möglich. Deshalb wird nach speziellen mehrfaktoriellen Versuchsplänen gesucht, die mit einer niedrigeren Anzahl an Läufen vergleichbare Informationen wie ein Versuchsplan mit allen möglichen Faktorkombinationen über eine Zielgröße geben können.

Fündig wird man bei dieser Suche bei Taguchi, der spezielle mehrfaktorielle Versuchspläne entwickelt hat, die zum robusten Design gehören. Diese Versuchspläne haben folgende Vorteile.
    Taguchi-Pläne erfordern einen minimalen Versuchsaufwand. So werden für sieben zweistufige Faktoren nur acht verschiedene Läufe benötigt.
    Die Spalten eines Taguchi-Plans sind orthogonal. Dies hat zur Folge, dass sich lediglich die Konfidenzintervalle sowie die p-Werte ändern, wenn nichtsignifikante Faktoren in weiteren Läufen weggelassen werden; die Parameterschätzungen der verbleibenden Faktoren bleiben jedoch gleich. Die Strategie von Taguchi hat zwei Ziele – zunächst sollen Einflüsse auf den Mittelwert der Zielgröße (Response) erkannt und danach eine Kombination aus Varianz und Mittelwert (Signal to Noise Ratio) maximiert werden.

Beispiel: Die Darstellung und die Erzeugung eines Taguchi-Plans soll an einem Beispiel aus dem Produktionsbereich erläutert werden, da die Daten des Reparaturdurchlaufzeit-Projektes hierfür nicht geeignet sind. Die Zielgröße Y sei die Größenvariabilität von Ziegeln. Dazu werden sieben mögliche Einflussfaktoren A bis G auf den Ziegelproduktionsprozess untersucht. Jeder dieser Faktoren liegt auf zwei verschieden Stufen bzw. in zwei verschiedenen Kategorien vor. Von diesen zwei Niveaus entspricht eines dem gegenwärtig gebräuchlichen Niveau, das andere ist eines, von dem nach Laborexperimenten angenommen werden kann, es würde zu einer Verbesserung der Qualität führen. Die verschiedenen Faktoren mit ihren jeweiligen gegenwärtigen und alternativen Niveaus sind in der folgenden Tabelle dargestellt:

Faktor	Niveau 1	Niveau 2
A: Anteil des Kalkzusatzes	$A_1 = 5\,\%$ (gegenwärtig)	$A_2 = 1\,\%$
B: Korngröße des Zusatzes	$B_1 =$ grob (gegenwärtig)	$B_2 =$ fein
C: Agalmatolithanteil	$C_1 = 43\,\%$ (gegenwärtig)	$C_2 = 53\,\%$
D: Art des Agalmatolith	$D_1 =$ teuer (gegenwärtig)	$D_2 =$ billig
E: Chargengröße	$E_1 = 1.300$ kg (gegenwärtig)	$E_2 = 1.200$ kg
F: Anteil der Rückstände	$F_1 = 0\,\%$ (gegenwärtig)	$F_2 = 4\,\%$
G: Feldspatanteil	$G_1 = 0\,\%$ (gegenwärtig)	$G_2 = 5\,\%$

Somit hat man sieben zweistufige Faktoren gegeben. Einen dazu passenden Taguchi-Plan erzeugen wir mithilfe von Minitab.

Anwendung in Minitab

Stat ⇨ DOE ⇨ Taguchi ⇨ Create Taguchi Design

- Wählen Sie unter „Type of Design" ein 2-Level-Design aus.
- Geben Sie die Anzahl der Faktoren mit 7 an.
- Wählen Sie unter „Designs" das L_8 (2^7)-Design aus. Dies bedeutet, dass in diesem Fall bis zu sieben zweistufige Faktoren in nur acht verschiedenen Faktorkombinationen geprüft werden können (vgl. Abb. 99).

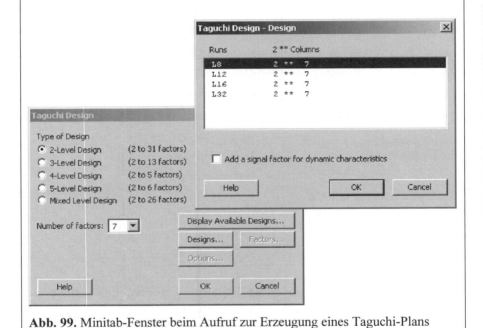

Abb. 99. Minitab-Fenster beim Aufruf zur Erzeugung eines Taguchi-Plans

Als Ergebnis dieses Minitab-Aufrufs erscheint die Matrix aus folgender Tabelle im Minitab-Datenblatt. Diese Matrix wird Designmatrix genannt.

Lauf	A	B	C	D	E	F	G
1	1	1	1	1	1	1	1
2	1	1	1	2	2	2	2
3	1	2	2	1	1	2	2
4	1	2	2	2	2	1	1
5	2	1	2	1	2	1	2
6	2	1	2	2	1	2	1
7	2	2	1	1	2	2	1
8	2	2	1	2	1	1	2

Damit ist die Anordnung der Stufen und Faktorkombinationen für die Versuchsdurchführung gegeben. Als Zielgröße werden für eben genau diese gegebenen Faktorkombinationen je dreimal die Anzahl der defekten Ziegel je 100 Stück als Zielgröße gemessen. Das Ergebnis dieser Messungen ist in der unten stehenden Tabelle zu sehen.

Lauf	1	2	3	4	5	6	7	8
Anzahl defekter Ziegel	16	17	12	6	6	68	42	26
	15	19	10	6	4	70	38	27
	17	16	14	5	6	62	43	29

Diese Messergebnisee sind nun als Variablen C8, C9 und C10 in das Minitab-Datenblatt für die zugehörige Faktorkombination einzutragen.

Intuitiv würde man nun sagen, dass Faktorkombination 6 am meisten Ausschuss hat und damit die schlechteste Einstellung der Faktorvariablen ist. Es ist aber möglich, dass eine noch schlechtere Faktorkombination existiert, die hier nur nicht durchgeführt wurde. Diese schlechteste bzw. als Komplement dazu die beste Faktorkombination herauszufinden, soll nun mit Methoden, die Taguchi für die Analyse seiner Versuchspläne benutzt hat, herausgefunden werden.

Dabei handelt es sich zum einen um die Mittelwertmethode. Hier werden die Differenzen der Mittelwerte der nach den Faktorstufen (von je einer Einflussgröße) aufgeteilten Zielgröße betrachtet. Dann schließt man, dass jene Variable den größten Einfluss hat, deren Differenz der Mittelwerte für die verschiedenen Stufen dieser Variable den größten Wert hat.

Anwendung in Minitab

Stat ⇨ DOE ⇨ Taguchi ⇨ Analyze Taguchi Design

- Wählen Sie die Spalten C8, C9 und C10 als Zielgrößen.
- Wählen Sie unter „Analysis" „Display Tables for Means" sowie „Fit Linear Model for Means".
- Wählen Sie unter „Graphs" „Generate Plots of Main Effects and Interactions in the Model for Means" sowie „Display Each Interaction on a Separate Graph" (vgl. Abb. 100).

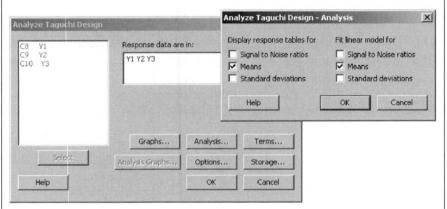

Abb. 100. Minitab-Fenster beim Aufruf zur Analyse eines Taguchi-Plans

Man erhält folgenden Minitab-Output:

Linear Model Analysis: Means versus A; B; C; D; E; F; G

```
Estimated Model Coefficients for Means

Term           Coef
Constant    23,9167
A 1        -11,1667
B 1          2,4167
C 1          1,5000
D 1         -5,3333
E 1          6,5833
F 1        -10,3333
G 1          8,4167

S = *

Analysis of Variance for Means

Source           DF    Seq SS     Adj SS    Adj MS    F    P
A                 1    997,56    997,556   997,556    *    *
B                 1     46,72     46,722    46,722    *    *
C                 1     18,00     18,000    18,000    *    *
D                 1    227,56    227,556   227,556    *    *
E                 1    346,72    346,722   346,722    *    *
F                 1    854,22    854,222   854,222    *    *
G                 1    566,72    566,722   566,722    *    *
Residual Error    0         *          *         *
Total             7   3057,50

Response Table for Means

Level      A       B       C       D       E       F       G
1      12,75   26,33   25,42   18,58   30,50   13,58   32,33
2      35,08   21,50   22,42   29,25   17,33   34,25   15,50
Delta  22,33    4,83    3,00   10,67   13,17   20,67   16,83
Rank       1       6       7       5       4       2       3
```

Weiterhin wird die zum letzten Teil des Minitab-Outputs gehörige Grafik ausgegeben (siehe Abb. 101).

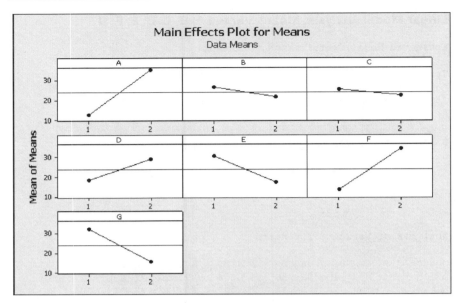

Abb. 101. Minitab-Fenster bei der Analyse eines Taguchi-Designs

Für die Varianzanalyse können keine F-Werte und damit auch keine p-Werte berechnet werden, obwohl jeder Lauf dreimal wiederholt wurde. Dies liegt daran, dass bei der Mittelwertmethode nach Taguchi nicht mehr die einzelnen Ergebnisse pro Lauf separat betrachtet werden, sondern nur der Mittelwert dieser Läufe beachtet wird. Wir haben in unserem Beispiel $n = 8$ verschiedene Läufe mit $n - 1 = 7$ Freiheitsgraden und 7 Faktoren. Jeder dieser sieben zweistufigen Faktoren hat einen Freiheitsgrad, so dass kein Freiheitsgrad mehr für den Parameter σ (Standardabweichung des Fehlers) übrig bleibt. Damit können jedoch die F-Statistiken und die zugehörigen p-Werte nicht berechnet werden. Deshalb soll nun versucht werden, die Einflussgröße herauszufinden, die den geringsten Einfluss auf die Zielgröße hat.

Aus der obigen Tabelle sowie aus Abb. 101 entnimmt man die Wichtigkeit der Faktoren gemäß ihrer Ränge bezüglich der Differenz Delta: $A > F > G > E > D > B > C$. Dies bedeutet, dass der Unterschied Delta der Mittelwerte für die beiden Stufen von Faktor C am geringsten ist. Also lässt man Faktor C im nächsten Schritt der Analyse weg. Damit hat man einen Freiheitsgrad für die Schätzung von σ.

Anwendung in Minitab

Stat ⇨ DOE ⇨ Taguchi ⇨ Define Custom Taguchi Design
- Wählen Sie A, B, D, E, F und G als Faktoren (vgl. Abb. 102).

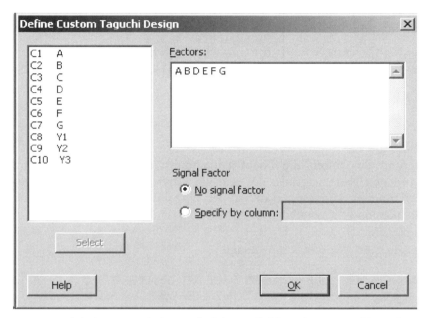

Abb. 102. Minitab-Fenster beim Aufruf der Definition eines Taguchi-Designs

Wählen Sie dann erneut Stat ⇨ DOE ⇨ Taguchi ⇨ Analyze Taguchi Design mit denselben Optionen wie in Abb. 100.

Man erhält den unten stehenden Minitab-Output: Wie die Tabelle zeigt, bleiben die Parameterschätzungen selbst unverändert auf den gleichen Werten wie im ersten Modell, in dem Faktor C noch enthalten war.

Taguchi Analysis: Y1; Y2; Y3 versus A; B; D; E; F; G

Linear Model Analysis: Means versus A; B; D; E; F; G

```
Estimated Model Coefficients for Means

Term          Coef    SE Coef        T        P
Constant    23,917     1,500    15,944    0,040
A 1        -11,167     1,500    -7,444    0,085
B 1          2,417     1,500     1,611    0,354
D 1         -5,333     1,500    -3,556    0,175
E 1          6,583     1,500     4,389    0,143
F 1        -10,333     1,500    -6,889    0,092
G 1          8,417     1,500     5,611    0,112


S = 4,243    R-Sq = 99,4%    R-Sq(adj) = 95,9%
```

Aufgrund des durch die Nicht-Aufnahme von C in das Modell frei gewordenen Freiheitsgrads, der nun als Freiheitsgrad für den Residuenfehler fungiert, können nun die zu den einzelnen Faktoren gehörenden F-Statistiken und die zugehörigen p-Werte berechnet werden.

```
Analysis of Variance for Means

Source           DF    Seq SS    Adj SS    Adj MS        F        P
A                 1    997,56    997,56    997,56    55,42    0,085
B                 1     46,72     46,72     46,72     2,60    0,354
D                 1    227,56    227,56    227,56    12,64    0,175
E                 1    346,72    346,72    346,72    19,26    0,143
F                 1    854,22    854,22    854,22    47,46    0,092
G                 1    566,72    566,72    566,72    31,48    0,112
Residual Error    1     18,00     18,00     18,00
Total             7   3057,50
```

Die Taguchi-Strategie besteht jetzt jedoch nicht in einer optimalen Modellwahl, sondern bezieht alle 7 Faktoren in die Produktionsoptimierung mit ein. Die in der obigen Varianzanalyse berechneten p-Werte dienen dabei lediglich als Zusatzinformation. Aus den zweistufigen Einstellungen jedes Faktors wird die defekt-minimierende ausgesucht. Dies ist die Einstellung A1, B2, C2, D1, E2, F1 und G2 gemäß folgender Tabelle der Mittelwerte bzw. gemäß den Grafiken in Abb. 101.

Die Mittelwerte der gemessenen Faktoren liegen bei dieser Einstellung jeweils niedriger als bei der anderen möglichen Einstellung dieser Faktoren. Diese gefundene Einstellung ist eine Faktorkombination, die im Versuchsplan selbst nicht vorkam, aber dennoch mit den Analysemethoden nach Taguchi als beste Faktorkombination identifiziert werden konnte.

```
Response Table for Means

Level      A      B      D      E      F      G
1       12,75  26,33  18,58  30,50  13,58  32,33
2       35,08  21,50  29,25  17,33  34,25  15,50
```

Signal to Noise Ratios (SNR)

Bisher wurde nur die Mittelwertmethode nach Taguchi benutzt. Taguchi hatte jedoch noch eine weitere Idee, um optimale Einstellungen zu finden: Die Signal to Noise Ratio. Der Hintergrund dazu ist, dass Qualität laut Taguchi die Abweichung von einem Zielwert ist. Damit ist die Qualität eines Produkts also der totale Verlust, den ein Produkt verursacht. Wenn die Qualität eines Produkts durch die Variable Y gemessen wird, dann unterscheidet man verschiedene Situationen, in denen unterschiedlich vorgegangen wird.

Fall 1: Ein erreichbarer Sollwert existiert.

Zunächst betrachten wir die Situation, dass es einen festen Sollwert T gibt, den die Variable Y nach Möglichkeit erreichen sollte. Die Abweichung der Realisation y der Variable Y von dem Sollwert T führt zu einem Verlust. Damit stellt sich die Frage, wie groß der Verlust ist, den ein Produkt der Qualität y liefert, wenn das ideale Produkt die Qualität T haben sollte.
Ein Produkt wird bei verschiedenen äußeren Einflüssen unterschiedliche Werte y annehmen. Der durchschnittliche Verlust durch diese Qualität ist dann der Mittelwert über die Verluste, gemittelt über die y, die bei den verschiedenen äußeren Einflüssen auftreten können.
Taguchi schlägt vor, den erwarteten Verlust zu minimieren, indem man zuerst die Varianz minimiert und dann den Mittelwert $E(Y)$ möglichst nahe an T heranschiebt. Im Allgemeinen kann allerdings der Mittelwert nicht verändert werden, ohne die Varianz zu verändern. Damit ist dieses Programm nicht durchführbar.
Taguchi trifft deshalb die häufig realistische Annahme, dass der Mittelwert verändert werden kann, ohne den Variationskoeffizienten zu verändern.

Der Variationskoeffizient ist der Quotient aus $\sqrt{Var(Y)}$ und $E(Y)$. Anstelle dieses Variationskoeffizienten betrachtet Taguchi die Signal to Noise Ratio

$$SNR_T = +10\log\left(\frac{[E(Y)]^2}{Var(Y)}\right).$$

Diese Signal to Noise Ratio wird durch

$$SNR_{T,i} = +10\log\left(\frac{\overline{y}^2}{s^2}\right)$$

geschätzt. Falls es möglich ist, Faktoren zu finden, die den Mittelwert beeinflussen, ohne die SNR$_T$ zu verändern, so kann man den erwarteten Verlust minimieren, indem man zuerst die SNR$_T$ maximiert und dann den Mittelwert auf T verschiebt.

Fall 2: Je kleiner y ist, desto besser ist es (lower is better).

Für diese Situation schlägt Taguchi die Signal to Noise Ratio

$$SNR_{LB} = -10\log(E(Y^2))$$

vor. Diese Signal to Noise Ratio wird durch

$$SNR_{LB,i} = -10\log\left(\frac{1}{n}\sum_{j=1}^{n}y_{ij}^2\right)$$

geschätzt. Wie schon in der Situation, in der ein ideales T existiert, geht Taguchi wieder in zwei Schritten vor. Zuerst werden Faktoren bestimmt, welche die Signal to Noise Ratio beeinflussen. Danach sucht man nach Faktoren, welche die Signal to Noise Ratio konstant lassen, aber einen Einfluss auf den Mittelwert haben. Dann wird die Signal to Noise Ratio mithilfe der ersten Gruppe maximiert. Anschließend wird der Mittelwert mit den Faktoren der zweiten Gruppe minimiert.

Fall 3: Je größer y ist, desto besser ist es (higher is better).

Für diese Situation schlägt Taguchi die Signal to Noise Ratio

$$SNR_{HB} = -10\log\left(E\left(\frac{1}{Y^2}\right)\right)$$

vor. Dieser Signal to Noise Ratio wird durch

$$SNR_{LB,i} = -10\log\left(\frac{1}{n}\sum_{j=1}^{n}\frac{1}{y_{ij}^2}\right)$$

geschätzt. Hier wird analog zur Situation 2 vorgegangen. Zunächst sollen Faktoren gesucht werden, welche die Signal to Noise Ratio maximieren. Anschließend sollen Faktoren gesucht werden, die den Mittelwert beeinflussen, ohne die Signal to Noise Ratio zu verändern. Mit diesen stellt man dann den Mittelwert möglichst groß ein.

Die Verwendung der Signal to Noise Ratios erfordert also mindestens zwei Durchläufe pro Faktorkombination, da die Signal to Noise Ratio für jede Faktorkombination berechnet wird und eine Varianz eben mindestens zwei Beobachtungen voraussetzt. Wenn man schließlich die Signal to Noise Ratios für die einzelnen Faktorstufen berechnet hat, muss man nur noch die Faktorkombination wählen, welche die größten Signal to Noise Ratio hat. Alle drei Typen für die Signal to Noise Ratio sind so konstruiert, dass man zum Auffinden der idealen Faktorkombination das Maximum der berechneten Signal to Noise Ratios finden muss.

Beispiel: Am Beispiel eines Maschinenbauexperiments soll nun das Vorgehen bei einer Analyse mit der Signal to Noise Ratio erläutert werden. Wir betrachten den Datensatz „maschinenbau.mtw". Ziel ist es, die ideale Kombination der verschiedenen Anlageeinstellgrößen im Hinblick auf die Maximierung der Zielgröße – die maximale Spannung – zu bestimmen und ihre Empfindlichkeit gegen Sollwertabweichungen der Anlageneinstellparameter zu minimieren. Die Zielgröße Y ist also die Spannung an der Oberfläche. Sie soll maximiert werden. Damit liegt die Situation 3 mit der SNR_{HB} vor. Als Einflussvariablen werden die Faktoren aus der unten stehenden Tabelle gewählt. Alle Einflussfaktoren sind jeweils zweistufig einstellbar. Die Stufen der Faktoren werden im Folgenden mit +1 und -1 bezeichnet.

Faktor	Kodierung	+1	-1
A	Härte	Standard	niedriger
B	Einsatztiefe	Standard	niedriger
C	Drehzahl [U/min]	Standard	niedriger
D	Position/Lage des Einsatzmaterials	oben	unten
E	Geschwindigkeit Band 1	Standard	niedriger
F	Geschwindigkeit Band 1	Standard	niedriger

Aus praktischen Gründen ist es nicht möglich, die Faktoren A und B unabhängig voneinander einzustellen, so dass diese beiden Faktoren im Versuchsaufbau zu einem Faktor AB zusammengefasst werden. Die beiden dann noch möglichen Einstellungskombinationen werden analog zu den anderen Faktoren mit +1 und -1 bezeichnet. Damit ergibt sich als Versuchsmodell:

$$Y_i = \beta_0 + \beta_1(AB) + \beta_2 C + \beta_3 D + \beta_4 E + \beta_5 F + \varepsilon, \quad i = 1,\ldots,8$$

mit sechs zu schätzenden Parametern $\beta_0, \beta_1, \beta_2, \beta_3, \beta_4$ und β_5.

Eine orthogonale Versuchsanordnung zur Analyse dieses Modells ergibt sich nun durch Einsetzen der jeweiligen Faktoren in die Spalten der für dieses Problem kleinstmöglichen Orthogonaltafel nach Taguchi. In diesem Fall handelt es sich dabei erneut um eine L_8 (2^7)-Tafel. Durch die obige Versuchsbeschreibung werden nur 5 der 7 Spalten der L_8 (2^7)-Tafel belegt, so dass sich die Möglichkeit bietet, die beiden freibleibenden Spalten mit einem Versuchsfehler e zu belegen. Diese Größe e bleibt allerdings bei der Versuchsdurchführung unberücksichtigt und stellt eine reine Rechengröße dar. Für jede Faktorkombination werden drei Messungen durchgeführt. Die Ergebnisse dieser Messungen sind im Datensatz „Maschinenbau.mtw" in den Spalten Y1, Y2 und Y3 zu finden. Anhand dieser Ergebnisse soll die optimale Einstellung der Faktoren nach der SNR-Methode gefunden werden. Zum Vergleich wird auch die Mittelwertmethode noch einmal betrachtet.

Lösungen verfeinern und testen 247

Anwendung in Minitab

Stat ⇨ DOE ⇨ Taguchi ⇨ Define Custom Taguchi Design
- Wählen Sie AB, C, D, E und F als Faktoren. Damit sind zwei Spalten mit ihren Freiheitsgraden frei für die Schätzung der Restvarianz.

Stat ⇨ DOE ⇨ Taguchi ⇨ Analyze Custom Taguchi Design
- Wählen Sie Y1, Y2 und Y3 als Zielgrößen.
- Wählen Sie unter „Analysis" „Display Tables for Signal to Noise Ratios" und „Means" sowie „Fit Linear Model for Signal to Noise Ratios" und „Means".
- Wählen Sie unter „Options","Signal to Noise Ratio: larger is better".
- Wählen Sie unter „Graphs" „Generate Plots of Main Effects and Interactions in the Model for Signal to Noise Ratios" und „Means" sowie „Display Each Interaction on a Separate Graph" (vgl. Abb. 103).

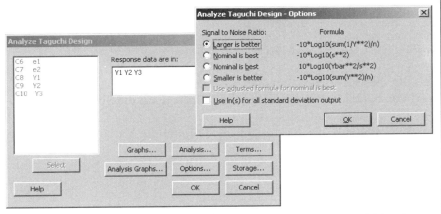

Abb. 103. Minitab-Fenster beim Aufruf der Definition eines Taguchi-Designs

Man erhält folgenden Minitab-Output. Zuerst erhält man das Regressionsmodell und die Varianzanalyse für die SNR.

Results for: MASCHINENBAU.MTW

Taguchi Analysis: Y1; Y2; Y3 versus AB; C; D; E; F

Linear Model Analysis: SN ratios versus AB; C; D; E; F

```
Estimated Model Coefficients for SN ratios

Term         Coef    SE Coef        T        P
Constant  55,7647   0,05865  950,736    0,000
AB  1     -0,1897   0,05865   -3,234    0,084
C   1      0,1183   0,05865    2,018    0,181
D   1     -0,0747   0,05865   -1,273    0,331
E   1     -0,1504   0,05865   -2,564    0,124
F   1     -0,3453   0,05865   -5,887    0,028


S = 0,1659   R-Sq = 96,6%   R-Sq(adj) = 88,2%


Analysis of Variance for SN ratios

Source          DF    Seq SS    Adj SS    Adj MS       F       P
AB               1   0,28787   0,28787   0,28787   10,46   0,084
C                1   0,11203   0,11203   0,11203    4,07   0,181
D                1   0,04458   0,04458   0,04458    1,62   0,331
E                1   0,18092   0,18092   0,18092    6,57   0,124
F                1   0,95375   0,95375   0,95375   34,65   0,028
Residual Error   2   0,05505   0,05505   0,02752
Total            7   1,63420
```

Mithilfe dieser Tabelle kann man erkennen, dass der Faktor F mit einem p-Wert von 0.028 den statistisch größten Einfluss auf die SNR hat.

Anschließend sind das Regressionsmodell und die Varianzanalyse für den Mittelwert zu sehen.

Linear Model Analysis: Means versus AB; C; D; E; F

```
Estimated Model Coefficients for Means

Term          Coef    SE Coef         T        P
Constant   615,000      4,103   149,881    0,000
AB 1       -13,083      4,103    -3,189    0,086
C 1          8,417      4,103     2,051    0,177
D 1         -5,333      4,103    -1,300    0,323
E 1        -10,167      4,103    -2,478    0,132
F 1        -24,083      4,103    -5,869    0,028

S = 11,61    R-Sq = 96,6%   R-Sq(adj) = 88,1%


Analysis of Variance for Means

Source          DF   Seq SS   Adj SS   Adj MS       F       P
AB               1   1369,4   1369,4   1369,4   10,17   0,086
C                1    566,7    566,7    566,7    4,21   0,177
D                1    227,6    227,6    227,6    1,69   0,323
E                1    826,9    826,9    826,9    6,14   0,132
F                1   4640,1   4640,1   4640,1   34,45   0,028
Residual Error   2    269,4    269,4    134,7
Total            7   7900,0
```

Die p-Werte aus der Varianzanalyse mit den Mittelwerten stimmen nicht exakt mit denen der Varianzanalyse bei der SNR-Analyse überein, da es sich um eine andere Streuungszerlegung handelt. Faktor F hat aber auch hier den größten statistischen Effekt (kleinster p-Wert mit 0.028).

Zur Bestimmung der optimalen Einstellung der fünf Faktoren betrachten wir folgende Tabellen.

Soll die optimale Einstellung bezüglich der SNR gefunden werden, so ist die erste Tabelle zu betrachten, deren Ergebnisse auch in Abb. 104 zu sehen sind.

```
Response Table for Signal to Noise Ratios
Larger is better

Level       AB       C       D       E       F
1        55,57   55,88   55,69   55,61   55,42
2        55,95   55,65   55,84   55,92   56,11
Delta     0,38    0,24    0,15    0,30    0,69
Rank         2       4       5       3       1
```

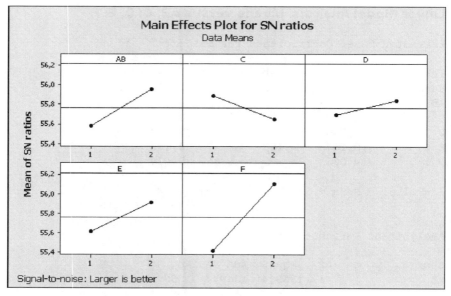

Abb. 104. Minitab-Fenster bei der Analyse eines Taguchi-Designs (für die SNR)

Mit einer größten Differenz der SNR_{HB} für die einzelnen Faktorstufen von 0.69 hat erneut die Variable F den größten Effekt. Da bei der SNR_{HB} ebenso wie bei den anderen SNR maximiert werden muss, wählt man anschließend für jeden Faktor jene Stufe, für die man eine höhere SNR erhalten hat. Damit ermittelt man die optimale Faktorkombination.

Da die SNR_{HB} verwendet wird, lautet die optimale Faktorkombination:

$$AB2\ C1\ D2\ E2\ F2$$

Soll hingegen die optimale Einstellung hinsichtlich des Mittelwerts gefunden werden, so ist analog die folgende Tabelle zu betrachten, deren Ergebnisse auch in Abbildung Abb. 105 zu erkennen sind.

```
Response Table for Means

Level     AB       C       D       E       F
1       601,9   623,4   609,7   604,8   590,9
2       628,1   606,6   620,3   625,2   639,1
Delta    26,2    16,8    10,7    20,3    48,2
Rank        2       4       5       3       1
```

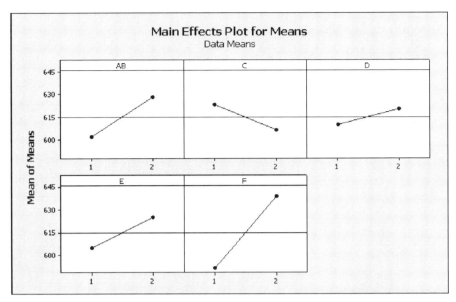

Abb. 105. Minitab-Fenster bei der Analyse eines Taguchi-Designs (für Mittelwerte)

Mit einer größten Differenz der Mittelwerte für die einzelnen Faktorstufen von 48.2 ist auch hier erneut die Variable F als die Variable mit dem größten Effekt zu erkennen. Da es sich um den Fall „higher ist better" handelt, wählt man anschließend für jeden Faktor jene Stufe, für die man einen höheren Mittelwert erhalten hat. Damit erhält man folgende optimale Faktorkombination AB2 C1 D2 E2 F2, welche in diesem Fall identisch mit dem Ergebnis der SNR-Analyse ist.

Für die oben sowohl für die SNR als auch für den Mittelwert als optimal bestimmte Faktorkombination AB2 C1 D2 E2 F2 (die im Datensatz so nicht vorkommt) berechnen wir die Prognose der SNR und des Mittelwerts für diese Kombination.

Anwendung in Minitab

Stat ⇨ DOE ⇨ Taguchi ⇨ Predict Taguchi Results

- Wählen Sie unter „Predict" „Signal to Noise Ratio".
- Wählen Sie unter „Levels" „Select Levels from a List" und fügen Sie die oben angegebenen Faktorstufen ein (vgl. Abb. 106).

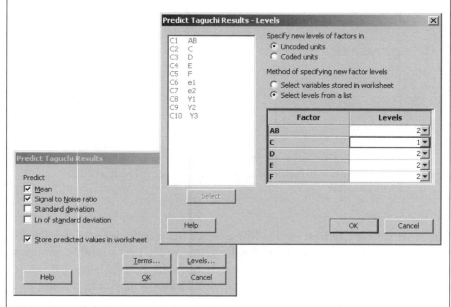

Abb. 106. Minitab-Fenster beim Aufruf der Vorhersage eines Taguchi-Ergebnisses

Man erhält folgenden Minitab Output.

Taguchi Analysis: Y1; Y2; Y3 versus AB; C; D; E; F

Predicted values

```
S/N Ratio    Mean
  56,6430  676,083


Factor levels for predictions

AB  C  D  E  F
 2  1  2  2  2
```

Der Effekt dieser Optimierung soll dargestellt werden. Das bedeutet, dass für die als optimal bestimme Faktorkombination eine SNR von 56.6430 und ein Mittelwert von 676.083 erreicht worden wäre.

Anwendung in Minitab

Stat ⇨ DOE ⇨ Taguchi ⇨ Analyze Taguchi Design

- Wählen Sie unter „Storage" „Signal to Noise Ratios" und „Means" (vgl. Abb. 107).

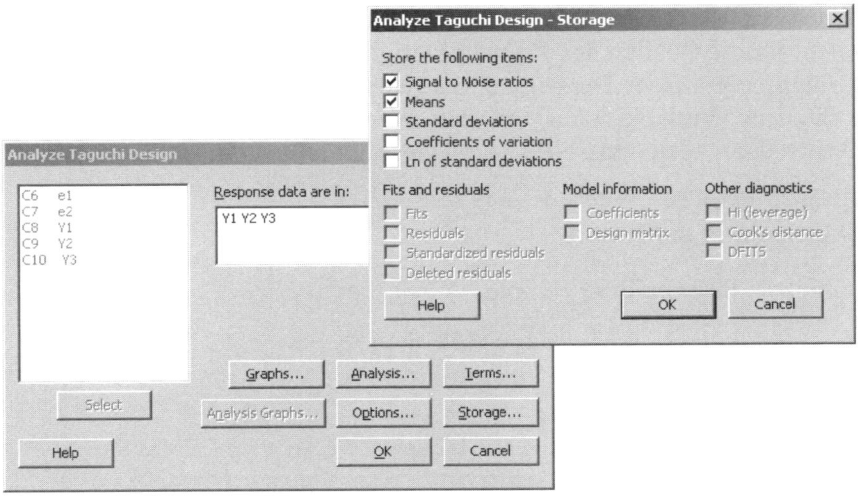

Abb. 107. Minitab-Fenster beim Auruf der Analyse eines Taguchi-Designs

---

Um diese Werte der optimalen Einstellung mit denen der schon vorhandenen Faktorkombinationen vergleichen zu können, lassen wir uns die zu den jeweiligen Läufen gehörigen SNRs und Mittelwerte im Minitab-Datenblatt ausgeben.

Im Datenfeld erscheinen die Spalten SNRA1 und MEAN1, in denen die zu den Läufen gehörigen SNRs und Mittelwerte gespeichert sind.

Wir erhalten mit 56.2263 für Faktorkombination 5 das im Versuch erreichte Maximum der SNR. Der Wert für die optimale Einstellung der SNR, die wir aufgrund der Orthogonalität des Taguchi-Designs aus den jeweils günstigsten Einstellungen der Faktoren ablesen können, liegt bei 56.6430.

Damit liegt die größte realisierte SNR noch nah an der optimalen Einstellung der Faktoren – was ein Zeichen dafür ist, dass der dem vollfaktoriellen Versuchsplan gegenüber drastisch reduzierte Taguchi-Plan verlässliche Erebnisse liefert.

Außerdem erhalten wir mit 647,667 für Faktorkombination 5 das im Versuch erreichte Maximum des Mittelwertes. Der Wert für die optimale Einstellung des Mittelwertes (die ebenfalls aufgrund der Orthogonalität des Taguchi-Designs aus den jeweils günstigsten Einstellungen der Faktoren abgelesen werden können) liegt bei 676,083.

Damit liegt der größte realisierte Mittelwert ebenfalls relativ nah am Mittelwert der optimalen Einstellung der Faktoren. Auch dies spricht erneut für die Qualität des Taguchi-Designs.

Für eine grafische Darstellung der realisierten SNRs fügen wir nun eine zusätzliche Variable Lauf mit den Werten 1 bis 8 ein. Anschließend werden die realisierten SNRs gegen diese Variable grafisch dargestellt.

Anwendung in Minitab

Graph ⇨ Scatterplot ⇨ Simple.

- Wählen Sie SNRA1 als Y-Variable.
- Wählen Sie Lauf als X-Variable.
  (vgl. Abb. 108)

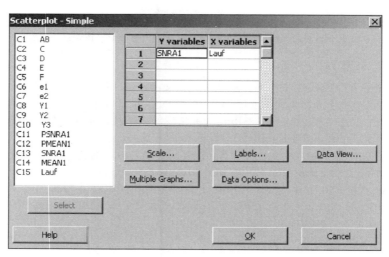

Abb. 108. Minitab-Fenster beim Aufruf der Analyse eines Taguchi-Designs

Damit erhält man das in Abb. 109 gezeigte Streudiagramm.

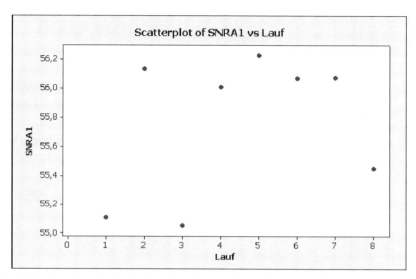

Abb. 109. Signal to Noise Ratios für die jeweiligen Faktorkombinationen

In dieser Abbildung ist ohne direkte Betrachtung der realisierten Werte für die SNR zu sehen, dass die größte SNR für Faktorkombination 5 erreicht wird. Ein analoges Vorgehen für den Mittelwert ist ebenfalls möglich.

Zur Vertiefung kann Übung 20 aus dem Anhang durchgeführt werden.

5.2.5 Pilot

Der letzte Schritt vor der eigentlichen Implementierung der Lösung ist der Pilot (Pilottest). Hierbei wird die vorgeschlagene Lösung oder ein Teil davon in kleinem Rahmen ausprobiert, wodurch Rückschlüsse auf die später umzusetzende gesamte Lösung gezogen werden könne. Beispielsweise werden Pilottests in der Softwareentwicklung mit kleinen Nutzergruppen durchgeführt, um Erkenntnisse zu gewinnen und vor der Gesamtimplementierung noch Fehler zu eliminieren. Bei den vorhergehenden Testreihen stand die inhaltliche Untersuchung und Erprobung der Lösung im Vordergrund. Der Pilottest hingegen dient dazu, Erfahrungen für die Implementierung der ausgewählten Lösung zu sammeln und hilft dabei, die Lösung durch Feedback der Anwender zu verbessern. Beim Piloten werden alle wesentlichen Faktoren zusammengetragen, die in Betracht kommen. Er bietet sich vor allem bei Verbesserungsprojekten an, die sehr umfangreich sind bzw. weitreichende Konsequenzen haben. Auch wenn die Implementierung der Gesamtlösung besonders kostenintensiv ist oder nicht mehr rückgängig gemacht werden kann, ist der Pilottest empfehlenswert.

Vorteile eines Piloten

- Das Fehlerrisiko bei der Umsetzung der Lösung verringert sich, da mögliche Fehler im Piloten rechtzeitig erkannt und vor der Implementierung des neuen Prozesses behoben werden können.
- Der Pilot liefert eine erste Bestätigung „im wahren Leben" des erwarteten Ergebnisses und weitere Feedbackmöglichkeiten für das Projektteam.
- Er bereitet den Weg für eine spätere reibungslose Umsetzung, indem die Lauffähigkeit der neuen Lösung bewiesen wird. Dies führt außerdem zur Akzeptanz bei den Betroffenen.

Praxistipp zum Pilottest

- Stellen Sie die Unterstützung durch das Management sicher, z. B. bei der Auswahl der Lenkungsausschussmitglieder. Sein Engagement fördert die Akzeptanz der neuen Lösung.
- Bestimmen Sie einen Lenkungsausschuss und einen Projektleiter, der als Bindeglied zum Management fungiert. Stellen Sie Ressourcen bereit, beziehen Sie Mitarbeiter aus dem Umfeld des Piloten ein und führen Sie regelmäßige Reviews durch.
- Planen Sie den Piloten sorgfältig, indem Sie Verbesserungsziele definieren und Datenerhebungspläne erstellen sowie bestehende Vorgehensweisen überprüfen. Erstellen Sie einen Zeitplan für die Erreichung des Ziels.
- Erstellen Sie einen umfassenden Kommunikationsplan und sorgen Sie für dessen Genehmigung durch das Management. Präsentieren Sie die Kosten-Nutzen-Kalkulation (zu diesem Zeitpunkt umfasst diese nur die Bruttoberechnung, die bereits in der ANALYZE-Phase durchgeführt wurde).
- Führen Sie Briefings durch und gewähren Sie dem Management und dem Projektteam Zugang zu allen notwendigen Materialien.
- Schulen und informieren Sie die Mitarbeiter sorgfältig und erklären Sie ihnen ihre Aufgaben. Überprüfen Sie ihr Verständnis und gehen Sie auf ihre Befürchtungen ein. Überprüfen Sie den Pilotplan auf

eventuell notwendige Änderungen.
- Überwachen Sie die Implementierung des Pilottests und zeichnen Sie Beobachtungen auf. Stellen Sie sicher, dass alle Beteiligten über die Ergebnisse informiert werden.
- Führen Sie abschließend Nachbesprechungen bzw. die erforderlichen Änderungen durch. Halten Sie alle Ergebnisse, Probleme und Erkenntnisse schriftlich fest. Dokumentieren Sie den Nutzen und führen Sie eine formelle Abschlusspräsentation durch.

Während des Piloten müssen erneut Daten gesammelt werden. Die mögliche Lösung muss durch den Piloten bestätigt werden, damit die Prozessvariation effektiv verringert werden kann. Das bedeutet: Die neue Prozessleistungsfähigkeit (Sigma-Wert) sollte berechnet und sowohl mit dem angestrebten als auch dem ursprünglichen Wert verglichen werden. Die Ergebnisse müssen statistisch überprüft werden, um herauszufinden, ob ein signifikanter Unterschied zwischen dem ursprünglichen und dem neuen Prozess besteht. Hierzu sind grafische Darstellungen (siehe Abb. 110) und Hypothesentests hilfreich.

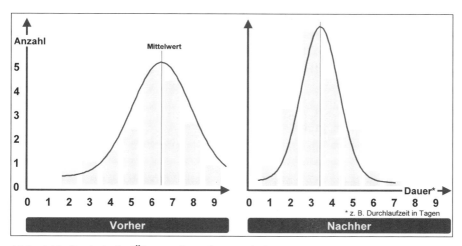

Abb. 110. Statistische Überprüfung der Ergebnisse des Pilot

Des Weiteren sollte überprüft werden, ob die Prozessverbesserung hinsichtlich der Erfüllung der CTQs wirklich erfolgreich war und ob sie zu weiteren zusätzlichen positiven Effekten führte. Auch der Pilot selbst sollte hinsichtlich Termineinhaltung, Befolgung der Anweisungen usw. beurteilt werden. Während des Piloten sollte das Projektteam so häufig wie möglich anwesend sein und den Ablauf verfolgen, um wertvolle Erkenntnisse zu gewinnen. Alle Daten über externe Faktoren und den Prozess selbst sollten gesammelt werden. Ferner ist es besonders wichtig, die Unterschiede zwischen der Pilotumgebung und dem später zu verbessernden tatsächlichen Prozess zu berücksichtigen. Größeneffekte können hier zu Verzerrungen führen.

5.3 Lösungen bewerten und rechtfertigen

Im Gegensatz zur Quantifizierung der Verbesserungsmöglichkeiten, die in der ANALYZE-Phase ermittelt wurde (siehe Abschnitt 4.3), ist die Kosten-Nutzen-Analyse in der Phase IMPROVE konkreter: Sie betrachtet den tatsächlichen Teil des Prozesses, der verbessert werden soll und bezieht sich auf die messbare Lösung, die in der IMPROVE-Phase erarbeitet und getestet wurde. Sie stellt die finanzielle Lebensfähigkeit der ausgewählten Lösung dar und berücksichtigt auch die Kosten der Implementierung selbst (sie liefert also den Nettowert = Net Benefit).

Zum Nutzen oder Ertrag zählen zum Beispiel Qualitätsverbesserung, Kostenreduzierung, nachweisbare Kostenvermeidung oder Umsatzsteigerung. Auf der Kostenseite schlagen sämtliche Projekt- und Lösungskosten wie Ausrüstung und Werkstoffe, Training, die Arbeitszeit des Verbesserungsteams sowie Reisekosten und Spesen zu Buche. Bei der Berechnung der Kosten werden auch alle Aufwendungen für Tests, Forschung, Implementierung usw. mit einkalkuliert. Der Fokus der Berechnung liegt auf den direkten Erträgen und Kosten, aber auch auf Aktivitäten, die mittelbar von der Implementierung betroffen sind. Der Net Benefit entsteht entweder aus einer Steigerung der Erträge oder einer Kostensenkung oder aus beidem (siehe auch Abb. 111).

Abb. 111. Überblick über die Kosten-Nutzen-Analyse

In diesem letzten Schritt rückt nun nochmals der Aspekt der Wirtschaftlichkeit in den Vordergrund: Eine hundertprozentige Fehlerfreiheit ist nicht immer wirtschaftlich, Kundenanforderungen sollen zwar vollständig, aber auf rentable Weise bedient werden. Die Kosten-Nutzen-Analyse muss vor der Implementierung der Lösung erfolgen, in der Regel ist sie Voraussetzung für die Zustimmung des Managements zur Umsetzung.

5.3.1 Net Benefit aus Erträgen

Erträge können durch diverse Veränderungen entstehen, etwa durch die Gewinnung neuer Kunden oder eine bessere Kundendurchdringung, also den Verkauf zusätzlicher Produkte oder Leistungen. Neue oder verbesserte Produkte bzw. Dienstleistungen können ebenfalls zusätzliche Erträge erzielen. Abrechnungsseitig können Erträge durch eine vorteilhaftere Preisgestaltung, günstigere Abrechnungsmodalitäten oder die Berechnung von bisher kostenfreien Leistungen steigen.

Projektlösungen, die ertragssteigernd sein sollen, müssen klären, wodurch die Steigerung entsteht. Da Ertragssteigerungen immer mit vertrieblichen Aktivitäten verbunden sind, muss der Beitrag der Lösung im Vorfeld eindeutig definiert sein. Wichtig: Die Verhinderung vermuteter Umsatzeinbußen kann nicht als Net Benefit angerechnet werden. Sie kann allenfalls als nicht quantifiziert oder immateriell eingeordnet werden.

5.3.2 Net Benefit aus Kostenreduktion

Projektlösungen, die kostenreduzierend sein sollen, müssen klären, welche Kostenarten betroffen sind und wie die Kostenreduktion umgesetzt wird. Falls der Fokus auf den Personalkosten liegt, sollte für den betrachteten Prozess eine Prozesskostenrechnung mit den entsprechenden Kostentreibern erstellt werden. Projekte, die einer Reduktion der variablen Kosten dienen, sollten das Kostenverhalten analysieren. Wichtig: Die Verhinderung vermuteter Kostensteigerungen kann nicht als Net Benefit angerechnet werden. Hier gilt das Gleiche wie bei der Verhinderung vermuteter Umsatzeinbußen.

Prozesskostenrechnung

Hier müssen die im Prozess anfallenden Kosten und die Kostentreiber ermittelt werden. Dann ist der Prozesskostensatz zu berechnen, indem die Prozesskosten auf die Prozessmenge umgelegt werden. Wird der Prozesskostensatz herangezogen, um den Net Benefit zu ermitteln, können Kosten auf drei Arten gesenkt werden:

1. Reduktion der Prozesskosten bei gleichbleibender Menge.
2. Erhöhung der Prozessmenge bei gleichen Kosten.
3. Reduktion der Prozesskosten bei einer Erhöhung der Menge.

Kostenverhalten

Darunter versteht man die Änderung der Kosten abhängig von der Bezugsgröße (z. B. Anzahl der Mitarbeiter, Serviceanrufe oder Bestellungen). In der Praxis wird von einem linearen Kostenverhalten ausgegangen, d. h., die Kosten steigen proportional mit der Bezugsgröße. Günstiger ist das degressive Kostenverhalten, hier nehmen die Gesamtkosten bei steigender Bezugsgröße unterproportional (schwächer) zu. Bei progressivem Kostenverhalten steigen sie überproportional (stärker). Bezogen auf das Kostenverhalten können Kosten auf drei Arten reduziert werden.

1. Veränderung zu einem günstigeren Kostenverhalten (von überproportional zu linear oder von linear zu unterproportional).
2. Veränderung in der Ausprägung des jeweiligen Verhaltens.
3. Wandlung fixer in variable Kosten.

Berücksichtigung von Kostenstellen, -trägern und -arten

Für die Net-Benefit-Ermittlung muss klar sein, welche Kostenstellen (Abteilungen oder Teams) und Kostenträger (Leistungen oder Produkte) betroffen sind, denn es ist relevant, welche Kosten durch das Projekt reduziert wurden und wie sie in die Kostenträgerrechnung eingehen.

5.3.3 Weitere Effekte

Bereits die Ankündigung von Qualitätsprojekten führt in der Regel im Prozess zu einer aufmerksameren und besseren Arbeit, die wiederum den Net Benefit erhöhen kann. So werden zum Beispiel bereits durchgeführte Vorgänge im Rahmen der Datenerhebung geprüft, die Leistungsdokumentation verbessert oder Materialkosten aufgrund der höheren Aufmerksamkeit reduziert.

Der sogenannte „Soft Benefit" bezeichnet den nicht quantifizierbaren Anteil der positiven Effekte durch das Projekt. Beispiele sind Kunden- und Mitarbeiterzufriedenheit, Motivation, Kundenbindung oder Imageverbesserung. Es ist durchaus üblich, dass Projekte von Anfang an ausschließlich mit Soft-Benefit-Zielen geplant werden. Ein Soft Benefit ist ebenfalls wertvoll. Im Projektportfolio sollten sowohl Projekte mit Net Benefit als auch Projekte mit Soft Benefit in einem ausgewogenem Verhältnis vorhanden sein.

Projektbezogene Kosten müssen vom Net Benefit abgezogen werden. Dazu gehören Arbeitszeitkosten im Projekt (von Green Belts, Projektmitarbeitern, externen Beratern usw.) ebenso wie die Implementierungskosten der Lösung (wiederum Arbeitszeit, Material, Software usw.). Die Gesamtkosten der Qualitätsabteilung (Personalkosten Master Black Belt und Black Belt, Arbeitsplatz- und Reisekosten) können entweder auf die Projekte umgelegt oder am Jahresende mit dem erwirtschafteten Net Benefit aus den Projekten verrechnet werden (siehe Abb. 112).

Einheit	Ausgangssituation	Lösung
Anzahl Einheiten p.a.	Reparaturvorgänge	Reparaturvorgänge
	50.000	50.000
Fehlerdefinition	Durchlaufzeit > 20 Werktage	Durchlaufzeit > 20 Werktage
Fehlermöglichkeiten	1	1
Anzahl Fehler p.a.	6.500	1.100
DPMO	130.000	22.000
Fehlerfreiheit (Yield)	87%	98%
Sigma	2,6	3,5
Durchschnittliche Kosten für notwenige Ersatzbeschaffungen pro Fall (Euro)	70	70
Process Benefit p.a.	(Euro)	378.000
Lösungskosten	(Euro)	70.000
Net Benefit	(Euro)	308.000

Abb. 112. Net Benefit einer Steigerung des Sigma-Wertes

Für die Beurteilung eines Projektes wird lediglich der Net Benefit der nächsten 12 Monate herangezogen.

5.4 Zusammenfassung der Projektphase IMPROVE

In der IMPROVE-Phase drehte sich alles um die Lösung: Zuerst galt es, so viele Lösungsideen wie möglich zu entwickeln und dann hieraus die vielversprechendsten auszuwählen. Danach wurden die ausgewählten Lösungen in einem mehrstufigen Verfahren getestet und verfeinert. Zum Schluss wurde die ausgewählte Lösung durch eine Kosten-Nutzen-Berechnung gerechtfertigt. Mit diesen Ergebnissen geht es in die letzte Phase, die CONTROL-Phase.

CONTROL
Nachhaltigkeit durch Beobachten der Einflussfaktoren sicherstellen

13. Erstellung des Prozesssteuerungsplans
- Dokumentation
- Monitoring

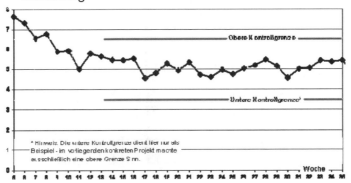

- Reaktionsplan

14. Umsetzung der Lösung planen
- Implementierungsplan
- Kommunikationsplan
- Ressourcenplan

15. Projekt abschließen
- Projektergebnisse und -erfahrungen dokumentieren

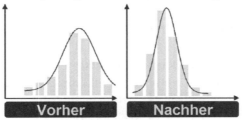

- Übergabe an den Process Owner
- Abschlussincentive

Erfolgreiches, abgeschlossenes Projekt

6 CONTROL

Das Phänomen ist bekannt: Schon kurz nach Abschluss eines Verbesserungsprojekts lässt die Aufmerksamkeit nach, und langsam schleichen sich alte Gewohnheiten und Handlungsweisen wieder ein. Nach wenigen Wochen oder Monaten sind die alten Prozesse wieder aktiv, als hätte das Verbesserungsprojekt nie stattgefunden. Die letzte Phase von DMAIC ist daher entscheidend für die Nachhaltigkeit der erreichten Verbesserung. Veränderungen in der Prozessleistung werden statistisch abgesichert, im Zeitverlauf überwacht, und gegebenenfalls kann frühzeitig steuernd eingegriffen werden. Die Einflussfaktoren X sollen sich innerhalb der festgelegten Toleranzgrenzen bewegen. Dies wird durch entsprechende Kontrollen sichergestellt. Anders als in der ANALYZE-Phase geht es jedoch hier nicht um den Zusammenhang zwischen X und Y, sondern um den Unterschied zwischen dem Y vor und dem Y nach dem Six-Sigma-Projekt, also um die Prüfung von Vorher-Nachher-Unterschieden. Hierzu dienen in der CONTROL-Phase verschiedene Werkzeuge.

Nach Abschluss des Projekts steht der Prozess nicht mehr unter dem Einfluss des Six-Sigma-Teams, sondern er wird an den Prozesseigner übergeben. Detaillierte Pläne und Anweisungen zur Prozesskontrolle sorgen dafür, dass die Verantwortlichen die Verbesserungsmaßnahmen auch im Tagesgeschäft zielstrebig umsetzen und den Prozess konsequent steuern. Sie erhalten außerdem einen Maßnahmenplan für Problemsituationen.

Die Phase CONTROL beantwortet die folgenden Fragen: Wie wird die Lösung umgesetzt? Wie kann verhindert werden, dass die Prozessleistungsfähigkeit nach der Beendigung des Projekts wieder absinkt? Wie kann der Projektabschluss reibungslos vollzogen werden? Die Kernfrage lautet also: Wie kann die Nachhaltigkeit der Verbesserung sichergestellt werden?

Ein positiver Nebeneffekt besteht darin, dass die stetige Überwachung in der CONTROL-Phase wiederum Daten für weitere Verbesserungen liefert.

> **Folgendes ist hier zu tun**
>
> - Prozesssteuerungsplan entwickeln.
> - Umsetzung der Lösung planen.
> - Projekt abschließen.

Auch in der CONTROL-Phase ist immer die Kundenperspektive zu berücksichtigen: Die Maßnahmen im Steuerungsplan dienen dazu, die wichtigsten CTQs im Auge zu behalten.

6.1 Erstellen des Prozesssteuerungsplans

Der Prozesssteuerungsplan übernimmt eine ähnliche Funktion wie der Datenerfassungsplan in der Phase MEASURE: Er liefert eine unmissverständliche Anleitung für die auszuführenden Tätigkeiten, also dafür, wie der Prozess zu steuern und gegebenenfalls zu korrigieren ist. Er legt Maßnahmen und Werkzeuge fest, mit deren Hilfe der im DMAIC-Projekt erarbeitete Nutzen – die Prozessverbesserung – erhalten werden kann. Er enthält deshalb alle für die Steuerung und Kontrolle des Prozesses relevanten Informationen und Kontrollmechanismen.

Der Prozesssteuerungsplan stellt außerdem sicher, dass die Verbesserungen dokumentiert werden. Durch die detaillierte Beschreibung werden Projektteam und Prozesseigner ein gemeinsames Verständnis der zu treffenden Maßnahmen haben. Dies ist insbesondere wichtig, weil der Process Owner häufig nicht in gleichem Maße mit der Lösung vertraut ist wie das Six-Sigma-Team, das diese erarbeitet hat.

Der Prozesssteuerungsplan enthält also alle für die Steuerung und Kontrolle des Prozesses relevanten Informationen: Aktionen, Ressourcen und Verantwortlichkeiten. Er ruht auf den drei Säulen Dokumentation, Monitoring und Reaktionsplanung. Innerhalb des Prozesssteuerungsplans bestehen verschiedene Kontrollmechanismen. Das Risikomanagement kommt bereits in der Phase IMPROVE zum Einsatz (siehe Abschnitt 5.2.2), während die Fehlersicherheit und die statistische Prozesskontrolle Elemente des Monitorings sind (siehe Abschnitt 6.1.2).

6.1.1 Dokumentation

Das durch die Prozessverbesserung erworbene Wissen muss für die Betroffenen transparent gemacht werden. Da die Prozesseigner nicht mit allen Details, Daten und Ergebnissen des Six-Sigma-Projektes vertraut sein können, ist eine lückenlose Dokumentation besonders wichtig. Außerdem existiert das Wissen über die konkreten Prozessverbesserungsschritte häufig nur in den Köpfen der Projektteammitglieder. Dies macht eine allgemein zugängliche Dokumentation unerlässlich. Sie enthält eine Sollprozessdarstellung auf mehreren Ebenen in unterschiedlichen Detaillierungsgraden. Diesen Zusammenhang zeigt Abb. 113.

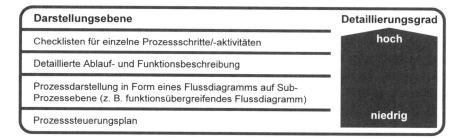

Abb. 113. Detaillierungsgrade der verschiedenen Prozessdarstellungen

Sinnvollerweise sollten die Darstellungsebenen zu den unterschiedlichen Detaillierungsgraden in der Prozessdarstellung passen.

Dokumentationsinstrumente

Ein Instrument, das bereits in der ANALYZE-Phase gute Dienste leistete, kann nun zur Dokumentation verwendet werden: das funktionsübergreifende Prozessdiagramm (Deployment Chart, siehe Abschnitt 4.1.2). Es zeigt nicht nur, welche Prozessschritte auszuführen sind, sondern auch die Verantwortlichkeiten für die jeweiligen Schritte. Alternativ können Einsatzdiagramme anzeigen, wer für welche spezifischen Prozessschritte verantwortlich ist.

Verfahrensanweisungen

Verfahrensanweisungen beschreiben standardisierte Vorgehensweisen und dokumentieren die Abfolge notwendiger Schritte zur Durchführung des Prozesses. Ausgehend von der Prozessdarstellung gehen sie stark ins Detail und dienen Mitarbeitern aller Ebenen als Hilfsmittel. Sie fördern das Verständnis für den jeweiligen Beitrag zu den Verbesserungsaktivitäten und stellen gleichzeitig die erfolgreiche Implementierung sicher.

> **Praxistipp zu Verfahrensanweisungen**
>
> - Legen Sie präzise fest, welche Maßnahmen wann und wo zu ergreifen sind, seien Sie spezifisch.
> - Halten Sie Beschreibungen auf einem verständlichen Niveau, so dass die Arbeit auch von Personen ausgeführt werden kann, die nicht dafür ausgebildet wurden.
> - Beschreiben Sie, wie Produkt- oder Prozessvariation verhindert werden kann und beziehen Sie Ursache- und Wirkungsverhältnisse ein.
> - Geben Sie klare und sinnvolle Anweisungen, die befolgt werden können. Stellen Sie sicher, dass es keine widersprüchlichen oder unrealistischen Anweisungen gibt.
> - Betonen Sie die Wichtigkeit bestimmter Verfahren, setzen Sie Prioritäten. Konzentrieren Sie sich auf die wichtigsten Grundfaktoren.
> - Testen Sie die Verfahren, bevor Sie die Anweisungen dokumentieren und prüfen Sie, ob wirklich alle Schritte einbezogen wurden.
> - Testen Sie die Dokumentation mit Prozess-/Projektfremden.
> - Legen Sie eine Methode zur Aktualisierung fest und vernichten Sie überholte Verfahrensanweisungen.

6.1.2 Monitoring

Die Fehlersicherheit schaltet die Möglichkeit aus, dass sich ein Prozesseinflussfaktor X außerhalb der Toleranzgrenzen bewegt. Schon bevor das X diese Grenzen überschreitet, werden die Beteiligten gewarnt und können so vorbeugende Maßnahmen ergreifen. Wenn Fehler nicht von vornherein verhindert oder schlecht kontrolliert werden können, ist die Statistische Prozesskontrolle (SPC) ein sehr hilfreiches Werkzeug. Ein Monitoring im Rahmen der SPC bedeutet, die Werte des verbesserten Prozesses über einen definierten Zeitverlauf (in der Regel zwölf Monate nach Projektende) zu messen und zu überwachen. Wurden vorher die Prozessergebnisse Y gemessen, werden in der CONTROL-Phase zusätzlich die X-Werte des Prozesses überwacht, um rechtzeitig reagieren zu können. Dies soll zusammen mit dem Prozesssteuerungsplan die angestrebte Stabilität gewährleisten. Dazu müssen folgende Faktoren definiert werden:

- Welche sind die qualitätsrelevanten Schlüsselkriterien zur Überwachung des Prozesses nach der Umsetzung der Verbesserungsmaßnahmen? Dies sind die in der ANALYZE-Phase ermittelten Grundursachen X, die nun zusätzlich zu den Y-Werten gemessen und überwacht werden.
- Bis zu welchen Grenzen erfüllt der Prozess noch diese Kriterien?
- Wie werden die Messungen vorgenommen und die Daten aufgezeichnet?

Die statistische Prozesskontrolle zeigt an, wann ein Prozess die angestrebte Optimalleistung erreicht und nur Abweichungen aufgrund gewöhnlicher Ursachen auftreten. In diesem Fall sind keine Korrekturmaßnahmen erforderlich, denn sie könnten sogar zu einer höheren Variation führen. Die SPC zeigt aber auch an, wann eine Störung im Prozess auftritt, bei der korrigierende Maßnahmen erforderlich sind: wenn Variationen aufgrund besonderer Ursachen auftreten.

Dazu bedient sie sich des sogenannten Control Chart (Kontrolldiagramm oder Regelkarte) als wichtigstes Werkzeug. Control Charts visualisieren, ob ein Prozess stabil oder instabil ist, oder ab welchem Zeitpunkt mit dem Auftreten einer Instabilität zu rechnen ist.

Control Charts existieren in verschiedenen Varianten. Die gängigste ist das $\bar{x}$-Chart, in dem Mittelwerte abgetragen werden: Auf der x-Achse sind die Zeitpunkte der Messung (z. B. Woche), auf der Y-Achse ein arithmetisches Mittel für alle gemessenen Werte des jeweiligen Zeitpunktes abgetragen (z. B. Mittelwert der Durchlaufzeit). Zwischen den Kontrollgrenzen sind jeweils Bereiche zu 1, 2 und 3σ abgetragen. Liegen Punkte innerhalb dieser Bereiche – genauso wie für das Verletzen der Kontrollgrenzen – sind verschiedene Handlungsempfehlungen im Reaktionsplan zu definieren

Ein Beispiel für ein Control Chart enthält Abb. 114: Es zeigt, an welchen Tagen die Kontrollgrenzen überschritten wurden.

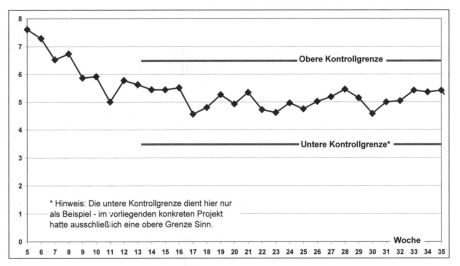

Abb. 114. Beispiel für ein Control Chart

Anwendung in Minitab

Stat ⇨ Control Charts ⇨ Subgroups ⇨ $\overline{X}/R$

Sie können auswählen, ob Sie Untergruppen oder Individuen haben wollen. Verschiedenste Kontrollkarten stehen zur Auswahl. In der Regel werden Intervalle für Mittelwert und Varianz betrachtet.

Control Charts liefern Informationen zum Verhalten der Prozessparameter im Zeitverlauf, mit deren Hilfe der Zustand des Prozesses genau bestimmt werden kann. Ziel ist es, gegebenenfalls Schritte zur Verbesserung der Prozessfähigkeit einzuleiten. Sie dienen außerdem dazu, überflüssige Prozessanpassungen zu verhindern, indem die Unterscheidung zwischen Variationen aufgrund gewöhnlicher und besonderer Gründe ermöglicht wird. Aufgrund der Transparenz, die durch das laufende Monitoring mithilfe der Control Charts erzielt wird, ist die Nachhaltigkeit der Prozessverbesserung sichergestellt. Der Prozess kann sich nicht mehr unbemerkt „zurückentwickeln", da der Prozesseigner rechtzeitig entsprechende Maßnahmen zur Korrektur ergreifen kann.

Zur Vertiefung kann Übung 21 aus dem Anhang durchgeführt werden.

6.1.3 Reaktionsplan

Der Reaktionsplan soll sicherstellen, dass zum richtigen Zeitpunkt angemessen reagiert und dadurch verhindert werden kann, dass Kundenbedürfnisse nicht erfüllt werden. Für den Fall, dass der Prozess außer Kontrolle gerät, ist im Reaktionsplan geregelt, wer für den Prozess verantwortlich ist und welche Befugnisse diese Person hat. Des Weiteren ist festgelegt, wann, wie schnell und mit welchen Maßnahmen reagiert werden muss.

Im Reaktionsplan muss also Folgendes definiert sein

- Regelung der Verantwortlichkeiten
- Maßnahmen, die der Verantwortung der Personen unterliegen, die den Prozess am besten kennen
- Bezug zu einem Standardbetriebsverfahren und Namen der Person, die für die Verfahrensweise bei Störungen verantwortlich ist
- Eindeutige Identifizierung und Isolierung eines bedenklichen oder nicht konformen Produkts

---

Der Reaktionsplan besteht aus drei Verfahrensanweisungen:
1. Im Verfahren zur Schadensregulierung wird festgelegt, welcher Verantwortliche wie mit dem Output des fehlerhaften Prozesses zu verfahren hat, um das Risiko zu verringern, dass fehlerhafte Einheiten zum Kunden gelangen. Hier wird außerdem definiert, wie reagiert werden soll, falls doch fehlerhafte Einheiten zum Kunden gelangt sind.
2. Das Verfahren zur Prozessanpassung beschreibt, welche Anpassungen vorgenommen werden müssen, um Fehler im nächsten Durchgang zu vermeiden.
3. Im Verfahren zur Optimierung wird festgehalten, wer im Unternehmen welche Daten in welcher Form benötigt, um Entscheidungen über Prozessoptimierungen treffen zu können.

6.2 Umsetzung der Lösung planen

Steht der Prozesssteuerungsplan fest, ist der Zeitpunkt gekommen, die Implementierung der Lösung zu planen. Hierzu ist ein Implementierungsplan zu erstellen, der spezifische und detaillierte Anweisungen für die Einführung der Lösung enthält. Ein guter Implementierungsplan kann der Unternehmensleitung präsentiert werden und hält der von dieser häufig geäußerten Frage stand, ob die Lösung nicht zu geringeren Kosten oder in kürzerer Zeit umgesetzt werden könnte. Außerdem müssen Ressourcen eingeplant und die begleitenden Kommunikationsmaßnahmen konzipiert werden.

> **Praxistipp zur Implementierung**
>
> - Ein DMAIC-Projekt hat zum Ziel, eine Lösung zu entwickeln, die das bestehende Problem am besten löst. Die Implementierung der Lösung ist generell kein fester Bestandteil des Six-Sigma-Projektes, sondern Aufgabe eines sich – falls erforderlich – anschließenden Implementierungsprojektes. Ob und wann ein Implementierungsprojekt erforderlich ist, lässt sich allgemeingültig nicht beantworten. Ist das Ergebnis des DMAIC-Projektes beispielsweise die Anpassung des SAP-Systems, so kann dies ein sechsmonatiges Entwicklungsprojekt als Implementierungsprojekt bedeuten. Ist die Lösung eine einfache Prozessänderung – wie eine zusätzliche Statusinformation an den Kunden oder der Wegfall einer Kontrollinstanz – so kann man nicht von einem Implementierungsprojekt sprechen. Die Implementierung kann dann parallel zum Abschluss des DMAIC-Projektes durchgeführt werden.
>
> - Die Übergabe in ein separates Implementierungsprojekt ist eine kritische Phase im Projektverlauf. Obwohl der Black Belt sich nun zum Ende des Projektes sehr tief in die analysierten Prozesse eingearbeitet hat, ist seine Fachkompetenz stärker methodenorientiert: Er ist ein Six-Sigma-Experte. Die Aufgaben eines Implementierungsprojektes sind operativ, hier wird ein operativer Projektleiter zur Umsetzung der Lösung benötigt. Dieser Projektleiter ist in den jeweiligen Abteilungen oder in einem zentralen Projektmanagement zu finden.
>
> - In der Praxis ist die Gefahr der Vermischung der beiden Projekte groß. Es hat sich jedoch bewährt, die beiden Projekte strikt zu trennen und das Six-Sigma-Projekt abzuschließen.

6.2.1 Implementierungsplan

Der Implementierungsplan enthält in erster Linie klare übergreifende Ziele und alle aus der Pilotphase gewonnenen Erkenntnisse (siehe Abschnitt 5.2.5). Er regelt außerdem sorgfältig, wie und bis wann die Lösung umgesetzt werden soll. Wichtig ist es, für jeden relevanten Prozesseinflussfaktor X bzw. für jede Ursache für die Abweichung eine Methode zur Kontrolle festzulegen. Des Weiteren sind alle möglichen Bereiche zu ermitteln, in denen möglicherweise Handlungsbedarf zur Kontrolle der Einflussfaktoren X besteht, und entsprechende Maßnahmen zu bestimmen.

Die folgenden weiteren Elemente sollte ein guter Implementierungsplan enthalten:

Klar definierte Meilensteine	Planung von Meilensteinen und dazugehörigen Review-Sessions. Kommunikation der Termine und Inhalte an alle Betroffenen. Festlegung der Zeit- und Aufgabenplanung.
Verantwortlichkeiten und Ressourcen	Festlegung, wer bei der Umsetzung wofür verantwortlich (Prozesseigner, Team) ist und welche Ressourcen dafür notwendig sind. Klärt, ob Ressourcen (Personal- und finanzielle Mittel) in ausreichendem Maße verfügbar sind.
Einführungsstrategie	Strategie zur erfolgreichen Einführung der Lösung, passend zur Unternehmenskultur und -organisation. Sie enthält u. a. Trainings- und Kommunikationsmaßnahmen.
Budget	Führt das benötigte Budget detailliert auf, also alle Aufwände, die bei der Entwicklung und Einführung der Lösung entstehen. Enthält Personal- und Technologiekosten ebenso wie Material- und Verwaltungsaufwände.
Kontrollplan	Enthält die zuvor entwickelten Überwachungsmaßnahmen (siehe Monitoring).
Prozessdokumentation	Dokumentiert den zu verbessernden Prozess (Soll- und Ist-Darstellung, Verfahrensanweisungen usw.)

6.2.2 Kommunikationsplan

Wird das DMAIC-Projekt über die gesamte Dauer von einem Changemanagement-Projekt begleitet, so ist auch das Implementierungsprojekt wiederum ein Veränderungsprojekt. Dieses muss dann mit entsprechenden Werkzeugen in Richtung eines Veränderungsmanagements begleitet werden. Ein Teil des Veränderungsmanagements ist dabei die Planung der Kommunikation.

In einem Kommunikationsplan wird festgehalten, wer in welcher Form zu welchem Zeitpunkt informiert werden muss. Die Implementierungsphase ist eine sehr wichtige Phase für alle vom Veränderungsprojekt betroffenen Mitarbeiter bzw. für alle Stakeholder des Projektes. Wurde im laufenden Veränderungsprojekt schon regelmäßig im Rahmen des normalen Projektmanagements kommuniziert, ist es nun an der Zeit, diese Bemühungen nochmals zu verstärken, denn die erarbeitete Lösung soll erfolgreich umgesetzt werden. Dazu ist die aktive Kommunikation über die zu erreichenden Ziele, Gründe für die Veränderung sowie die umzusetzende Lösung essenziell.

Beispiel für einen Kommunikationsplan:

Zielgruppe	Medium	Ziel	Inhalt	Verantwortlich	Zeitplanung	Status
Führungskräfte	E-mail	Motivation	Email.doc	DWB	Monatlich	Läuft
Alle Mitarbeiter	Newsletterartikel	Information	tbd.	PKN	Q4/07	Offen

Basis des Inhalts der Kommunikation ist die Projektdokumentation. Folgende Punkte sollten mindestens kommuniziert werden:

- Ziele und Gründe für die Veränderung
- Beschreibung des Implementierungsprojektes inklusive Vorgehen, Beteiligten, Zeitplan etc.

Es sollte vermieden werden, die Informationen aufzubereiten und sie dann auf einem unbekannten Laufwerk oder in einem entlegenen Winkel des Unternehmensintranets abzulegen. Vielmehr müssen Mittel und Wege gefunden werden, die Informationen den vom Veränderungsprozess betroffenen Mitarbeitern zugänglich zu machen. Hierzu bieten sich verschiedene Maßnahmen an. Eine Möglichkeit ist eine Roadshow, bei der die Projektinformationen präsentiert werden (z. B. im Rahmen einer

Mitarbeiterversammlung). Aber auch schriftliche Medien wie E-Mails, Artikel in Mitarbeiterzeitungen und Flyer sind als Kommunikationsmittel geeignet. Der Absender der jeweiligen Botschaft muss nicht immer das Projektteam oder der Projektleiter sein. Es ist empfehlenswert, hier das Management einzubinden, um wichtige Inhalte zu transportieren.

6.2.3 Ressourcenplan

Bei der Planung des Implementierungsprojektes müssen vom Management die benötigten Ressourcen wie Budgets und Mitarbeiter zur Verfügung gestellt werden. Hierzu gibt es in fast jedem Unternehmen Standards zur Anforderung dieser Ressourcen, wie z. B. einen standardisierten Projektantrag. Dieser ähnelt in der Regel der in der Phase DEFINE erstellten Project Charter, in der ebenfalls benötigte Ressourcen festgelegt werden (siehe Abschnitt 2.2).

6.3 Projekt abschließen

Nun geht es in den Endspurt, das Six-Sigma-Projekt steht kurz vor dem Abschluss. Ein Projekt wird beendet, wenn sein Zweck und Ziel erfüllt sind, das Team also seine Arbeit erfolgreich abgeschlossen hat. Aktivitäten der Projektleitung beschränken sich auf die Beendigung der noch laufenden Arbeitspakete, also die Übergabe an den Prozesseigner und die Dokumentation der im Projekt gewonnenen Erfahrungen.

6.3.1 Projektergebnisse und -erfahrungen dokumentieren

Die Dokumentation zum Projektabschluss ist vor allem für die Übergabe an den Prozesseigner wichtig. Doch auch das Projektteam selbst kann damit nochmals die Erfahrungen aus dem Projekt reflektieren und Schlüsse für zukünftige Vorhaben daraus ziehen. So ist z. B. die Frage, ob das Vorgehen im Projekt effektiv und effizient war, in der Dokumentation zu beantworten. Sie sollte vermerken, was gut gelaufen ist, aber auch, wo es noch Verbesserungspotenzial gibt. Nicht zuletzt würdigt die Abschlussdokumentation auch die Zeit und Mühe aller Beteiligten, die in das Projekt geflossen sind.

Die wichtigen „Lessons learned" sollte das Projektteam gemeinsam im Rahmen eines Workshops dokumentieren. So kann es zu einer gemeinsamen Einschätzung gelangen, ob die Projektziele erreicht wurden und eine Liste mit Maßnahmen und Verbesserungsvorschlägen für zukünftige Projekte erstellen. Ein Erfahrungsaustausch und Konsens über die weitere Vorgehensweise sind weitere Ziele dieses Workshops. Und schließlich schafft die Dokumentation der „Lessons learned" immer auch eine gute Grundlage für die Einschätzung und Planung zukünftiger Projekte.

Außerdem ist natürlich festzuhalten, ob das in der DEFINE-Phase formulierte Ziel erreicht wurde und wie das Feedback des Kunden war. Falls das Ziel nicht erreicht wurde, ist der Unterschied zwischen Angestrebtem und tatsächlich Erreichtem zu dokumentieren. Die Präsentation der erzielten Ergebnisse ist ein Hauptpunkt der Projektdokumentation. Der Einfluss des Projekts auf wichtige Prozesskriterien kann in einem Vorher-Nachher-Vergleich dargestellt werden. Hierzu bestehen verschiedene Möglichkeiten zur Visualisierung: So können z. B. nochmals die gleichen Messungen wie in der MEASURE-Phase vorgenommen und erneut als Pareto-Diagramm ausgegeben werden. Hierdurch wird klar ersichtlich, ob und wie sich der Prozess verändert hat. Oder es kann eine Häufigkeitsverteilung (auf der gleichen Skala wie in der MEASURE-Phase) mit neu erhobenen Daten dargestellt werden. Auch ein Control Chart kann den Unterschied aufzeigen. Ein Vorher-Nachher-Control-Chart zeigt Abb. 115.

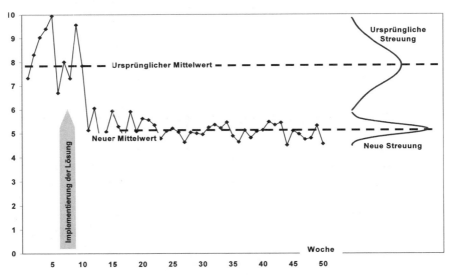

Abb. 115. Vorher-Nachher-Vergleich in einem Control Chart

Die Verbesserungen sollten genau quantifiziert, und der Sigma-Wert sollte nochmals berechnet werden. Bezüglich der Projektergebnisse ist auch festzuhalten, ob genügend Fortschritte erzielt wurden oder ob in einem Folgeprojekt weitere Verbesserungen erreicht werden können. Auch muss die Frage gestellt werden, ob sich durch das Projekt Unvorhergesehenes – Positives wie Negatives – eingestellt hat.

6.3.2 Übergabe an den Process Owner

Die Verantwortung des Projektleiters geht auf den Prozesseigner (Process Owner) über, der die Nachhaltigkeit der Verbesserung sicherzustellen hat. Der Prozesseigner hat nun die Aufgabe, die ermittelte Verbesserungslösung umzusetzen und für Standardisierung und Überwachung des neuen Prozesses zu sorgen. Die Sicherung der Nachhaltigkeit wird durch den Black Belt und die implementierten Kontrollen im Rahmen des Prozesssteuerungsplans vorbereitet. Der Process Owner kann somit die Nachhaltigkeit im laufenden Betrieb sicherstellen. Ihm stehen Handlungsempfehlungen zur Verfügung, falls der Prozess aufgrund spezieller Ursachen variiert.

Die Übergabe an den Prozesseigner ist ebenfalls eine kritische Phase im DMAIC-Projekt. Der Prozesseigner muss nun wieder die Verantwortung für den Prozess übernehmen. Da sich der Prozess im Rahmen des Projektes verändert hat, ist der Process Owner eine wichtige Zielperson für eine Beeinflussungs- und Kommunikationsstrategie. Eine erfolgreiche Projektabnahme ist sehr stark davon abhängig, in welchem Maße der Process Owner den neuen Prozess versteht und akzeptiert. Nur dann wird das BQC (siehe Abschnitt 1.4.2.1) das Projekt abnehmen. Zur Übergabe sollte die bisher erstellte Dokumentation ausreichend sein. Hierfür sollte ein persönliches Treffen geplant werden, in dem auch der Champion anwesend ist.

Im Anschluss an die Übergabe an den Process Owner folgt die Abnahme des Projektes durch das BQC. Hierzu wird das Projekt im BQC abschließend präsentiert. Hier sind Informationen wie die Project Charter, der Sigma-Wert vor und nach der Verbesserung (sofern schon messbar), der errechnete Nutzen (Net Benefit) und das beteiligte Team interessant.

Das im Anschluss an das Projekt folgende Controlling des Net Benefits wird durch den Financial Analyst durchgeführt und für zwölf Monate an das BQC berichtet.

6.3.3 Abschlussincentive

Abgeschlossene Projekte müssen gefeiert werden. Auch wenn es „nur" ein Anstoßen auf den erfolgreichen Projektabschluss ist: Ein Projekt erfordert einen guten Start und eine gute Landung. Bei großen Projekten ist es durchaus üblich und angemessen, diese in größerem Rahmen zu feiern.

Zusätzlich sollen alle Beteiligten des Projektteams für ihren Einsatz im Rahmen des Abschlusses vom Management gelobt werden. Aus diesem Grunde ist es wichtig, dass das Management beim Incentive vertreten ist und damit die Bedeutung des Projektes nochmals unterstreicht.

Praxistipp zum Projektabschluss

- Vermeiden Sie eine unnötige Verlängerung der Projektarbeit.
- Erfassen Sie das Projektziel, Verbesserungsmethoden und Teamkompetenzen.
- Stellen Sie die Lernerfahrungen in einem Wissensmanagementsystem zur Verfügung. Beschreiben Sie den Arbeits- und Teamprozess sowie die erzielten Ergebnisse.
- Erstellen Sie eine kurze Präsentation von maximal 15 Seiten, um einen Überblick über das Projekt zu geben.
- Dokumentieren Sie die Verbesserungen.
- Stellen Sie Pläne und Empfehlungen für die Weiterarbeit zur Verfügung.
- Kommunizieren Sie den (erfolgreichen) Projektabschluss.
- Und: Feiern Sie Ihre Erfolge!

6.4 Zusammenfassung der Projektphase CONTROL

In der Phase CONTROL wurde ein Prozesssteuerungsplan entwickelt, mit dessen Hilfe der Prozessverantwortliche den verbesserten Prozess messen und kontrollieren kann. Dies sorgt für Nachhaltigkeit und gibt dem Prozesseigner Maßnahmen an die Hand, um auf unerwünschte Abweichungen reagieren zu können. Abschließend wurde der Implementierungsplan erstellt. Er enthält die Anleitungen zur Umsetzung der Lösung und benennt die Verantwortlichen. Zum Abschluss wird das Projekt an den Prozesseigner übergeben. Die Übergabedokumentation enthält die Projektergebnisse und stellt sicher, dass der neue Prozess reibungslos läuft.

Anhang A: Übersichten

A.1 Hinweise zur deskriptiven und grafischen Auswertung

Bei einer Variable

nominal
- Balkendiagramm
- Kreisdiagramm
- Stabdiagramm

ordinal
- Balkendiagramm
- Kreisdiagramm
- Stabdiagramm
- Boxplot

metrisch
- Boxplot
- Intervallplot
- Histogramm

Bei zwei Variablen

Streudiagramm	2 metrische Variablen
Kreuztabelle	2 ordinale/nominale Variablen
Aufgesplittetes Balkendiagramm/Boxplot/Intervallplot	Je nach Kombination

Zusammenhangsmaße

Cramers V	2 nominale Variablen
Korrelation nach Spearman	2 mindestens ordinale Variablen
Korrelation nach Pearson	2 metrische Variablen

A.2 Übersicht über die Regression und Korrelation

Vorgehen

1. Streudiagramme (separat oder Matrix)
2. Korrelation (je nach Datentyp das Verfahren wählen, siehe vorherige Seite)
    - Y zu X (Y mit allen X-Variablen prüfen)
    - X zu X (alle X-Variablen untereinander auf Korrelation prüfen)
3. Regression
    - Y stetig: lineare Regression
    - Y binär: logistische Regression

Zielgröße und Einflussgrößen

	Zielgröße	Einflussgrößen
Stetig	Lineare Regression	Darstellung nicht ändern
Binär	Logistische Regression	Kodierung 0 / 1 zu Beachten: Interpretation immer in Bezug auf Referenzkategorie (=0)
Kategorial	Z.B. multinomiale logistische Regression	Kodierung, am besten Dummy

Korrelation und Regression

Metrische Daten	Pearson (MINITAB: *Basic Stat./Correlation*) $-1 \leq r_{BP} \leq +1$
Ordinale Daten	Spearman (MINITAB: *Cross Tabulation and χ^2*) Parameter setzen auf: „Korrelationskoeffizient für ordinale Kategorien" $-1 \leq r_{SP} \leq +1$
Nominale Daten	Cramers V (MINITAB: *Cross Tabulation and χ^2*); Parameter setzen auf: „Cramers V-square Statistic" $0 \leq V \leq 1$

A.3 Varianzanalyse

Voraussetzungen:
- Zielgröße: stetig
- Einflussgrößen: binär oder kategorial (also: Faktoren!)

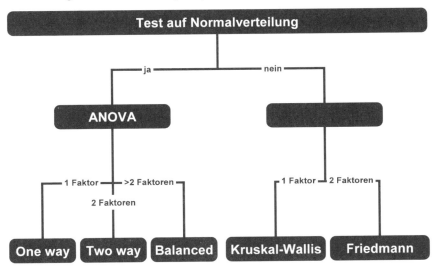

Anmerkung: Liegen mehr als zwei Faktoren, aber keine Normalverteilung vor, so kann trotzdem eine ANOVA durchgeführt werden, um einen Trend zu erkennen.

A.4 ANOVA: Verwendungsmöglichkeiten

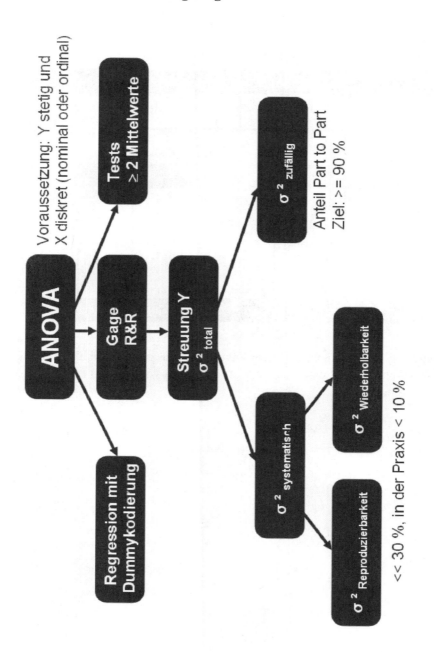

A.5 Hypothesentests Teil 1

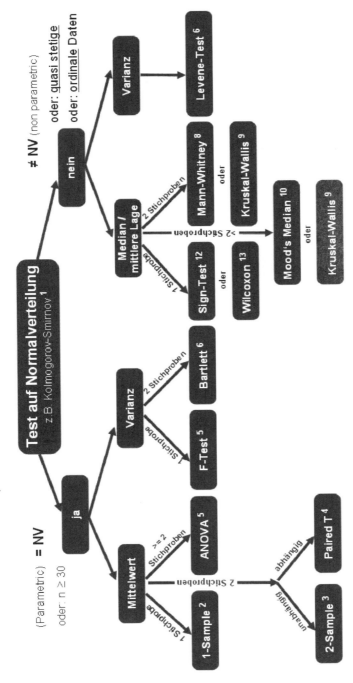

A.5 Hypothesentests Teil 2

Diskrete Daten: Nicht-parametrische Tests und Tests auf Verhältnisse

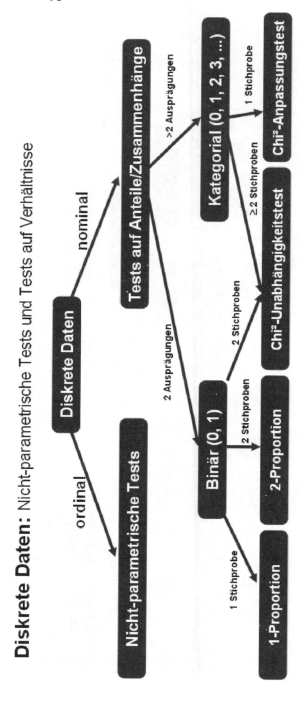

A.6 Pfade in Minitab

- **Test auf Normalverteilung:** Stat / Basic Statistics / Normality Test
  oder: Stat / Basic Statistics / Graphical Summary
- **1-sample t:** Stat. / Basic Statistics / 1-sample t
- **2-sample t:** Stat. / Basic Statistics / 2-sample t
- **Paired t:** Stat. / Basic Statistics / paired t
- **F-Test:** Stat. / ANOVA / Test for equal variances
- **≠ NV Levene Test:** Stat. / ANOVA / Test for equal variances
  = NV Barlett Test: Stat. / ANOVA / Test for equal variances
- **Chi^2-Anpassungstest:** Stat. / Tables / Chi Square Goodness-of-Fit
- **Mann Whitney-U-Test:** Stat. / Nonparametrics / Mann Whitney
- **Kruskal Wallis:** Stat. / Nonparametrics / Kruskal Wallis
- **Mood's Median:** Stat. / Nonparametrics / Mood's Median Test
- **Chi^2-Unabhängigkeitstest:** Stat. / Tables / Chi-Square-Test
- **Sign Test:** Stat. / Nonparametrics / 1-sample sign
- **Wilcoxon:** Stat. / Nonparametrics / 1-sample Wilcoxon

Assoziationsmaße: **Stat. / Tables / Cross Tabulation and Chi Square**

A.7 Sigma-Berechnung

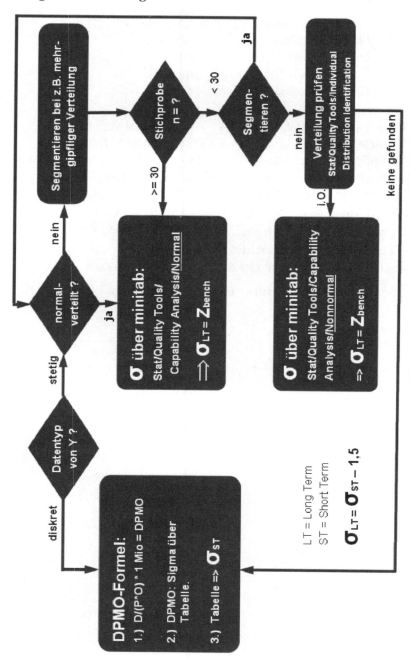

A.8 Toolübersicht

Tool	D	M	A	I	C
Benchmarking				●	
Berechnung der Prozessfähigkeit (Sigma-Wert)		●		●	●
Brainstorming/-writing		○	●	●	
Control Chart					●
CTQ (Critical to Quality)	●	○			
CTQ Tree		●			
Datenanalyse		○	●		
Datenerfassungsplan		●			
Design of Experiments (DOE)			○	●	
Failure Mode & Effects Analysis (FMEA)			○	●	
Five Whys			●		
Grafische Datenanalyse			●	●	
Hypothesentest		○	●	●	
Implementierungsplan					●
Kano-Modell	○	●		○	
Kommunikationsplan					●
Kontroll-Einfluss-Matrix			●		
Korrelationsanalyse			●	●	
Kriterienbasierte Matrix			●		
Messsystemanalyse (MSA)		●			○
Moments of Truth			●	●	
Net-Benefit-Rechnung/Kosten-Nutzen-Analyse				●	●
Operationale Definition		●			
Pareto-Diagramm	○	○	●	●	○
Pilottest		○		●	
Potenzialabschätzung	○		●		
Project Charter	●				
Prozesssteuerungsplan					●
QFD-Matrix		●			
Reaktionsplan					●
Risikoabsicherung				●	●
Run Charts			●	●	●
Segmentierung/Schichtung		○	●		
Simulation/Modelle				●	
SIPOC	●	○			
Sollprozess dokumentieren				●	●
Subprozessanalyse			●		
Ursache-Wirkungs-Diagramm			●	●	
VOC-Übersetzungsmatrix	●	○			
Voice of the Customer (VOC)	●	○			
Wertanalyse			●		
Workflowanalyse			●		

Legende: ● notwendig ○ optional

Anhang B: Übungen

Übung 1 (Gage R&R, Abschnitt 0)

Betrachten Sie den Datensatz „Gage.mtw". In der ersten Spalte erkennen Sie den Bremsweg verschiedener Autos. Um das Messsystem zu überprüfen wurden an zwei verschiedenen Fahrzeugtypen (Spalte C4) die Messungen durchgeführt. Insgesamt gab es drei verschiedene Fahrer (Spalte C2).

- Führen Sie eine Gage-R&R-Analyse ($\overline{X}$ and R -Methode) durch und interpretieren Sie diese.
- Führen Sie eine Gage-R&R-Analyse (ANOVA Methode) durch und vergleichen Sie die Ergebnisse. Kommen Sie zu derselben Entscheidung wie bei der $\overline{X}$ and R –Methode?

Übung 2 (Stichprobengrößenberechnung, Abschnitte 3.2.2 und 3.2.6)

1. Fragestellung:

a) Ihr Unternehmen verpackt ein Produkt in Dosen à 250g. Welche Stichprobengröße brauchen Sie um nachweisen zu können, dass die Füllmenge auf ±1g genau abgepackt wird und das bei einer Standardabweichung von σ = 1.25g?

b) Sie ziehen nun (nach Berechnung der Stichprobengröße in Aufgabenteil a) folgende Stichprobe (in g)

251 251 250 248 249 249 253 248 248 247 250 250 250 248 252

Erstellen Sie ein Konfidenzintervall für Ihre Stichprobe und interpretieren Sie dieses.

2. Fragestellung:
Welche Stichprobengröße brauchen Sie um einen Ausschussanteil von höchstens 10 % (also etwa im Bereich 8–10 %) nachweisen zu können?

Übung 3 (Deskriptive Statistik, Abschnitt 3.2.9)

Betrachten Sie den Datensatz „Benzinverbrauch.mtw". Sie erkennen 12 verschiedene Spalten. Dies sind die Variablen, die an den 406 verschiedenen Untersuchungseinheiten (den Zeilen) erhoben wurden. In diesem Beispiel steht jede Zeile für ein Auto, an dem Eigenschaften wie

Verbrauch (Liter/100km), PS, Herstellungsjahr (also Alter), Herstellungsland etc. gemessen wurden. Sie erkennen, dass kein Text, sondern nur Zahlen in den einzelnen Zellen des Datensatzes zu finden sind. Dies nennt man Kodierung. Ein Beispiel soll dies verdeutlichen: In Spalte C7 findet sich die Variable Land, die eine Grobeinteilung des Herstellungslandes des Autos wiedergibt. Dabei steht die Zahl 1 für ein Auto aus den USA, die Zahl 2 für ein Auto aus Deutschland, die Zahl 3 steht für Autos aus Korea. Eine solche Kodierung ist notwendig, damit MINTAB alle statistischen Prozeduren einwandfrei durchführen kann. Die Zielgröße (Y) ist der Verbrauch (Spalte C1), dieser soll minimiert werden. Mögliche Einflussfaktoren (X) sind in den Spalten C1-C8 zu finden. Die Fragestellung lautet, welche Größen den Verbrauch (negativ) beeinflussen. Dazu soll zuerst eine deskriptive (beschreibende) Analyse durchgeführt werden, um einen ersten Anhaltspunkt für potenzielle Einflussgrößen zu erhalten:

- Überlegen Sie, welches Skalenniveau die Variablen der ersten acht Spalten besitzen.
- Zeichnen Sie jeweils ein Balken- und ein Kreisdiagramm für die Variablen Baujahr, Zylinder und Land und beschreiben Sie diese!
- Erstellen Sie ein Histogramm für die Variablen C1-C5. Welche Aussagen bezüglich der einzelnen (empirischen) Verteilungen können Sie machen? Sind diese symmetrisch oder schief?
- Machen Sie sich mit einem Konturplot vertraut. Graph ⇨ Contour Plot

Wählen Sie Liter/100km als Y-Variable (Response), PS und Gewicht als die anderen beiden Variablen. Erkennen Sie etwas, lässt sich ein solcher (dreidimensionaler) Graph einfach interpretieren? Würden Sie grafische Darstellungen für drei Variablen zur Analyse benutzen?
- Lassen Sie sich deskriptive Statistiken (z. B. arithmetisches Mittel, Median, Streuung) für alle stetigen Variablen ausgeben. Vergleichen Sie diese mit den Histogrammen.
- Erstellen Sie Boxplots für die Variablen Liter/100km und PS und interpretieren Sie diese.

Übung 4 (Berechnung der Prozessleistung, stet. Daten, Abschnitt 3.3)

Betrachten Sie erneut den Datensatz „Benzinverbrauch.mtw". Eine Erklärung der Variablen finden Sie in Übung 3.
- Berechnen Sie die Prozessleistung für Liter 100/km. Nehmen Sie dabei für die Spezifikationsgrenzen sinnvolle Werte an.
- Gehen Sie dabei nach der Übersichtsgrafik in Anhang A.4 (Sigma-Berechnung) vor.

- Mit welcher Verteilung (Normal- oder andere Verteilung) haben Sie den Sigma-Wert berechnet?
- Vergleichen Sie den ausgewiesenen Wert für Z_{Bench} mit dem Sigma-Wert, den Sie über den hier dargestellten p_{pm}-Wert errechnen können. Was lässt sich feststellen?
- Welche Möglichkeiten haben Sie, wenn die Daten keiner der von Minitab angebotenen Verteilung folgen?

Übung 5 (Konfidenzintervalle, 4.2.6.1)

Betrachten Sie erneut den Datensatz „Benzinverbrauch.mtw". Dieser wurde in Übung 3 erläutert.
- Erstellen Sie ein Konfidenzintervall für die Variable Liter/100km. Interpretieren Sie dieses Intervall.
- Erstellen Sie nun ein Konfidenzintervall für die Variable Liter/100km aufgesplittet nach dem Herstellungsland (Spalte C), das hier einen möglichen Segmentierungsfaktor darstellt. Wie würden Sie das Ergebnis inhaltlich interpretieren?
- Erstellen Sie eine neue Variable land4, die land2 (Deutschland) und land3 (Korea) zusammenfasst. Erstellen Sie erneut das Konfidenzintervall für Liter/100km aufgesplittet nach land1 (USA) und land4 (restliche Welt).

Übung 6 (t-Test, eine Stichprobe, Abschnitt 4.2.6.2)

Betrachten Sie den Datensatz „theater.mtw". Dabei soll das Ausgabeverhalten der Einwohner einer Stadt untersucht werden. Im Mittelpunkt stehen dabei die Ausgaben für Theaterbesuche (Spalte C4) als zu untersuchende Zielgröße (Y). Mögliche Einflussfaktoren waren beispielsweise Geschlecht (C1), Gehalt (C2) und Alter (C6). Die Stichprobengröße liegt bei n=699.
- Überlegen Sie sich, welche Variable welches Skalenniveau besitzt.
- Aus früheren Untersuchungen ist bekannt, dass die durchschnittlichen jährlichen Ausgaben für Theaterbesuche bei 145 Euro liegen. Führen Sie einen 1-Stichproben-t-Test durch.
- Lassen Sie sich auch alle optionalen Grafiken mit ausgeben. Sind sie aussagekräftig?
- Treffen Sie eine Entscheidung, ob die mittleren Ausgaben (der gesamten Einwohner der Stadt) für Theater tatsächlich bei 145 Euro liegen oder nicht. Benutzen Sie für Ihre Entscheidung sowohl den p-Wert als auch das Konfidenzintervall.

Übung 7 (t-Test, zwei Stichproben, Abschnitt 4.2.6.3)

Betrachten Sie den Datensatz „theater.mtw". Eine Erläuterung hierzu finden Sie in Übung 6. Wir betrachten nun zusätzlich auch die Ausgaben der Bevölkerung im vorhergehenden Jahr. Diese sind in der Spalte C5 zu finden.
- Sie wollen herausfinden, ob ein Unterschied bei den mittleren Ausgaben von Männern und Frauen besteht. Überlegen Sie, ob die Ausgaben bei Frauen und Männern abhängig sind oder nicht und wenden Sie anschließend den passenden Test an.
- Wie groß ist der p-Wert und zu welcher Entscheidung gelangen Sie?
- Nun interessiert Sie, ob ein Unterschied in den mittleren Ausgaben des vorherigen Jahres (C5) und dieses Jahres (C4) besteht. Überlegen Sie erneut, ob man von zwei abhängigen oder zwei unabhängigen Stichproben ausgehen kann. Wenden Sie anschließend einen adäquaten Test an.
- Interpretieren Sie den p-Wert und das Konfidenzintervall.

Übung 8 (Test auf Varianz, Abschnitt 4.2.6.4)

Betrachten Sie den Datensatz „theater.mtw". Eine Erklärung des Datensatzes erhalten Sie in Übung 6.
- Verschaffen Sie sich zunächst über deskriptive Statistiken (Varianz, Standardabweichung) einen Eindruck von den Ausgaben der Bürger des aktuellen Jahres (Spalte C4). Nutzen Sie dazu die Möglichkeit einer bedingten Aufteilung nach der Variable Geschlecht.
- Testen Sie, ob Sie von gleichen Varianzen bei den Ausgaben in den Untergruppen Männer und Frauen ausgehen können! Betrachten Sie hierzu den p-Wert.
- Sie wollen wissen, ob es größere Schwankungen in den Ausgaben bei den jeweiligen Altersgruppen gibt (Spalte C7). Vergleichen Sie dazu die Varianzen in den einzelnen Schichten und führen Sie einen geeigneten Test durch.

Übung 9 (Binomialtest, Abschnitt 4.2.6.5)

Betrachten Sie den Datensatz „DLZ_binomial.mtw". Sie erkennen in der ersten Spalte, ob Reparateur A eine vorgegebene DLZ eingehalten hat oder nicht, die Ausprägung 1 bezeichnet dabei, dass die Durchlaufzeit überschritten wurde. In der zweiten Spalte ist analog der Erfolg von Reparateur B gemessen worden.
- Prüfen Sie, ob der vorgegebene Fehleranteil von Reparateur A eingehalten wurde, also ob $p < 0.1$.

- Prüfen Sie, ob der vorgegebene Fehleranteil von Reparateur B eingehalten wurde, also ob p < 0.1.
- Prüfen Sie, ob der Fehleranteil der beiden Reparateure gleich groß ist.

Übung 10 (χ^2-Anpassungstest, Abschnitt 4.2.7.2)

Öffnen Sie den Datensatz „Anpassungstest.mtw". Nehmen Sie an, dass die Einkaufsabteilung eines Unternehmens regelmäßig ein Produkt anfordert, das in vier Güteklassen eingeteilt werden kann: Klasse A, Klasse B, Klasse C und Klasse D. Die Ware kommt von verschiedenen Zwischenhändlern und ist in der Qualität stark schwankend. Eine Weiterverarbeitung der Güteklassen A ist ohne Weiteres möglich, Güteklasse B kann (mit Einschränkungen) noch verwendet werden. Klasse C und D dagegen sind faktisch Ausschuss. Im Datensatz sind beobachtete und erwartete Häufigkeiten (bzw. Anteile) in den Güteklassen erfasst.
- Führen Sie einen χ^2-Test durch.
- Wie lautet Ihre Entscheidung? Behalten Sie die Nullhypothese bei?
- Interpretieren Sie des Weiteren noch die mit ausgegebene Grafik.

Übung 11 (Test auf Normalverteilung, Abschnitt 4.2.6.6)

Betrachten Sie den Datensatz „Benzinverbrauch.mtw". Dieser wird in Übung 3 erläutert.
- Diskutieren Sie, in welchen Bereichen meist normalverteilte Daten vorkommen können.
- Die Zielgröße Liter/100km soll auf Normalverteilung getestet werden. Führen Sie einen Normalverteilungstest mit allen drei angegebenen Alternativen (Anderson-Darling, Ryan-Joiner, Kolmogorov-Smirnov) durch.
- Ist die Variable Liter/100km normalverteilt? Können Sie Unterschiede in den Testergebnissen feststellen?

Übung 12 (Nichtparametrische Tests, Abschnitt 4.2.6.8)

Betrachten Sie den Datensatz „theater.mtw". Dieser ist in Übung 6 genauer erläutert.
- Bisher wurden schon einige Tests an diesem Datensatz durchgeführt, unter anderem verschiedene t-Tests. Testen Sie nun anhand eines Vorzeichentests, ob man davon ausgehen kann, dass 145 Euro pro Jahr im Mittel für Theaterbesuche ausgegeben wurden.
- Vergleichen Sie dieses Ergebnis noch einmal mit dem des 1-Stichproben-t-Tests. Was fällt Ihnen auf?

- Vergleichen Sie die Ausgaben für das Theater in diesem und im letzten Jahr. Unterscheiden sich die beiden Verteilungen im Mittel signifikant?
- Erhalten Sie das gleiche Ergebnis wie beim 2-Stichproben t-Test?
- Testen Sie mithilfe des Moods Median Test, ob sich der Median der Ausgaben für das Theater in den Altersgruppen unterscheidet?

Übung 13 (Zusammenhangsanalyse, Abschnitt 4.2.7.2)

Betrachten Sie erneut den Datensatz „Benzinverbrauch.mtw", der in Übung 3 näher erläutert wurde.
- Zeichnen Sie mehrere Streudiagramme für die Zielgröße Liter/100km mit allen möglichen metrischen Einflussgrößen.
- Wo sind Zusammenhänge zu erkennen? Sind diese linear?
- Berechnen Sie nun auch die Korrelationen (nach Bravais-Pearson) zwischen Liter/100km und den metrischen Variablen. Wo erkennt man die stärksten Zusammenhänge?
- Berechnen Sie nun die Korrelation zwischen Liter/100km und der Variable Zylinder. Verwenden Sie den Korrelationskoeffizienten von Spearman.
- Erstellen Sie eine neue Variable Zylinder2, die nur die Ausprägungen 4, 6 und 8 besitzt! (Data ⇨ Code)
- Berechnen Sie Cramers V für die Variablen Land und Zylinder. Wie interpretieren Sie diese Ergebnisse?

Übung 14 (Unabhängigkeitstest, Abschnitt 4.2.7.2)

Betrachten Sie erneut den Datensatz „Benzinverbrauch.mtw". Dieser wird in Übung 3 genauer erläutert.
- Erstellen Sie eine neue Variable Zylinder2, in der nur noch Autos mit 4, 6 und 8 Zylindern zu finden sind. Testen Sie mit einem χ^2-Unabhängigkeitstest, ob von einem Zusammenhang zwischen den beiden Variablen Zylinder und Land ausgegangen werden kann.
- Berechnen Sie noch einmal Cramers V und vergleichen Sie diesen Wert mit Ihrer Aussage.

Übung 15 (Lineare Regression, Abschnitt 4.2.7.3)

Betrachten Sie den Datensatz „Benzinverbrauch.mtw".
- Führen Sie eine lineare Regression durch. Liter/100km sei die Zielgröße, alle anderen Variablen (außer Land) die Einflussgrößen.
- Wie lautet die Regressionsgerade und wie interpretieren Sie diese?
- Welche der Größen haben tatsächlich einen Einfluss (sind also signifikant)?
- Wie ist die Güte der Regression (R^2)?

- Versuchen Sie nun, die Variable Land geeignet zu kodieren (Data ⇨ Code).
- Führen Sie dieses Mal noch einmal eine Regression mit allen Variablen als Einflussgrößen durch.
- Welche Variablen sind signifikant? Wie lautet Ihr Endmodell?

Übung 16 (einfaktorielle Varianzanalyse, Abschnitt 5.2.4.1)

Betrachten Sie den Datensatz „Brennofen.mtw". Es soll die Härte einer Keramik in Abhängigkeit vom Tag, an dem sie gebrannt wurde, von der Temperatur, bei der die sie gebrannt wurde, und von der Anreicherung eines Zusatzstoffs, mit dem die Keramik gebrannt wurde, modelliert werden.

Faktor A bezeichnet die drei Tage, an denen gemessen wurde (1, 2, 3), Faktor B die Temperatur (1 = 500° C = niedrig, 2 = 750° C = hoch) und Faktor C die Anreicherung des Zusatzstoffs (1 = 10 %, 2 = 20 %).

- Was sind die Voraussetzungen zur Durchführung einer ANOVA?
- Prüfen Sie, ob diese Voraussetzungen im vorliegenden Datensatz gegeben sind.
- Führen Sie die einfaktorielle Varianzanalyse mit der Zielgröße Keramikhärte und der Einflussgröße Tag durch.
- Führen Sie die einfaktorielle Varianzanalyse mit der Zielgröße Keramikhärte und der Einflussgröße Temperatur durch.
- Führen Sie die einfaktorielle Varianzanalyse mit der Zielgröße Keramikhärte und der Einflussgröße Zusatzstoff durch.
- Für welche der drei Einflussgrößen erhalten Sie bei der einfaktoriellen Varianzanalyse ein statistisch signifikantes Ergebnis?
  Wenden Sie für diese multiple Vergleiche an um herauszufinden, zwischen welchen Faktorstufen statistisch signifikante Unterschiede bestehen.

Übung 17 (zweifaktorielle Varianzanalyse, Abschnitt 5.2.4.2)

Betrachten Sie erneut den Datensatz „Brennofen.mtw" aus Übung 16.
- Führen Sie die zweifaktorielle Varianzanalyse mit der Zielgröße Keramikhärte und den Einflussgrößen Tag und Temperatur und der zugehörigen Wechselwirkung durch.
- Führen Sie die zweifaktorielle Varianzanalyse mit der Zielgröße Keramikhärte und den Einflussgrößen Tag und Zusatzstoff und der zugehörigen Wechselwirkung durch.
- Führen Sie die zweifaktorielle Varianzanalyse mit der Zielgröße Keramikhärte und den Einflussgrößen Temperatur und Zusatzstoff und der zugehörigen Wechselwirkung durch.

- Reduzieren Sie die zweifaktoriellen Modelle jeweils so weit wie möglich auf die statistisch signifikanten Effekte.
- Kodieren Sie die zweistufigen Faktoren Temperatur und Zusatzstoff gemäß der Dummy-Kodierung. Führen Sie damit die oben angegebenen Analysen nochmals durch und vergleichen Sie die Ergebnisse.
- Verwenden Sie nun statt der Dummy-Kodierung die Effekt-Kodierung. Führen Sie die oben angegebenen Analysen nochmals durch und vergleichen Sie die Ergebnisse.

Übung 18 (mehrfaktorielle Varianzanalyse, Abschnitt 5.2.4.2)

Betrachten Sie erneut den Datensatz „Brennofen.mtw" aus Übung 16.
- Führen Sie eine vollfaktorielle Varianzanalyse mit allen drei Haupteffekten und allen möglichen Wechselwirkungen durch. Beachten Sie dabei jedoch, dass Wechselwirkungen ab drei beteiligten Faktoren schwer zu interpretieren sind.
- Reduzieren Sie das vollfaktorielle Modell so weit wie möglich auf die statistisch signifikanten Effekte, also auf das relevante varianzanalytische Modell.
- Kodieren Sie alle Einflussgrößen gemäß Dummy- oder Effekt-Kodierung.
- Führen Sie für das gefundene varianzanalytische Endmodell die zugehörige lineare Regression durch. Beachten Sie dabei, dass die erhaltenen Parameter nur interpretiert werden können, wenn die Faktoren in Dummy- oder Effekt-Kodierung in das Modell aufgenommen werden, und dass eine Aufnahme von Interaktionen nur bei Effekt-Kodierung korrekt ist.

Übung 19 (Gage R&R, mehrfakt. Varianzanalyse, Abschnitt 5.2.4.2)

Betrachten Sie den Datensatz „Gage.mtw". Dieser Datensatz enthält die Zielgröße Bremsweg sowie die dreistufige Faktorvariable Fahrer, die dreistufige Faktorvariable Versuch und die zweistufige Faktorvariable Fahrzeugtyp.
- Führen Sie eine Gage-R&R-Analyse wie in Abschnitt 0 beschrieben durch. Wählen Sie jedoch als Method of Analysis dieses Mal die ANOVA.
- Führen Sie nun über das ANOVA-Menü eine Varianzanalyse mit denselben Einflussgrößen durch.
- Vergleichen Sie die Ergebnisse.

Übung 20 (Taguchi-Methoden, Abschnitt 5.2.4.3)

Bei der Serienfertigung von Fahrzeugen tritt sehr oft der Fall ein, dass Schrauben, die nicht die definierte Vorspannung besitzen, obwohl sie mit einem Normmoment angezogen werden. Als Ursache werden Reibwertunterschiede und Setzungserscheinungen auf lackierten Oberflächen vermutet. Um die genauen Ursachen zu analysieren, soll ein Schraubenversuch durchgeführt werden, wobei 7 mögliche Einflussfaktoren verwendet werden sollen. Alle Faktoren sind zweistufig, wobei eine Stufe der derzeitigen Einstellung und die andere Stufe einer Einstellung entspricht, bei der man sich eine Verbesserung erhofft. Es wurde ein orthogonaler $L_8(2^7)$-Versuchsplan verwendet. Dies bedeutet, dass acht verschiedene Läufe, also acht verschiedene Kombinationen der Faktorstufen der sieben verschiedenen untersuchten Faktorvariablen, die in jeweils zwei Stufen vorliegen, untersucht wurden. Jeder dieser acht Läufe wurde viermal wiederholt. Als Zielgröße dient die Längenveränderung (×100) der Schrauben beim Anziehen.

- Erzeugen Sie zunächst den zugehörigen Versuchsplan nach Taguchi.
- Fügen Sie die folgenden bei den Versuchen erhaltenen Responsewerte hinzu:

Y_1	Y_2	Y_3	Y_4
8.26	7.70	7.20	7.27
9.93	13.10	10.94	10.07
8.96	7.67	10.17	9.07
6.33	5.27	7.04	4.53
8.90	9.84	8.70	9.00
9.23	9.00	10.70	9.74
10.06	10.27	9.90	9.76
9.63	8.93	7.33	6.70

- Ermitteln Sie die optimale Einstellung der Parameter nach der Mittelwertmethode und nach der SNR-Methode (lower is better).
- Lassen Sie sich die jeweils zugehörigen Koeffizienten für die Parameter, die Graphen und die berechneten Werte für den Mittelwert bzw. die SNR ausgeben und interpretieren Sie diese.
- Warum werden in der Tafel der Varianzanalyse keine p-Werte angezeigt?

- Wie lautet die optimale Einstellung der Parameter für den Mittelwert bzw. die SNR und welche Werte würden diese beiden Größen dabei erreichen?

Übung 21 (Kontrollkarten, Abschnitt 6.1.2)

Betrachten Sie den Datensatz „Kontrollkarte.mtw", der zwei Spalten enthält. Die erste Spalte bezeichnet dabei die Anzahl der noch offenen Reparaturen. Gemessen wurde alle zwei Werktage, insgesamt über 10 Monate (zweite Spalte).
- Erstellen Sie eine Kontrollkarte für die Variable Offene Reparaturen.
- Modifizieren Sie nun die Zeitpunkte: Erstellen Sie 2 Zeiteinheiten mit je 20 Messungen und 2 mit je 30 Messungen. Wie verändert sich nun die Kontrollkarte und warum?

Anhang C: Tabellen

Tabelle C.1: Verteilungsfunktion ϕ (z) der Standardnormalverteilung N(0, 1)

z	.00	.01	.02	.03	.04
0.0	0.500000	0.503989	0.507978	0.511966	0.515953
0.1	0.539828	0.543795	0.547758	0.551717	0.555670
0.2	0.579260	0.583166	0.587064	0.590954	0.594835
0.3	0.617911	0.621720	0.625516	0.629300	0.633072
0.4	0.655422	0.659097	0.662757	0.666402	0.670031
0.5	0.691462	0.694974	0.698468	0.701944	0.705401
0.6	0.725747	0.729069	0.732371	0.735653	0.738914
0.7	0.758036	0.761148	0.764238	0.767305	0.770350
0.8	0.788145	0.791030	0.793892	0.796731	0.799546
0.9	0.815940	0.818589	0.821214	0.823814	0.826391
1.0	0.841345	0.843752	0.846136	0.848495	0.850830
1.1	0.864334	0.866500	0.868643	0.870762	0.872857
1.2	0.884930	0.886861	0.888768	0.890651	0.892512
1.3	0.903200	0.904902	0.906582	0.908241	0.909877
1.4	0.919243	0.920730	0.922196	0.923641	0.925066
1.5	0.933193	0.934478	0.935745	0.936992	0.938220
1.6	0.945201	0.946301	0.947384	0.948449	0.949497
1.7	0.955435	0.956367	0.957284	0.958185	0.959070
1.8	0.964070	0.964852	0.965620	0.966375	0.967116
1.9	0.971283	0.971933	0.972571	0.973197	0.973810
2.0	0.977250	0.977784	0.978308	0.978822	0.979325
2.1	0.982136	0.982571	0.982997	0.983414	0.983823
2.2	0.986097	0.986447	0.986791	0.987126	0.987455
2.3	0.989276	0.989556	0.989830	0.990097	0.990358
2.4	0.991802	0.992024	0.992240	0.992451	0.992656
2.5	0.993790	0.993963	0.994132	0.994297	0.994457
2.6	0.995339	0.995473	0.995604	0.995731	0.995855
2.7	0.996533	0.996636	0.996736	0.996833	0.996928
2.8	0.997445	0.997523	0.997599	0.997673	0.997744
2.9	0.998134	0.998193	0.998250	0.998305	0.998359
3.0	0.998650	0.998694	0.998736	0.998777	0.998817

Tabelle C.1: Verteilungsfunktion φ (z) der Standardnormalverteilung N(0, 1)

z	.05	.06	.07	.08	.09
0.0	0.519939	0.523922	0.527903	0.531881	0.535856
0.1	0.559618	0.563559	0.567495	0.571424	0.575345
0.2	0.598706	0.602568	0.606420	0.610261	0.614092
0.3	0.636831	0.640576	0.644309	0.648027	0.651732
0.4	0.673645	0.677242	0.680822	0.684386	0.687933
0.5	0.708840	0.712260	0.715661	0.719043	0.722405
0.6	0.742154	0.745373	0.748571	0.751748	0.754903
0.7	0.773373	0.776373	0.779350	0.782305	0.785236
0.8	0.802337	0.805105	0.807850	0.810570	0.813267
0.9	0.828944	0.831472	0.833977	0.836457	0.838913
1.0	0.853141	0.855428	0.857690	0.859929	0.862143
1.1	0.874928	0.876976	0.879000	0.881000	0.882977
1.2	0.894350	0.896165	0.897958	0.899727	0.901475
1.3	0.911492	0.913085	0.914657	0.916207	0.917736
1.4	0.926471	0.927855	0.929219	0.930563	0.931888
1.5	0.939429	0.940620	0.941792	0.942947	0.944083
1.6	0.950529	0.951543	0.952540	0.953521	0.954486
1.7	0.959941	0.960796	0.961636	0.962462	0.963273
1.8	0.967843	0.968557	0.969258	0.969946	0.970621
1.9	0.974412	0.975002	0.975581	0.976148	0.976705
2.0	0.979818	0.980301	0.980774	0.981237	0.981691
2.1	0.984222	0.984614	0.984997	0.985371	0.985738
2.2	0.987776	0.988089	0.988396	0.988696	0.988989
2.3	0.990613	0.990863	0.991106	0.991344	0.991576
2.4	0.992857	0.993053	0.993244	0.993431	0.993613
2.5	0.994614	0.994766	0.994915	0.995060	0.995201
2.6	0.995975	0.996093	0.996207	0.996319	0.996427
2.7	0.997020	0.997110	0.997197	0.997282	0.997365
2.8	0.997814	0.997882	0.997948	0.998012	0.998074
2.9	0.998411	0.998462	0.998511	0.998559	0.998605
3.0	0.998856	0.998893	0.998930	0.998965	0.998999

Tabelle C.2: (1 - α)-Quantile $c_{df;1-\alpha}$ der x^2-Verteilung

df	\multicolumn{6}{c}{$1-\alpha$}					
	0.01	0.025	0.05	0.95	0.975	0.99
1	0.0001	0.001	0.004	3.84	5.02	6.62
2	0.020	0.051	0.103	5.99	7.38	9.21
3	0.115	0.216	0.352	7.81	9.35	11.3
4	0.297	0.484	0.711	9.49	11.1	13.3
5	0.554	0.831	1.15	11.1	12.8	15.1
6	0.872	1.24	1.64	12.6	14.4	16.8
7	1.24	1.69	2.17	14.1	16.0	18.5
8	1.65	2.18	2.73	15.5	17.5	20.1
9	2.09	2.70	3.33	16.9	19.0	21.7
10	2.56	3.25	3.94	18.3	20.5	23.2
11	3.05	3.82	4.57	19.7	21.9	24.7
12	3.57	4.40	5.23	21.0	23.3	26.2
13	4.11	5.01	5.89	22.4	24.7	27.7
14	4.66	5.63	6.57	23.7	26.1	29.1
15	5.23	6.26	7.26	25.0	27.5	30.6
16	5.81	6.91	7.96	26.3	28.8	32.0
17	6.41	7.56	8.67	27.6	30.2	33.4
18	7.01	8.23	9.39	28.9	31.5	34.8
19	7.63	8.91	10.1	30.1	32.9	36.2
20	8.26	9.59	10.9	31.4	34.2	37.6
25	11.5	13.1	14.6	37.7	40.6	44.3
30	15.0	16.8	18.5	43.8	47.0	50.9
40	22.2	24.4	26.5	55.8	59.3	63.7
50	29.7	32.4	34.8	67.5	71.4	76.2
60	37.5	40.5	43.2	79.1	83.3	88.4
70	45.4	48.8	51.7	90.5	95.0	100.4
80	53.5	57.2	60.4	101.9	106.6	112.3
90	61.8	65.6	69.1	113.1	118.1	124.1
100	70.1	74.2	77.9	124.3	129.6	135.8

Tabelle C.3: (1 - α)-Quantile $t_{df;1-\alpha}$ der t-Verteilung

df	\multicolumn{4}{c}{1 − α}
	0.95	0.975	0.99	0.995
1	6.3138	12.706	31.821	63.657
2	2.9200	4.3027	6.9646	9.9248
3	2.3534	3.1824	4.5407	5.8409
4	2.1318	2.7764	3.7469	4.6041
5	2.0150	2.5706	3.3649	4.0321
6	1.9432	2.4469	3.1427	3.7074
7	1.8946	2.3646	2.9980	3.4995
8	1.8595	2.3060	2.8965	3.3554
9	1.8331	2.2622	2.8214	3.2498
10	1.8125	2.2281	2.7638	3.1693
11	1.7959	2.2010	2.7181	3.1058
12	1.7823	2.1788	2.6810	3.0545
13	1.7709	2.1604	2.6503	3.0123
14	1.7613	2.1448	2.6245	2.9768
15	1.7531	2.1314	2.6025	2.9467
16	1.7459	2.1199	2.5835	2.9208
17	1.7396	2.1098	2.5669	2.8982
18	1.7341	2.1009	2.5524	2.8784
19	1.7291	2.0930	2.5395	2.8609
20	1.7247	2.0860	2.5280	2.8453
30	1.6973	2.0423	2.4573	2.7500
40	1.6839	2.0211	2.4233	2.7045
50	1.6759	2.0086	2.4033	2.6778
60	1.6706	2.0003	2.3901	2.6603
70	1.6669	1.9944	2.3808	2.6479
80	1.6641	1.9901	2.3739	2.6387
90	1.6620	1.9867	2.3685	2.6316
100	1.6602	1.9840	2.3642	2.6259
200	1.6525	1.9719	2.3451	2.6006
300	1.6499	1.9679	2.3388	2.5923
400	1.6487	1.9659	2.3357	2.5882
500	1.6479	1.9647	2.3338	2.5857

Tabelle C.4: (1- α)-Quantile $f_{df_1,df_2;1-\alpha}$ der F-Verteilung für α =0.05.
df_1 in den Zeilen, df_2 in den Spalten

df_1	1	2	3	4	5	6	7	8	9	10	11	12	13	14
1	161.44	18.512	10.127	7.7086	6.6078	5.9873	5.5914	5.3176	5.1173	4.9646	4.8443	4.7472	4.6671	4.6001
2	199.50	19.000	9.5520	6.9442	5.7861	5.1432	4.7374	4.4589	4.2564	4.1028	3.9822	3.8852	3.8055	3.7388
3	215.70	19.164	9.2766	6.5913	5.4094	4.7570	4.3468	4.0661	3.8625	3.7082	3.5874	3.4902	3.4105	3.3438
4	224.58	19.246	9.1171	6.3882	5.1921	4.5336	4.1203	3.8378	3.6330	3.4780	3.3566	3.2591	3.1791	3.1122
5	230.16	19.296	9.0134	6.2560	5.0503	4.3873	3.9715	3.6874	3.4816	3.3258	3.2038	3.1058	3.0254	2.9582
6	233.98	19.329	8.9406	6.1631	4.9502	4.2838	3.8659	3.5805	3.3737	3.2171	3.0946	2.9961	2.9152	2.8477
7	236.76	19.353	8.8867	6.0942	4.8758	4.2066	3.7870	3.5004	3.2927	3.1354	3.0123	2.9133	2.8320	2.7641
8	238.88	19.370	8.8452	6.0410	4.8183	4.1468	3.7257	3.4381	3.2295	3.0716	2.9479	2.8485	2.7669	2.6986
9	240.54	19.384	8.8122	5.9987	4.7724	4.0990	3.6766	3.3881	3.1788	3.0203	2.8962	2.7963	2.7143	2.6457
10	241.88	19.395	8.7855	5.9643	4.7350	4.0599	3.6365	3.3471	3.1372	2.9782	2.8536	2.7533	2.6710	2.6021
11	242.98	19.404	8.7633	5.9358	4.7039	4.0274	3.6030	3.3129	3.1024	2.9429	2.8179	2.7173	2.6346	2.5654
12	243.90	19.412	8.7446	5.9117	4.6777	3.9999	3.5746	3.2839	3.0729	2.9129	2.7875	2.6866	2.6036	2.5342
13	244.68	19.418	8.7286	5.8911	4.6552	3.9763	3.5503	3.2590	3.0475	2.8871	2.7614	2.6601	2.5769	2.5072
14	245.36	19.424	8.7148	5.8733	4.6357	3.9559	3.5292	3.2373	3.0254	2.8647	2.7386	2.6371	2.5536	2.4837
15	245.94	19.429	8.7028	5.8578	4.6187	3.9380	3.5107	3.2184	3.0061	2.8450	2.7186	2.6168	2.5331	2.4630
16	246.46	19.433	8.6922	5.8441	4.6037	3.9222	3.4944	3.2016	2.9889	2.8275	2.7009	2.5988	2.5149	2.4446
17	246.91	19.436	8.6829	5.8319	4.5904	3.9082	3.4798	3.1867	2.9736	2.8120	2.6850	2.5828	2.4986	2.4281
18	247.32	19.440	8.6745	5.8211	4.5785	3.8957	3.4668	3.1733	2.9600	2.7980	2.6709	2.5684	2.4840	2.4134
19	247.68	19.443	8.6669	5.8113	4.5678	3.8844	3.4551	3.1612	2.9476	2.7854	2.6580	2.5554	2.4708	2.4000
20	248.01	19.445	8.6601	5.8025	4.5581	3.8741	3.4445	3.1503	2.9364	2.7740	2.6464	2.5435	2.4588	2.3878
30	250.09	19.462	8.6165	5.7458	4.4957	3.8081	3.3758	3.0794	2.8636	2.6995	2.5704	2.4662	2.3803	2.3082
40	251.14	19.470	8.5944	5.7169	4.4637	3.7742	3.3404	3.0427	2.8259	2.6608	2.5309	2.4258	2.3391	2.2663
50	251.77	19.475	8.5809	5.6994	4.4444	3.7536	3.3188	3.0203	2.8028	2.6371	2.5065	2.4010	2.3138	2.2405
60	252.19	19.479	8.5720	5.6877	4.4313	3.7397	3.3043	3.0053	2.7872	2.6210	2.4901	2.3841	2.2965	2.2229
70	252.49	19.481	8.5655	5.6793	4.4220	3.7298	3.2938	2.9944	2.7760	2.6095	2.4782	2.3719	2.2841	2.2102
80	252.72	19.483	8.5607	5.6729	4.4149	3.7223	3.2859	2.9862	2.7675	2.6007	2.4692	2.3627	2.2747	2.2006
90	252.89	19.484	8.5569	5.6680	4.4094	3.7164	3.2798	2.9798	2.7608	2.5939	2.4622	2.3555	2.2673	2.1930
100	253.04	19.485	8.5539	5.6640	4.4050	3.7117	3.2748	2.9746	2.7555	2.5884	2.4565	2.3497	2.2613	2.1869

Fortsetzung Tabelle C.4: (1- α)-Quantile $f_{df1,df2;1-\alpha}$ der F-Verteilung für α =0.05. df_1 in den Zeilen, df_2 in den Spalten

df_1	15	16	17	18	19	20	30	40	50	60	70	80	90	100
1	4.5430	4.4939	4.4513	4.4138	4.3807	4.3512	4.1708	4.0847	4.0343	4.0011	3.9777	3.9603	3.9468	3.9361
2	3.6823	3.6337	3.5915	3.5545	3.5218	3.4928	3.3158	3.2317	3.1826	3.1504	3.1276	3.1107	3.0976	3.0872
3	3.2873	3.2388	3.1967	3.1599	3.1273	3.0983	2.9222	2.8387	2.7900	2.7580	2.7355	2.7187	2.7058	2.6955
4	3.0555	3.0069	2.9647	2.9277	2.8951	2.8660	2.6896	2.6059	2.5571	2.5252	2.5026	2.4858	2.4729	2.4626
5	2.9012	2.8524	2.8099	2.7728	2.7400	2.7108	2.5335	2.4494	2.4004	2.3682	2.3455	2.3287	2.3156	2.3053
6	2.7904	2.7413	2.6986	2.6613	2.6283	2.5989	2.4205	2.3358	2.2864	2.2540	2.2311	2.2141	2.2010	2.1906
7	2.7066	2.6571	2.6142	2.5767	2.5435	2.5140	2.3343	2.2490	2.1992	2.1665	2.1434	2.1263	2.1130	2.1025
8	2.6407	2.5910	2.5479	2.5101	2.4767	2.4470	2.2661	2.1801	2.1299	2.0969	2.0736	2.0563	2.0429	2.0323
9	2.5876	2.5376	2.4942	2.4562	2.4226	2.3928	2.2106	2.1240	2.0733	2.0400	2.0166	1.9991	1.9855	1.9748
10	2.5437	2.4935	2.4499	2.4117	2.3779	2.3478	2.1645	2.0772	2.0261	1.9925	1.9688	1.9512	1.9375	1.9266
11	2.5068	2.4563	2.4125	2.3741	2.3402	2.3099	2.1255	2.0375	1.9860	1.9522	1.9282	1.9104	1.8966	1.8856
12	2.4753	2.4246	2.3806	2.3420	2.3079	2.2775	2.0920	2.0034	1.9515	1.9173	1.8932	1.8752	1.8613	1.8502
13	2.4481	2.3972	2.3530	2.3143	2.2800	2.2495	2.0629	1.9737	1.9214	1.8870	1.8626	1.8445	1.8304	1.8192
14	2.4243	2.3733	2.3289	2.2900	2.2556	2.2249	2.0374	1.9476	1.8949	1.8602	1.8356	1.8173	1.8032	1.7919
15	2.4034	2.3522	2.3076	2.2686	2.2340	2.2032	2.0148	1.9244	1.8713	1.8364	1.8116	1.7932	1.7789	1.7675
16	2.3848	2.3334	2.2887	2.2495	2.2148	2.1839	1.9946	1.9037	1.8503	1.8151	1.7901	1.7715	1.7571	1.7456
17	2.3682	2.3167	2.2718	2.2325	2.1977	2.1667	1.9764	1.8851	1.8313	1.7958	1.7707	1.7519	1.7374	1.7258
18	2.3533	2.3016	2.2566	2.2171	2.1822	2.1511	1.9601	1.8682	1.8141	1.7784	1.7531	1.7342	1.7195	1.7079
19	2.3398	2.2879	2.2428	2.2032	2.1682	2.1370	1.9452	1.8528	1.7984	1.7625	1.7370	1.7180	1.7032	1.6914
20	2.3275	2.2755	2.2303	2.1906	2.1554	2.1241	1.9316	1.8388	1.7841	1.7479	1.7223	1.7031	1.6882	1.6764
30	2.2467	2.1938	2.1477	2.1071	2.0711	2.0390	1.8408	1.7444	1.6871	1.6491	1.6220	1.6017	1.5859	1.5733
40	2.2042	2.1507	2.1039	2.0628	2.0264	1.9938	1.7917	1.6927	1.6336	1.5942	1.5660	1.5448	1.5283	1.5151
50	2.1779	2.1239	2.0768	2.0353	1.9985	1.9656	1.7608	1.6600	1.5994	1.5590	1.5299	1.5080	1.4909	1.4772
60	2.1601	2.1058	2.0584	2.0166	1.9795	1.9463	1.7395	1.6372	1.5756	1.5343	1.5045	1.4821	1.4645	1.4503
70	2.1471	2.0926	2.0450	2.0030	1.9657	1.9323	1.7239	1.6205	1.5580	1.5160	1.4856	1.4627	1.4447	1.4302
80	2.1373	2.0826	2.0348	1.9926	1.9552	1.9216	1.7120	1.6076	1.5444	1.5018	1.4710	1.4477	1.4294	1.4146
90	2.1296	2.0747	2.0268	1.9845	1.9469	1.9133	1.7026	1.5974	1.5336	1.4905	1.4593	1.4357	1.4170	1.4020
100	2.1234	2.0684	2.0204	1.9780	1.9403	1.9065	1.6950	1.5892	1.5249	1.4813	1.4498	1.4258	1.4069	1.3917

Tabelle C.5: (1- α/2)-Quantile $f_{df1,df2;1-\alpha/2}$ der F-Verteilung für α =0.05/2. df_1 in den Zeilen, df_2 in den Spalten

df_1	1	2	3	4	5	6	7	8	9	10	11	12	13	14
1	647.78	38.506	17.443	12.217	10.006	8.8131	8.0726	7.5708	7.2092	6.9367	6.7241	6.5537	6.4142	6.2979
2	799.50	39.000	16.044	10.649	8.4336	7.2598	6.5415	6.0594	5.7147	5.4563	5.2558	5.0958	4.9652	4.8566
3	864.16	39.165	15.439	9.9791	7.7635	6.5987	5.8898	5.4159	5.0781	4.8256	4.6300	4.4741	4.3471	4.2417
4	899.58	39.248	15.100	9.6045	7.3878	6.2271	5.5225	5.0526	4.7180	4.4683	4.2750	4.1212	3.9958	3.8919
5	921.84	39.298	14.884	9.3644	7.1463	5.9875	5.2852	4.8172	4.4844	4.2360	4.0439	3.8911	3.7666	3.6634
6	937.11	39.331	14.734	9.1973	6.9777	5.8197	5.1185	4.6516	4.3197	4.0721	3.8806	3.7282	3.6042	3.5013
7	948.21	39.355	14.624	9.0741	6.8530	5.6954	4.9949	4.5285	4.1970	3.9498	3.7586	3.6065	3.4826	3.3799
8	956.65	39.373	14.539	8.9795	6.7571	5.5996	4.8993	4.4332	4.1019	3.8548	3.6638	3.5117	3.3879	3.2852
9	963.28	39.386	14.473	8.9046	6.6810	5.5234	4.8232	4.3572	4.0259	3.7789	3.5878	3.4358	3.3120	3.2093
10	968.62	39.397	14.418	8.8438	6.6191	5.4613	4.7611	4.2951	3.9638	3.7167	3.5256	3.3735	3.2496	3.1468
11	973.02	39.407	14.374	8.7935	6.5678	5.4097	4.7094	4.2434	3.9120	3.6649	3.4736	3.3214	3.1974	3.0945
12	976.70	39.414	14.336	8.7511	6.5245	5.3662	4.6658	4.1996	3.8682	3.6209	3.4296	3.2772	3.1531	3.0501
13	979.83	39.421	14.304	8.7149	6.4875	5.3290	4.6284	4.1621	3.8305	3.5831	3.3917	3.2392	3.1150	3.0118
14	982.52	39.426	14.276	8.6837	6.4556	5.2968	4.5960	4.1296	3.7979	3.5504	3.3588	3.2062	3.0818	2.9785
15	984.86	39.431	14.252	8.6565	6.4277	5.2686	4.5677	4.1012	3.7693	3.5216	3.3299	3.1772	3.0527	2.9493
16	986.91	39.435	14.231	8.6325	6.4031	5.2438	4.5428	4.0760	3.7440	3.4962	3.3043	3.1515	3.0269	2.9233
17	988.73	39.439	14.212	8.6113	6.3813	5.2218	4.5206	4.0537	3.7216	3.4736	3.2816	3.1286	3.0038	2.9002
18	990.34	39.442	14.195	8.5923	6.3618	5.2021	4.5007	4.0337	3.7014	3.4533	3.2612	3.1081	2.9832	2.8794
19	991.79	39.445	14.180	8.5753	6.3443	5.1844	4.4829	4.0157	3.6833	3.4351	3.2428	3.0895	2.9645	2.8607
20	993.10	39.447	14.167	8.5599	6.3285	5.1684	4.4667	3.9994	3.6669	3.4185	3.2261	3.0727	2.9476	2.8436
30	1001.4	39.464	14.080	8.4612	6.2268	5.0652	4.3623	3.8940	3.5604	3.3110	3.1176	2.9632	2.8372	2.7323
40	1005.5	39.472	14.036	8.4111	6.1750	5.0124	4.3088	3.8397	3.5054	3.2553	3.0613	2.9063	2.7796	2.6742
50	1008.1	39.477	14.009	8.3807	6.1436	4.9804	4.2763	3.8067	3.4719	3.2213	3.0268	2.8714	2.7443	2.6384
60	1009.8	39.481	13.992	8.3604	6.1225	4.9588	4.2543	3.7844	3.4493	3.1984	3.0035	2.8477	2.7203	2.6141
70	1011.0	39.483	13.979	8.3458	6.1073	4.9434	4.2386	3.7684	3.4330	3.1818	2.9867	2.8307	2.7030	2.5966
80	1011.9	39.485	13.969	8.3348	6.0960	4.9317	4.2267	3.7563	3.4207	3.1693	2.9740	2.8178	2.6899	2.5833
90	1012.6	39.486	13.962	8.3263	6.0871	4.9226	4.2175	3.7469	3.4111	3.1595	2.9640	2.8077	2.6797	2.5729
100	1013.1	39.487	13.956	8.3194	6.0799	4.9154	4.2100	3.7393	3.4034	3.1517	2.9561	2.7996	2.6714	2.5645

Fortsetzung Tabelle C.5: (1- α/2)-Quantile $f_{df_1, df_2; 1-\alpha/2}$ der F-Verteilung für α =0.05/2. df_1 in den Zeilen, df_2 in den Spalten

df_1	15	16	17	18	19	20	30	40	50	60	70	80	90	100
1	6.1995	6.1151	6.0420	5.9780	5.9216	5.8714	5.5675	5.4239	5.3403	5.2856	5.2470	5.2183	5.1962	5.1785
2	4.7650	4.6866	4.6188	4.5596	4.5075	4.4612	4.1820	4.0509	3.9749	3.9252	3.8902	3.8643	3.8442	3.8283
3	4.1528	4.0768	4.0111	3.9538	3.9034	3.8586	3.5893	3.4632	3.3901	3.3425	3.3089	3.2840	3.2648	3.2496
4	3.8042	3.7294	3.6647	3.6083	3.5587	3.5146	3.2499	3.1261	3.0544	3.0076	2.9747	2.9503	2.9315	2.9165
5	3.5764	3.5021	3.4379	3.3819	3.3327	3.2890	3.0264	2.9037	2.8326	2.7863	2.7537	2.7295	2.7108	2.6960
6	3.4146	3.3406	3.2766	3.2209	3.1718	3.1283	2.8666	2.7443	2.6735	2.6273	2.5948	2.5707	2.5521	2.5374
7	3.2933	3.2194	3.1555	3.0998	3.0508	3.0074	2.7460	2.6237	2.5529	2.5067	2.4742	2.4501	2.4315	2.4168
8	3.1987	3.1248	3.0609	3.0052	2.9562	2.9127	2.6512	2.5288	2.4579	2.4116	2.3791	2.3549	2.3362	2.3214
9	3.1227	3.0487	2.9848	2.9291	2.8800	2.8365	2.5746	2.4519	2.3808	2.3344	2.3017	2.2774	2.2587	2.2438
10	3.0601	2.9861	2.9221	2.8663	2.8172	2.7736	2.5111	2.3881	2.3167	2.2701	2.2373	2.2130	2.1942	2.1792
11	3.0078	2.9336	2.8696	2.8137	2.7645	2.7208	2.4577	2.3343	2.2626	2.2158	2.1828	2.1584	2.1395	2.1244
12	2.9632	2.8890	2.8248	2.7688	2.7195	2.6758	2.4120	2.2881	2.2162	2.1691	2.1360	2.1114	2.0924	2.0773
13	2.9249	2.8505	2.7862	2.7301	2.6807	2.6369	2.3724	2.2481	2.1758	2.1286	2.0953	2.0705	2.0514	2.0362
14	2.8914	2.8170	2.7526	2.6964	2.6469	2.6029	2.3377	2.2129	2.1404	2.0929	2.0594	2.0345	2.0153	2.0000
15	2.8620	2.7875	2.7230	2.6667	2.6171	2.5730	2.3071	2.1819	2.1090	2.0613	2.0276	2.0026	1.9833	1.9679
16	2.8360	2.7613	2.6967	2.6403	2.5906	2.5465	2.2798	2.1541	2.0809	2.0330	1.9992	1.9740	1.9546	1.9391
17	2.8127	2.7379	2.6733	2.6167	2.5669	2.5227	2.2554	2.1292	2.0557	2.0076	1.9736	1.9483	1.9287	1.9132
18	2.7919	2.7170	2.6522	2.5955	2.5457	2.5014	2.2333	2.1067	2.0329	1.9845	1.9504	1.9249	1.9053	1.8896
19	2.7730	2.6980	2.6331	2.5764	2.5264	2.4820	2.2133	2.0863	2.0122	1.9636	1.9292	1.9037	1.8839	1.8682
20	2.7559	2.6807	2.6157	2.5590	2.5089	2.4644	2.1951	2.0677	1.9932	1.9444	1.9099	1.8842	1.8643	1.8485
30	2.6437	2.5678	2.5020	2.4445	2.3937	2.3486	2.0739	1.9429	1.8659	1.8152	1.7792	1.7523	1.7314	1.7148
40	2.5850	2.5085	2.4422	2.3841	2.3329	2.2873	2.0088	1.8751	1.7962	1.7440	1.7068	1.6790	1.6574	1.6401
50	2.5487	2.4719	2.4052	2.3468	2.2952	2.2492	1.9680	1.8323	1.7519	1.6985	1.6604	1.6318	1.6095	1.5916
60	2.5242	2.4470	2.3801	2.3214	2.2695	2.2233	1.9400	1.8027	1.7211	1.6667	1.6279	1.5986	1.5758	1.5575
70	2.5064	2.4290	2.3618	2.3029	2.2509	2.2045	1.9195	1.7810	1.6984	1.6432	1.6037	1.5739	1.5507	1.5320
80	2.4929	2.4154	2.3480	2.2890	2.2367	2.1902	1.9038	1.7643	1.6809	1.6251	1.5851	1.5548	1.5312	1.5121
90	2.4824	2.4047	2.3372	2.2780	2.2256	2.1789	1.8915	1.7511	1.6671	1.6107	1.5702	1.5396	1.5156	1.4962
100	2.4739	2.3961	2.3285	2.2692	2.2167	2.1699	1.8815	1.7405	1.6558	1.5990	1.5581	1.5271	1.5028	1.4832

Tabelle C.6: (1- α)-Quantile $f_{df_1,df_2;1-\alpha}$ der F-Verteilung für α =0.01. df_1 in den Zeilen, df_2 in den Spalten

df_1	1	2	3	4	5	6	7	8	9	10	11	12	13	14
1	4052.1	98.502	34.116	21.197	16.258	13.745	12.246	11.258	10.561	10.044	9.6460	9.3302	9.0738	8.8615
2	4999.5	99.000	30.816	18.000	13.273	10.924	9.5465	8.6491	8.0215	7.5594	7.2057	6.9266	6.7009	6.5148
3	5403.3	99.166	29.456	16.694	12.059	9.7795	8.4512	7.5909	6.9919	6.5523	6.2167	5.9525	5.7393	5.5638
4	5624.5	99.249	28.709	15.977	11.391	9.1483	7.8466	7.0060	6.4220	5.9943	5.6683	5.4119	5.2053	5.0353
5	5763.6	99.299	28.237	15.521	10.967	8.7458	7.4604	6.6318	6.0569	5.6363	5.3160	5.0643	4.8616	4.6949
6	5858.9	99.332	27.910	15.206	10.672	8.4661	7.1914	6.3706	5.8017	5.3858	5.0692	4.8205	4.6203	4.4558
7	5928.3	99.356	27.671	14.975	10.455	8.2599	6.9928	6.1776	5.6128	5.2001	4.8860	4.6395	4.4409	4.2778
8	5981.0	99.374	27.489	14.798	10.289	8.1016	6.8400	6.0288	5.4671	5.0566	4.7444	4.4993	4.3020	4.1399
9	6022.4	99.388	27.345	14.659	10.157	7.9761	6.7187	5.9106	5.3511	4.9424	4.6315	4.3875	4.1910	4.0296
10	6055.8	99.399	27.228	14.545	10.051	7.8741	6.6200	5.8142	5.2565	4.8491	4.5392	4.2960	4.1002	3.9393
11	6083.3	99.408	27.132	14.452	9.9626	7.7895	6.5381	5.7342	5.1778	4.7715	4.4624	4.2198	4.0245	3.8640
12	6106.3	99.415	27.051	14.373	9.8882	7.7183	6.4690	5.6667	5.1114	4.7058	4.3974	4.1552	3.9603	3.8001
13	6125.8	99.422	26.983	14.306	9.8248	7.6574	6.4100	5.6089	5.0545	4.6496	4.3416	4.0998	3.9052	3.7452
14	6142.6	99.427	26.923	14.248	9.7700	7.6048	6.3589	5.5588	5.0052	4.6008	4.2932	4.0517	3.8573	3.6975
15	6157.3	99.432	26.872	14.198	9.7222	7.5589	6.3143	5.5151	4.9620	4.5581	4.2508	4.0096	3.8153	3.6556
16	6170.1	99.436	26.826	14.153	9.6801	7.5185	6.2750	5.4765	4.9240	4.5204	4.2134	3.9723	3.7782	3.6186
17	6181.4	99.440	26.786	14.114	9.6428	7.4827	6.2400	5.4422	4.8901	4.4869	4.1801	3.9392	3.7451	3.5856
18	6191.5	99.443	26.750	14.079	9.6095	7.4506	6.2088	5.4116	4.8599	4.4569	4.1502	3.9094	3.7155	3.5561
19	6200.5	99.446	26.718	14.048	9.5796	7.4218	6.1808	5.3840	4.8326	4.4298	4.1233	3.8827	3.6888	3.5294
20	6208.7	99.449	26.689	14.019	9.5526	7.3958	6.1554	5.3590	4.8079	4.4053	4.0990	3.8584	3.6646	3.5052
30	6260.6	99.465	26.504	13.837	9.3793	7.2285	5.9920	5.1981	4.6485	4.2469	3.9411	3.7007	3.5070	3.3475
40	6286.7	99.474	26.410	13.745	9.2911	7.1432	5.9084	5.1156	4.5666	4.1652	3.8595	3.6191	3.4252	3.2656
50	6302.5	99.479	26.354	13.689	9.2378	7.0914	5.8576	5.0653	4.5167	4.1154	3.8097	3.5692	3.3751	3.2153
60	6313.0	99.482	26.316	13.652	9.2020	7.0567	5.8235	5.0316	4.4830	4.0818	3.7760	3.5354	3.3412	3.1812
70	6320.5	99.484	26.289	13.625	9.1763	7.0318	5.7990	5.0073	4.4588	4.0576	3.7518	3.5111	3.3168	3.1566
80	6326.1	99.486	26.268	13.605	9.1570	7.0130	5.7806	4.9890	4.4406	4.0394	3.7335	3.4927	3.2983	3.1380
90	6330.5	99.488	26.252	13.589	9.1419	6.9984	5.7662	4.9747	4.4264	4.0251	3.7192	3.4783	3.2839	3.1235
100	6334.1	99.489	26.240	13.576	9.1299	6.9866	5.7546	4.9632	4.4149	4.0137	3.7077	3.4668	3.2722	3.1118

Fortsetzung Tabelle C.6: $(1-\alpha)$-Quantile $f_{df1,df2;1-\alpha}$ der F-Verteilung für $\alpha = 0.01$. df_1 in den Zeilen, df_2 in den Spalten

df_1	15	16	17	18	19	20	30	40	50	60	70	80	90	100
1	8.6831	8.5309	8.3997	8.2854	8.1849	8.0959	7.5624	7.3140	7.1705	7.0771	7.0113	6.9626	6.9251	6.8953
2	6.3588	6.2262	6.1121	6.0129	5.9258	5.8489	5.3903	5.1785	5.0566	4.9774	4.9218	4.8807	4.8490	4.8239
3	5.4169	5.2922	5.1849	5.0918	5.0102	4.9381	4.5097	4.3125	4.1993	4.1258	4.0743	4.0362	4.0069	3.9836
4	4.8932	4.7725	4.6689	4.5790	4.5002	4.4306	4.0178	3.8282	3.7195	3.6490	3.5996	3.5631	3.5349	3.5126
5	4.5556	4.4374	4.3359	4.2478	4.1707	4.1026	3.6990	3.5138	3.4076	3.3388	3.2906	3.2550	3.2276	3.2058
6	4.3182	4.2016	4.1015	4.0146	3.9385	3.8714	3.4734	3.2910	3.1864	3.1186	3.0712	3.0361	3.0091	2.9876
7	4.1415	4.0259	3.9267	3.8406	3.7652	3.6987	3.3044	3.1237	3.0201	2.9530	2.9060	2.8712	2.8445	2.8232
8	4.0044	3.8895	3.7909	3.7054	3.6305	3.5644	3.1726	2.9929	2.8900	2.8232	2.7765	2.7419	2.7153	2.6942
9	3.8947	3.7804	3.6822	3.5970	3.5225	3.4566	3.0665	2.8875	2.7849	2.7184	2.6718	2.6373	2.6108	2.5898
10	3.8049	3.6909	3.5930	3.5081	3.4338	3.3681	2.9790	2.8005	2.6981	2.6317	2.5852	2.5508	2.5243	2.5033
11	3.7299	3.6161	3.5185	3.4337	3.3596	3.2941	2.9056	2.7273	2.6250	2.5586	2.5121	2.4777	2.4512	2.4302
12	3.6662	3.5526	3.4551	3.3706	3.2965	3.2311	2.8430	2.6648	2.5624	2.4961	2.4495	2.4151	2.3886	2.3675
13	3.6115	3.4980	3.4007	3.3162	3.2422	3.1768	2.7890	2.6107	2.5083	2.4418	2.3952	2.3607	2.3342	2.3131
14	3.5639	3.4506	3.3533	3.2688	3.1949	3.1295	2.7418	2.5634	2.4608	2.3943	2.3476	2.3131	2.2864	2.2653
15	3.5221	3.4089	3.3116	3.2272	3.1533	3.0880	2.7001	2.5216	2.4189	2.3522	2.3055	2.2708	2.2441	2.2230
16	3.4852	3.3720	3.2748	3.1904	3.1164	3.0511	2.6631	2.4844	2.3816	2.3147	2.2679	2.2331	2.2064	2.1851
17	3.4523	3.3391	3.2419	3.1575	3.0836	3.0182	2.6300	2.4510	2.3480	2.2811	2.2341	2.1992	2.1724	2.1511
18	3.4227	3.3095	3.2123	3.1280	3.0540	2.9887	2.6002	2.4210	2.3178	2.2506	2.2035	2.1686	2.1417	2.1203
19	3.3960	3.2829	3.1857	3.1013	3.0273	2.9620	2.5732	2.3937	2.2903	2.2230	2.1757	2.1407	2.1137	2.0922
20	3.3718	3.2587	3.1615	3.0770	3.0031	2.9377	2.5486	2.3688	2.2652	2.1978	2.1504	2.1152	2.0881	2.0666
30	3.2141	3.1007	3.0032	2.9185	2.8442	2.7784	2.3859	2.2033	2.0975	2.0284	1.9797	1.9435	1.9155	1.8932
40	3.1319	3.0182	2.9204	2.8354	2.7607	2.6947	2.2992	2.1142	2.0065	1.9360	1.8861	1.8489	1.8201	1.7971
50	3.0813	2.9674	2.8694	2.7841	2.7092	2.6429	2.2450	2.0581	1.9489	1.8771	1.8263	1.7883	1.7588	1.7352
60	3.0471	2.9330	2.8348	2.7493	2.6742	2.6077	2.2078	2.0194	1.9090	1.8362	1.7845	1.7458	1.7158	1.6917
70	3.0223	2.9081	2.8097	2.7240	2.6488	2.5821	2.1807	1.9910	1.8796	1.8060	1.7536	1.7144	1.6838	1.6593
80	3.0036	2.8893	2.7907	2.7049	2.6295	2.5627	2.1601	1.9693	1.8571	1.7828	1.7298	1.6900	1.6590	1.6342
90	2.9890	2.8745	2.7759	2.6899	2.6144	2.5475	2.1438	1.9522	1.8392	1.7643	1.7108	1.6706	1.6393	1.6141
100	2.9772	2.8626	2.7639	2.6779	2.6023	2.5353	2.1307	1.9383	1.8247	1.7493	1.6953	1.6548	1.6231	1.5976

Tabelle C.7: $(1-\alpha/2)$-Quantile $f_{df_1,df_2;1-\alpha/2}$ der F-Verteilung für α =0.01/2. df_1 in den Zeilen, df_2 in den Spalten

df_1	1	2	3	4	5	6	7	8	9	10	11	12	13	14
1	16210	198.50	55.551	31.332	22.784	18.634	16.235	14.688	13.613	12.826	12.226	11.754	11.373	11.060
2	19999	199.00	49.799	26.284	18.313	14.544	12.403	11.042	10.106	9.4269	8.9122	8.5096	8.1864	7.9216
3	21614	199.16	47.467	24.259	16.529	12.916	10.882	9.5964	8.7170	8.0807	7.6004	7.2257	6.9257	6.6803
4	22499	199.24	46.194	23.154	15.556	12.027	10.050	8.8051	7.9558	7.3428	6.8808	6.5211	6.2334	5.9984
5	23055	199.29	45.391	22.456	14.939	11.463	9.5220	8.3017	7.4711	6.8723	6.4217	6.0711	5.7909	5.5622
6	23437	199.33	44.838	21.974	14.513	11.073	9.1553	7.9519	7.1338	6.5446	6.1015	5.7570	5.4819	5.2573
7	23714	199.35	44.434	21.621	14.200	10.785	8.8853	7.6941	6.8849	6.3024	5.8647	5.5245	5.2529	5.0313
8	23925	199.37	44.125	21.351	13.960	10.565	8.6781	7.4959	6.6933	6.1159	5.6821	5.3450	5.0760	4.8566
9	24091	199.38	43.882	21.139	13.771	10.391	8.5138	7.3385	6.5410	5.9675	5.5367	5.2021	4.9350	4.7172
10	24224	199.39	43.685	20.966	13.618	10.250	8.3803	7.2106	6.4171	5.8466	5.4182	5.0854	4.8199	4.6033
11	24334	199.40	43.523	20.824	13.491	10.132	8.2696	7.1044	6.3142	5.7462	5.3196	4.9883	4.7240	4.5084
12	24426	199.41	43.387	20.704	13.384	10.034	8.1764	7.0149	6.2273	5.6613	5.2363	4.9062	4.6428	4.4281
13	24504	199.42	43.271	20.602	13.293	9.9501	8.0967	6.9383	6.1530	5.5886	5.1649	4.8358	4.5732	4.3591
14	24571	199.42	43.171	20.514	13.214	9.8774	8.0278	6.8721	6.0887	5.5257	5.1030	4.7747	4.5128	4.2992
15	24630	199.43	43.084	20.438	13.146	9.8139	7.9677	6.8142	6.0324	5.4706	5.0488	4.7213	4.4599	4.2468
16	24681	199.43	43.008	20.370	13.086	9.7581	7.9148	6.7632	5.9828	5.4220	5.0010	4.6741	4.4132	4.2004
17	24726	199.44	42.940	20.311	13.032	9.7086	7.8678	6.7180	5.9388	5.3789	4.9585	4.6321	4.3716	4.1591
18	24767	199.44	42.880	20.258	12.984	9.6644	7.8258	6.6775	5.8993	5.3402	4.9205	4.5945	4.3343	4.1221
19	24803	199.44	42.826	20.210	12.942	9.6246	7.7880	6.6411	5.8639	5.3054	4.8862	4.5606	4.3007	4.0887
20	24835	199.44	42.777	20.167	12.903	9.5887	7.7539	6.6082	5.8318	5.2740	4.8552	4.5299	4.2703	4.0585
30	25043	199.46	42.465	19.891	12.655	9.3582	7.5344	6.3960	5.6247	5.0705	4.6543	4.3309	4.0727	3.8619
40	25148	199.47	42.308	19.751	12.529	9.2408	7.4224	6.2875	5.5185	4.9659	4.5508	4.2281	3.9704	3.7599
50	25211	199.47	42.213	19.667	12.453	9.1696	7.3544	6.2215	5.4539	4.9021	4.4876	4.1653	3.9078	3.6975
60	25255	199.48	42.149	19.610	12.402	9.1219	7.3087	6.1771	5.4104	4.8591	4.4450	4.1229	3.8655	3.6552
70	25285	199.48	42.103	19.570	12.365	9.0876	7.2759	6.1453	5.3791	4.8282	4.4143	4.0923	3.8350	3.6247
80	25307	199.48	42.069	19.539	12.338	9.0619	7.2512	6.1212	5.3555	4.8049	4.3911	4.0692	3.8120	3.6017
90	25324	199.48	42.042	19.515	12.316	9.0418	7.2319	6.1025	5.3371	4.7867	4.3730	4.0512	3.7939	3.5836
100	25338	199.48	42.021	19.496	12.299	9.0256	7.2165	6.0875	5.3223	4.7721	4.3585	4.0367	3.7795	3.5692

Fortsetzung Tabelle C.7: (1- α/2)-Quantile $f_{df_1,df_2;1-α/2}$ der F-Verteilung für α =0.01/2. df_1 in den Zeilen, df_2 in den Spalten

df_1	15	16	17	18	19	20	30	40	50	60	70	80	90	100
1	10.798	10.575	10.384	10.218	10.072	9.9439	9.1796	8.8278	8.6257	8.4946	8.4026	8.3346	8.2822	8.2406
2	7.7007	7.5138	7.3536	7.2148	7.0934	6.9864	6.3546	6.0664	5.9016	5.7949	5.7203	5.6652	5.6228	5.5892
3	6.4760	6.3033	6.1556	6.0277	5.9160	5.8177	5.2387	4.9758	4.8258	4.7289	4.6612	4.6112	4.5728	4.5423
4	5.8029	5.6378	5.4966	5.3746	5.2680	5.1742	4.6233	4.3737	4.2316	4.1398	4.0758	4.0285	3.9921	3.9633
5	5.3721	5.2117	5.0745	4.9560	4.8526	4.7615	4.2275	3.9860	3.8486	3.7599	3.6980	3.6523	3.6172	3.5894
6	5.0708	4.9134	4.7789	4.6627	4.5613	4.4721	3.9492	3.7129	3.5785	3.4918	3.4313	3.3866	3.3523	3.3252
7	4.8472	4.6920	4.5593	4.4447	4.3448	4.2568	3.7415	3.5088	3.3764	3.2911	3.2315	3.1875	3.1538	3.1271
8	4.6743	4.5206	4.3893	4.2759	4.1770	4.0899	3.5800	3.3497	3.2188	3.1344	3.0755	3.0320	2.9986	2.9721
9	4.5363	4.3838	4.2535	4.1409	4.0428	3.9564	3.4504	3.2219	3.0920	3.0082	2.9497	2.9066	2.8734	2.8472
10	4.4235	4.2718	4.1423	4.0304	3.9328	3.8470	3.3439	3.1167	2.9875	2.9041	2.8459	2.8030	2.7700	2.7439
11	4.3294	4.1785	4.0495	3.9381	3.8410	3.7555	3.2547	3.0284	2.8996	2.8166	2.7586	2.7158	2.6829	2.6569
12	4.2497	4.0993	3.9708	3.8598	3.7630	3.6779	3.1787	2.9531	2.8247	2.7418	2.6839	2.6412	2.6084	2.5825
13	4.1813	4.0313	3.9032	3.7925	3.6960	3.6111	3.1132	2.8880	2.7598	2.6771	2.6193	2.5766	2.5439	2.5179
14	4.1218	3.9722	3.8444	3.7340	3.6377	3.5530	3.0560	2.8312	2.7031	2.6204	2.5627	2.5200	2.4873	2.4613
15	4.0697	3.9204	3.7929	3.6827	3.5865	3.5019	3.0057	2.7810	2.6531	2.5704	2.5126	2.4700	2.4372	2.4112
16	4.0237	3.8746	3.7472	3.6372	3.5412	3.4567	2.9610	2.7365	2.6085	2.5258	2.4681	2.4254	2.3926	2.3666
17	3.9826	3.8338	3.7066	3.5967	3.5008	3.4164	2.9211	2.6966	2.5686	2.4859	2.4280	2.3853	2.3525	2.3264
18	3.9458	3.7971	3.6701	3.5603	3.4645	3.3801	2.8851	2.6606	2.5326	2.4498	2.3919	2.3491	2.3162	2.2901
19	3.9126	3.7641	3.6371	3.5274	3.4317	3.3474	2.8526	2.6280	2.4999	2.4170	2.3591	2.3162	2.2833	2.2571
20	3.8825	3.7341	3.6073	3.4976	3.4020	3.3177	2.8230	2.5984	2.4701	2.3872	2.3291	2.2862	2.2532	2.2270
30	3.6867	3.5388	3.4124	3.3030	3.2075	3.1234	2.6277	2.4014	2.2716	2.1874	2.1282	2.0844	2.0507	2.0238
40	3.5849	3.4372	3.3107	3.2013	3.1057	3.0215	2.5240	2.2958	2.1644	2.0788	2.0186	1.9739	1.9394	1.9119
50	3.5225	3.3747	3.2482	3.1387	3.0430	2.9586	2.4594	2.2295	2.0967	2.0099	1.9488	1.9033	1.8680	1.8400
60	3.4802	3.3324	3.2058	3.0962	3.0003	2.9158	2.4151	2.1838	2.0498	1.9621	1.9001	1.8539	1.8181	1.7896
70	3.4497	3.3018	3.1751	3.0654	2.9695	2.8849	2.3829	2.1504	2.0154	1.9269	1.8642	1.8174	1.7811	1.7521
80	3.4266	3.2787	3.1519	3.0421	2.9461	2.8614	2.3583	2.1248	1.9890	1.8998	1.8365	1.7892	1.7524	1.7230
90	3.4086	3.2605	3.1337	3.0239	2.9278	2.8430	2.3390	2.1047	1.9681	1.8783	1.8145	1.7667	1.7296	1.6998
100	3.3940	3.2460	3.1191	3.0092	2.9130	2.8282	2.3234	2.0884	1.9512	1.8608	1.7965	1.7484	1.7109	1.6808

Tabelle C.8: Sigma-Tabelle

Yield Langzeit	Sigma-Wert Kurzzeit	Defekte pro 1.000.000	Defekte pro 100.000	Defekte pro 10.000	Defekte pro 1.000	Defekte pro 100
99.99966%	6.0	3.40	0.34	0.034	0.0034	0.00034
99.99950%	5.9	5.0	0.5	0.05	0.005	0.0005
99.99920%	5.8	8.0	0.8	0.08	0.008	0.0008
99.99900%	5.7	10.0	1.0	0.10	0.01	0.001
99.99800%	5.6	20.0	2.0	0.20	0.02	0.002
99.99700%	5.5	30.0	3.0	0.30	0.03	0.003
99.99600%	5.4	40.0	4.0	0.40	0.04	0.004
99.99300%	5.3	70.0	7.0	0.70	0.07	0.007
99.99000%	5.2	100.0	10.0	1.00	0.10	0.010
99.98500%	5.1	150.0	15.0	1.50	0.15	0.015
99.97700%	5.0	230	23	2.3	0.23	0.023
99.96700%	4.9	330	33	3.3	0.33	0.033
99.95200%	4.8	480	48	4.8	0.48	0.048
99.93200%	4.7	680	68	6.8	0.68	0.068
99.90400%	4.6	960	96	9.6	0.96	0.096
99.86500%	4.5	1.350	135	13.5	1.35	0.135
99.81400%	4.4	1.860	186	18.6	1.86	0.186
99.74500%	4.3	2.550	255	25.5	2.55	0.255
99.65400%	4.2	3.460	346	34.6	3.46	0.346
99.53400%	4.1	4.660	466	46.6	4.66	0.466
99.37900%	4.0	6.210	621	62.1	6.21	0.621
99.18100%	3.9	8.190	819	81.9	8.19	0.819
98.93000%	3.8	10.700	1.070	107	10.70	1.07
98.61000%	3.7	13.900	1.390	139	13.90	1.39
98.22000%	3.6	17.800	1.780	178	17.80	1.78
97.73000%	3.5	22.700	2.270	227	22.70	2.27
97.13000%	3.4	28.700	2.870	287	28.70	2.87
96.41000%	3.3	35.900	3.590	359	35.90	3.59
95.54000%	3.2	44.600	4.460	446	44.60	4.46
94.52000%	3.1	54.800	5.480	548	54.80	5.48

Fortsetzung Tabelle C.8: Sigma-Tabelle

Yield Langzeit	Sigma-Wert Kurzzeit	Defekte pro 1.000.000	Defekte pro 100.000	Defekte pro 10.000	Defekte pro 1.000	Defekte pro 100
93.320%	3.0	66.800	6.680	668	66.80	6.68
91.920%	2.9	80.800	8.080	808	80.8	8.08
90.320%	2.8	96.800	9.680	968	96.8	9.68
88.50%	2.7	115.000	11.500	1.150	115	12
86.50%	2.6	135.000	13.500	1.350	135	14
84.20%	2.5	158.000	15.800	1.580	158	16
81.60%	2.4	184.000	18.400	1.840	184	18
78.80%	2.3	212.000	21.200	2.120	212	21
75.80%	2.2	242.000	24.200	2.420	242	24
72.60%	2.1	274.000	27.400	2.740	274	27
69.20%	2.0	308.000	30.800	3.080	308	31
65.60%	1.9	344.000	34.400	3.440	344	34
61.80%	1.8	382.000	38.200	3.820	382	38
58.00%	1.7	420.000	42.000	4.200	420	42
54.00%	1.6	460.000	46.000	4.600	460	46
50.00%	1.5	500.000	50.000	5.000	500	50
46.00%	1.4	540.000	54.000	5.400	540	54
43.00%	1.3	570.000	57.000	5.700	570	57
39.00%	1.2	610.000	61.000	6.100	610	61
35.00%	1.1	650.000	65.000	6.500	650	65
31.00%	1.0	690.000	69.000	6.900	690	69
28.00%	0.9	720.000	72.000	7.200	720	72
25.00%	0.8	750.000	75.000	7.500	750	75
22.00%	0.7	780.000	78.000	7.800	780	78
19.00%	0.6	810.000	81.000	8.100	810	81
16.00%	0.5	840.000	84.000	8.400	840	84
14.00%	0.4	860.000	86.000	8.600	860	86
12.00%	0.3	880.000	88.000	8.800	880	88
10.00%	0.2	900.000	90.000	9.000	900	90
8.00%	0.1	920.000	92.000	9.200	920	92

Literatur

J. Bock (1998): Bestimmung des Stichprobenumfangs.
Oldenbourg Verlag, München

W. E. Deming (1986): Out of the crisis.
McGraw-Hill, New York

M. George (2003): Lean Six Sigma for Services.
McGraw-Hill, New York

M. Harry, R. Schroeder (2000): Six Sigma.
Campus Verlag, Frankfurt, dritte Auflage

D. Kroslid, K. Faber, K. Magnusson, B. Bergman (2003): Six Sigma.
Carl Hanser Verlag, München

S. Lunau (Hrsg.) (2006): Six Sigma+Lean Toolset.
Springer, Berlin

K. Magnusson, D. Kroslid, B. Bergman (2003): Six Sigma umsetzen.
Carl Hanser Verlag, München, zweite Auflage

P. Pande, R. Neumann, R. Cavanagh (2000): The Six Sigma Way.
McGraw-Hill, New York

L. Sachs (2004): Angewandte Statistik.
Springer Verlag, Heidelberg

A. Töpfer (Hrsg.) (2007): Six Sigma.
Springer Verlag, Berlin, vierte Auflage

H. Toutenburg (1992): Moderne nichtparametrische Verfahren der Risikoanalyse.
Physica - Verlag, Heidelberg

H. Toutenburg (1994): Versuchsplanung und Modellwahl.
Physica - Verlag, Heidelberg

H. Toutenburg (1995): Experimental Design and Model Choice.
Physica - Verlag, Heidelberg

H. Toutenburg, R. Gössl, J. Kunert (1997): Quality Engineering – Eine Einführung in Taguchi-Methoden.
Verlag Prentice Hall, München

H. Toutenburg (2002): Statistical Analysis of Designed Experiments.
Springer–Verlag, New York, zweite Auflage

H. Toutenburg (2003): Lineare Modelle.Theorie und Anwendungen.
Physica - Verlag, Heidelberg, zweite Auflage

H. Toutenburg, C. Heumann (2006): Deskriptive Statistik.
Springer – Verlag, Heidelberg, fünfte Auflage

H. Toutenburg (2005): Induktive Statistik.
Springer–Verlag, Heidelberg, dritte Auflage

H. Toutenburg, M. Schomaker, M. Wissmann (2006): Arbeitsbuch zur Deskriptiven und Induktiven Statistik.
Springer – Verlag, Heidelberg

Six-Sigma-Glossar

Ablaufdiagramm	Eine grafische Darstellung aller Aktivitäten, Materialien und/oder Informationen, die an einem Prozess beteiligt sind.
Abweichung	Siehe Variabilität.
Affinitätsdiagramm	Einordnung einzelner Ideen in Gruppen oder größere Kategorien.
ANOVA	(Varianzanalyse) Eine statistische Prozedur, mit deren Hilfe sich die signifikanten Unterschiede von Prozess- oder Systembedingungen identifizieren lassen, indem ein simultaner Vergleich der Mittelwerte dieser Bedingungen durchgeführt wird (Voraussetzung: gleiche Varianzen). Für die MSA verwendet.
Attributdaten	Diese Daten lassen sich in verschiedenen Kategorien und Klassen wie „Bestanden" und „nicht Bestanden" einteilen.
Ausgangsgröße	(Output) Alles, was bei einem Prozess oder System entsteht, siehe auch Y und CTQ.
Balkendiagramm	Die grafische Darstellung von diskreten oder in Gruppen eingeteilten Daten.
BB	siehe Black Belt
Black Belt	Ein Mitarbeiter mit 4 Wochen Schulung in DMAIC, Veränderungsmanagement und Statistik, der zu 100% seiner Arbeitszeit Quality-Projekte leitet.
Brainstorming	Eine strukturierte, im Team eingesetzte Methode zur Sammlung von Ideen.
Champion	Eine Führungskraft, die für den erfolgreichen Abschluss von Six-Sigma-Projekten im Rahmen des Optimierungsziels verantwortlich ist. Zu ihren Aufgaben zählen die Projektdefinition, Teambildung und Ressourcenbeschaffung.
Control Chart	(Qualitätsregelkarte) Effizientes Tool der statistischen Prozessregelung zur Steuerung der Nachhaltigkeit. Umfasst die zeitliche Abfolge der

	Messergebnisse, die statistisch ermittelte untere und obere Eingriffsgrenze sowie die Mittellinie.
COPQ	(Cost of Poor Quality) Fehlleistungskosten, sämtliche Kosten, die für Nachbesserungen aufgrund von Fehlern entstehen.
Critical X	Kritisches X, Eingangsgröße eines Prozesses oder Systems, die die wesentlichen Ausgangsgrößen signifikant beeinflusst. Siehe auch Vital Few X.
CTQ	(Critical to Quality) Merkmal eines Prozesses, Produkt oder Systems, das sich direkt auf die vom Kunden wahrnehmbare Qualität auswirkt.
Defekt	Alles, was außerhalb der Anforderungen (Spezifikationsgrenzen) des Kunden liegt und somit Unzufriedenheit beim Kunden verursacht.
Deployment Flowchart	(auch Schwimmbahn-Diagramm) Funktionsübergreifendes Flussdiagramm zur grafischen Darstellung eines Prozesses und der ausführenden Funktionen/ Abteilungen.
DFSS	(Design for Six Sigma) Eine systematische Methode zur qualitätsgesicherten Entwicklung von Produkten und Prozessen.
Diskrete Daten	Daten, die nur bestimmte Werte annehmen können und bei denen z. B. Mittelwerte keinen Sinn haben, wie z. B. Geschlecht, Schulnoten, Wochentage.
DMAIC	(Define, Measure, Analyze, Improve, Control) Systematische Vorgehensweise zur Prozessoptimierung auf Basis von wissenschaftlichen und faktenbasierten Methoden.
DOE	(Design of Experiments, statistische Versuchsplanung) Mit DOE werden bei einer Minimierung der Versuchsanzahl die relevanten Einflussfaktoren und ihre Wechselwirkungen auf die Zielgröße (Y) ermittelt.
DPMO	(Defects Per Million Opportunities) Defekte pro einer Million Möglichkeiten. Die Gesamtzahl der aufgetretenen Fehler (D) dividiert durch die Gesamtzahl der Fehlermöglichkeiten (Anzahl der Teile N multipliziert mit der Anzahl der Fehlermöglichkeiten pro Teil O). Zum Zwecke der Vergleichbarkeit auf 1

	Millionen Fehlermöglichkeiten normiert. Formel: D/(N*O)*1.000.000.
DPU	(Defects per Unit) Defekte pro Einheit, die Gesamtzahl der bei einer begrenzten Anzahl an Einheiten aufgetretenen Fehler geteilt durch die Gesamtzahl der Einheiten.
Durchlaufzeit	Die gesamte Zeit, die für die vollständige Bearbeitung einer Aufgabe, Fertigung eines Produktes oder die Bereitstellung einer Dienstleistung verstreicht.
Durchschnitt	Siehe Mittelwert
Eingangsgröße	(Input) Alles, was einem Prozess oder System zugefügt wird oder bei seinem Ablauf verbraucht wird. Auch X Input, Eingangsvariable und Merkmal.
Eingriffsgrenzen	(Control limits) Obere und untere Grenze einer Regelkarte´, die durch den Prozess selbst bestimmt werden. Eingriffsgrenzen dienen dem Aufdecken der Ursachen von Abweichungen. Normalerweise liegen sie etwa ± drei Standardabweichungen vom Mittelwert entfernt.
Fehler	Siehe Defekt
Fehlerhaft	Produkt oder Dienstleistung mit mindestens einem Defekt.
Financial Analyst	Controller, der die Net-Benefit-Betrachtung (Nutzenermittlung) eines Six Sigma Projektes durchführt und den Net Benefit unabhängig vom Quality-Team nachhält und berichtet.
Fischgrätendiagramm	Siehe Ursache-Wirkungs-Diagramm
FMEA	(Failure Mode and Effects Analysis) Fehlermöglichkeits- und Einflussanalyse, definiert für jede Aktivität oder jedes Element das Potenzial und die Wahrscheinlichkeit des Auftretens eines Fehlers bei einem Prozess, System oder Produkt.
Gage R&R	Siehe MSA
Green Belt	Mitarbeiter, der bis zu zwei Wochen in der DMAIC-Methodik ausgebildet wurde und Teilzeit an Six-Sigma-Projekten innerhalb seiner Abteilung arbeitet. Green Belts unterstützen Black Belts bei umfang-

	reichen Projekten.
Hidden Factory	Verborgene Fabrik, Summe von nicht wertschöpfenden Nacharbeiten, siehe auch First/Final Yield.
Histogramm	Ein Diagramm, das durch die Höhe der Balken grafisch veranschaulicht, wie oft bestimmte numerische (metrische) Datenkategorien oder Messwerte auftreten.
Ishikawa-Diagramm	Siehe Fischgrätendiagramm
Korrelation	Zusammenhang zwischen zwei Variablen.
Korrelationskoeffizient	Das Maß des linearen Zusammenhangs zwischen zwei Variablen (ordinal oder metrisch).
Kurzzeitvarianz	Ursache für Abweichungen bei einem Prozess sind rein zufallsbedingt, das heißt, sie sind systemimmanent und nicht reduzierbar.
Langzeitvarianz	Die beobachtete Abweichung eines Merkmals der Eingangs- oder Ausgangsgrößen, die Kumulation aller Varianzeffekte.
Leistungsdiagramm	Grafische Darstellung der Leistung eines Merkmals.
LCL	(Lower Control Limit) untere Eingriffgrenze, siehe Eingriffsgrenzen.
LSL	(Lower Specification Limit) Untere Spezifikationsgrenze (USG), siehe Spezifikationsgrenzen.
Master Black Belt	(MBB) Ein erfahrener Black Belt, der eine zusätzliche Ausbildung absolviert hat. Er ist fachlicher Ansprechpartner und Coach für Black Belts in Projekten und bildet diese aus.
MBB	Siehe Master Black Belt
Median	Der mittlere Wert innerhalb einer Gruppe von aufsteigend oder absteigend sortierten Werten. Es liegen gleich viele Werte oberhalb wie unterhalb des Medians.
Messgenauigkeit	Bei wiederholten Messungen der Vergleich der Messwerte mit einer bekannten Standardgröße.
Messpräzision	Bei wiederholten Messungen die gesamte Abweichung aller Messwerte.
Mittelwert	Arithmetisches Mittel aller Stichprobenwerte. Der

	Durchschnitt wird errechnet, indem alle Stichprobenwerte addiert werden und die Summe durch die Anzahl der Stichprobenelemente geteilt wird.
Möglichkeit	Jedes messbare Ereignis, bei dem die Möglichkeit besteht, dass die Spezifikationsgrenzen eines CTQ nicht erreicht werden.
MSA	(Gage R&R) Messsystemanalyse, Ermittlung der Variation des Messsystems auf Wiederholbarkeit und Reproduzierbarkeit im Vergleich zur Gesamtvariation des Prozesses oder Systems.
Nacharbeit	Arbeiten, die erforderlich sind, um Mängel zu beseitigen, die in einem Prozess entstanden sind.
Nicht wertschöpfend	(Non-Value-Add, NVA) Gegenteil von wertschöpfend
Normalverteilung	Verteilung von Werten in Form einer Glockenkurve, auch Gauß'sche Verteilung
Pareto-Diagramm	Konzentriert sich auf Maßnahmen oder Probleme, die das größte Potenzial für Verbesserungen bieten. Die Sortierung erfolgt absteigend nach relativer Frequenz bzw. Größe. Das Pareto-Prinzip (von Vilfredo Pareto (1848-1923) entwickelte Theorie) besagt, dass 20 % aller möglichen Ursachen 80 % der gesamten Wirkung erzielen.
Poka-Yoke	Japanischer Ausdruck für „Schutz vor Fehlern".
Process Mapping	Bildhafte Darstellung eines Arbeitsablaufs. So können die Beteiligten einen gesamten Prozess visualisieren und seine Stärken und Schwächen identifizieren. Verkürzt die Durchlaufzeiten und verringert Fehlerraten, gleichzeitig können einzelne Beiträge bewertet werden. Regelkarte - Abweichungen werden über einen längeren Zeitraum überwacht. Unerwartete Abweichungen, die zu Fehlern führen können, werden dem Unternehmen gemeldet.
Prozess	Eine Reihe von sich wiederholenden Aktivitäten, Materialien und/oder Informationen, die eine bestimmte Menge an Eingangsgrößen in eine Ausgangsgröße umwandelt, wobei ein Produkt oder eine Dienstleistung entsteht oder eine Aufgabe erledigt wird.
Prozessablauf-	Siehe Ablaufdiagramm.

diagramm

Prozessdefinition	Das quantitative Wissen um einen Prozess, einschließlich des Wissens über die spezifische Beziehung zwischen den Eingangs- und Ausgangsgrößen.
Prozessfähigkeit	Ein Vergleich der Ist-Leistung eines Prozesses mit der Soll-Leistung. Wird als Prozentsatz (Ausbeute), Fehlerrate (DPM, DPMO), Index (Pp, Ppk) oder Sigma-Niveau (Z) ausgedrückt.
Qualitätsregelkarte	Siehe Control Chart.
Regelkarte	Siehe Control Chart.
Regressionsanalyse	Statistisches Verfahren zur Bestimmung eines linearen Modells zwischen einer Messergebnisreihe (Response) und ihren abhängigen Variablen; dazu gehören die einfache und die multiple Regression.
Reproduzierbarkeit	Das Ausmaß, in dem wiederholte Messungen eines bestimmten Elements mit unterschiedlichen Prüfern zu denselben Messergebnissen führen, siehe auch MSA.
Root Cause Analysis	Untersuchung des ursprünglichen Grundes für Abweichungen von einem Prozess. Wird die Grundursache behoben oder korrigiert, wird auch die Abweichung eliminiert. Statistische Prozesskontrolle - Einsatz statistischer Methoden zur Analyse von Daten und zur Überprüfung und Überwachung der Prozesskapazitäten und der Leistung.
Sigma-Wert	Die Wahrscheinlichkeit, dass ein Defekt auftritt; eine Messgröße für die Leistungsfähigkeit eines Prozesses (Prozessfähigkeit), gemessen in Einheiten der Standardabweichung.
	Grafisch: Ein Maß dafür wie viele Standardabweichungen zwischen den Mittelwert eines Prozesses und die nächste Spezifikationsgrenze „passen". Auch Sigma-Niveau, Z-Wert oder Sigma.
SIPOC	(Supplier, Input, Process, Output, Customer) Die grafische Darstellung eines Prozesses auf einer generischen Ebene, um bei allen Projektbeteiligten ein einheitliches Prozessverständnis zu erlangen und

	den Start- und Endpunkt des zu betrachtenden Prozesses zu definieren.
Spannweite	Maßeinheit für die Variabilität von Daten; der Bereich zwischen dem kleinsten und größten Datenwert.
SPC	(Statistic Process Control) Statistische Prozesskontrolle zur Überwachung eines Prozesses, mithilfe von z. B. Control Charts.
Spezifikationsgrenzen	(Specification Limits) Durch den Kunden gesetzte Grenzwerte für die akzeptable Leistung eines Merkmals. Bewegt sich die Leistung außerhalb dieser Grenzen, liegt ein Fehler vor.
Standardabweichung	σ (Grundgesamtheit) oder s (Stichprobe), Maß für die Variabilität von Daten, Quadratwurzel der Varianz.
Stetige Daten	Daten, bei denen die Addition/Subtraktion von Werten Sinn hat, z. B. Dauer in Stunden, Minuten, Länge in Meter, Kosten in Euro etc.
UCL	(Upper Control Limit) Obere Eingriffsgrenze (OEG). Siehe Eingriffsgrenzen.
Untere Eingriffsgrenze	(UEG, Lower Control Limit, LCL) Bei Regelkarten der Wert, der von der Stichprobe eingehalten werden muss, damit der Prozess als beherrscht gilt. Sie liegt normalerweise drei Standardabweichungen unterhalb des Mittelwerts.
Ursache-Wirkungs-Diagramm	(Fishbone- oder Ishikawa-Diagram) Diagramm in Form von Fischgräten, zur Erarbeitung und Darstellung aller Variablen, die sich auf eine bestimmte Ausgangsgröße eines Prozesses auswirken können.
USL	(Upper Specification Limit) Obere Spezifikationsgrenze (OSG), siehe Spezifikationsgrenzen.
Varianz	Maß der Variabilität von Daten, das Quadrat der Standardabweichung.
Varianzanalyse	Siehe ANOVA.
Vital Few X	Die wenigen relevanten Einflussfaktoren, die den größten Einfluss auf das Prozessergebnis haben.
VOC	(Voice of the Customer) Stimme des Kunden, umfasst die ausdrücklichen und nicht ausdrücklichen Wünsche des Kunden eines Prozesses, wird auch ausgedrückt als Spezifikation, Anforderung oder

	Erwartung.
VOP	(Voice of the Process) Stimme des Prozesses, Prozessleistung und -fähigkeit, um sowohl die Bedürfnisse des Unternehmens als auch die des Kunden zu befriedigen; wird in der Regel ausgedrückt als Form der Effizienz und/oder Effektivität.
Wertfördernd	Prozessschritte, die nicht wertschöpfend sind, aber zumindest wertschöpfende Prozessschritte unterstützen und aufrechterhalten.
Wertschöpfend	(Value Adds, VA) Aktivitäten in einem Prozess, die zur Steigerung des Wertes des Outputs beitragen. Kriterium: Der Kunde muss bereit sein, für diese Aktivitäten Geld auszugeben.
Wiederholbarkeit	Ausmaß, in dem wiederholte Messungen eines bestimmten Elements mit demselben Messinstrument zu denselben Messergebnissen führen. Siehe auch MSA.
X	Merkmal einer Eingangsgröße/Input eines Prozesses, unabhängige Größe.
Y	Merkmal einer Ausgangsgröße/Output eines Prozesses, abhängige Größe.
Z-Wert	Siehe Sigma-Wert.

Index

A

abhängige Stichproben 134
Absicherung 204, 205
Abweichung 18, 82, 97, 145, 243
Anderson-Darling-Test 147
ANOVA 69, 139, 158, 211, 216, 218, 220, 279, 280, 283
Antilösung 197

B

Balkendiagramm 118
BB *Siehe* Black Belt
Benchmarking 198
Bestandsorientierte Stichprobe 73, 74
Bestimmtheitsmaß R^2 175
Binomialtest 140, 142
Binomialtest für eine Stichprobe 140
Binomialtest für zwei Stichproben 142
Black Belt 25, 26
Bonferroni-Adjustierung 223
Box-Cox-Transformation 150
Boxplot 84, 85
BPR 14
BQC 25, 29, 31, 35, 275
Brainstorming 115, 196
Brainwriting 198
Bravais-Pearson 162, 163
Business Case 44, 46

C

Champion 24, 25, 30, 275
Computersimulation 204
Control Chart 267
Cpk-Wert 99
Cpk-Wert 97, 98

Cp-Wert 97, 99
CTQ 40, 42, 168
CTQ Tree 57

D

Datenanalyse 65, 106, 108
Datenarten 63
Datenerfassungsplan 61, 80
Defekt 22, 86
Deployment Flowchart 110
Design of Experiments 210
DFSS 22
Diskret 64
Diskrete Daten 64, 65, 69, 76, 100
DMAIC 1, 22, 23, 33
DOE *Siehe* Design of Experiments
DPMO 100, 101
Dummykodierung 179
Durchschnitt *Siehe* Mittelwert

E

Effektkodierung 179, 230
EFQM 13
Einfaktorielle Varianzanalyse 212
Erwartungswert 17, 18, 20, 76, 77, 86, 120, 128

F

Failure Mode and Effects Analysis *Siehe* FMEA
Fehler 18, 21, 56, 57, 86, 100, 101, 102, 126
Fehler 1. Art 125, 126
Fehler 2. Art 77, 79, 125, 126
Fehler-/Risikoerkennung 204
Final Yield 102, 103
Financial Analyst 275
First Pass Yield 102, 103

Fishbone-Diagramm *Siehe* Ursache-Wirkungs-Diagramm
Five Whys 116
Flussdiagramm 110, 111, 201
FMEA 206, 207
Frequency Plot 67
F-Test auf Varianzgleichheit 137

G

Gage R&R 70, 72, *Siehe* MSA
GB *Siehe* Green Belt
Genauigkeit 68, 76, 77, 79
Goal Statement 44, 47, 48
Green Belt 27
Größe der Stichprobe 75
Grundgesamtheit 17, 20, 73, 74, 75, 77, 119, 128
Grundidee eines Tests 125
Güte der Regression 175

H

Haupteffekten 224, 233
Heterogenität der Varianzen. 177
Histogramm 83, 84, 88, 148
HOQ 61
House of Quality *Siehe* HOQ

I

Implementierungsplan 271
In-the-Frame/Out-of-the-Frame 49
Ishikawa *Siehe* Ursache-Wirkungs-Diagramm

K

Kaizen 13
Kano-Modell 42, 43
Kategoriale Einflussgrößen 179
Kolmogorov-Smirnov-Test 147, 211, 213
Kommunikationsplan 272
Konfidenzintervalle 120, 124
Konfidenzintervalle für binomialverteilte Variablen 124
Kontroll-Einfluss-Matrix 116, 117

Korrelation 278
Korrelationsanalyse 174
Korrelationskoeffizient 162, 163
Korrelationskoeffizient von Spearman 162, 163
Kreisdiagramm 84
Kriterienbasierte Matrix 200
Kruskal-Wallis-Test 158, 218
Kurzzeit-Leistungsindex C_p *Siehe* Cp-Wert
Kurzzeit-Leistungsindex C_{pk} *Siehe* Cpk-Wert
Kurzzeitvarianz 98
KVP 13

L

Lagemaße 81, 83, 140
Langzeit-Leistungsindex P_{pk} *Siehe* Ppk-Wert
Levene 138, 139, 211, 216, 217, 283
Lineare Regression 168, 278
Logistische Regression 189, 278
LSL 97, 98

M

Mann-Whitney-U-Test 153, 158
Master Black Belt 26
MBB *Siehe* Master Black Belt
Median 81, 82, 85
Mehrfaktorielle Varianzanalyse 223
Mess-Skala 66
Mess-System-Analyse 68, 69, 72
Metrisch 64
Mittelwert 15, 20, 82, 89, 92, 97, 98, 107, 268
Modelle 177, 203, 224
Modellierung 203
Modus 81
Moments of Truth 112
Moods Median-Test 156
MSA 68
Multiple Vergleiche 221

N

Natur der Arbeit *Siehe* Wertanalyse
Net Benefit 258
Nicht normalverteilte Daten 94
Nicht wertschöpfend 112
Nichtparametrische Tests 150
Nominal 64
Nominalgruppentechnik 199
Normalverteilte Daten 91
Normalverteilung 17, 18, 20, 88, 89, 92, 123, 147, 148, 150
Normalverteilung der Residuen 175, 177, 183
Normalverteilungskurve 17, 19, 86, 89, 148

O

Odds-Ratio 166
Operationale Definition 65
Ordinal 64
Orthogonale Arrays nach Taguchi 234

P

Paired t-Test 134, 135
Pareto-Analyse 118, 119
Pareto-Diagramm 118
Pilot 255, 256
Power 77, 78, 79, 126
Pp 94
Ppk-Wert 98, 100
Ppk-WErt 99
Pp-Wert 99
Project Charter 37, 44, 45, 53, 275
Project Scope 44, 48
Project Y 37, 38, 42
Prozess 9, 16, 101, 108
Prozessanalyse 108, 111, 113, 116
Prozessdefinition 52
Prozessfähigkeit 20, 22, 90, 96, 97, 123
Prozesskostenrechnung 259
Prozessorientierte Stichprobe 74
Prüfbogen 66

Q

QAT *Siehe* Quality Awareness Training
QFD 58
Quality Awareness Training 26, 27
Quality Function Deployment *Siehe* QFD
Quantile 89, 128
Quantile der Normalverteilung 128
Quartil 85

R

Rangvarianzanalyse nach Friedmann 223
Reaktionsplan 269
Regelkarte *Siehe* Control Chart
Regression mit transformierten Einflussgrößen 189
Regressionsanalyse 159
Repeatability 68
Repräsentative Stichprobe 73
Reproducibility 68
Reproduzierbarkeit 68, 69, 70, 72
Requirement Tree 58
RPZ 207
Ryan-Joiner 147

S

Sample 73, 77, 78, 79
SAT 22
Schichtung 106, 107, 109
Segmentierung 63, 66, 106, 107, 109
Segmentierungsfaktoren 62, 63, 106, 108, 138
Sigma Shift 93
Sigma-Niveau 21, 22, 86, 92, 93, 98, 122, 123
Sigma-Shift 90, 123
Sigma-Tabelle 90, 93, 101, 102, 123
Sigma-Wert 19, 21, 22, 86, 87, 90, 91, 93, 94, 100, 101, 102, 103, 123, 257, 274, 275

Signal to Noise Ratios 243, 245
Simulation 203
SIPOC 49, 50, 52, 108, 110
Six Sigma Council 29, 31
SMART 47
SNR 243, 246, 247
Soft Benefit 260
Spannweite 18
SPC Siehe Statistische Prozesskontrolle
Spearman 164
Spezifikationsgrenzen 18, 19, 56, 86, 97, 98
Sponsor Siehe Champion
SSC Siehe Six Sigma Council
Stabilität 16, 68, 69, 74
Standardabweichung 18, 20, 22, 76, 82, 86, 89, 92, 98, 107, 128
Statistische Prozesskontrolle 266
Steering Committee 31
Stetig 64
Stetige Daten 64, 69, 76, 91
Stichprobengröße 76, 77, 78, 79, 81, 128, 143
Streudiagramm 160, 161, 162, 170
Subprozessanalyse 110

T

Taguchi 234, 243, 246, 253
Test 77, 91, 125, 203, 217
Test auf Normalverteilung 91, 148, 215, 283
Test von Bartlett 137, 217, 218
Test von Levene 137, 139, 217, 218
Test von Tukey 221
Tests auf Normalverteilung 147
Tests auf Varianzgleichheit 136
TQM 12
t-Test für eine Stichprobe 127
t-Test für zwei Stichproben 131
Tukey 221, 223

U

Ursache-Wirkungs-Diagramm 114, 115, 116
USL 97, 98

V

Varianz 18, 20, 81, 82, 83, 268
Varianz und Standardabweichung 82, 83
Variation 15, 16, 17, 18, 20, 21, 68, 69, 75, 90, 92, 97, 98
Variation in Prozessen 16
Versuchsplanung 210, 211
Verteilungen 17, 18, 20, 85, 87, 88, 89
Verzerrte Stichprobe 73
Vital Few 114, 116, 159
VOC 37, 38, 39, 40, 41, 86, 97
VOP 86, 97
Vorzeichentest 151, 152

W

Wechselwirkung 224, 227, 233
Wertanalyse 112
Wertfördernd 112
Wiederholbarkeit 68, 69, 70
Workflowanalyse 111, 113

X

X 15, 16, 81, 105, 117, 263

Y

Y 15, 105, 263
Yield 21, 22, 102

Z

ZBench 94, 99
Zweifaktorielle Varianzanalyse 224
Z-Wert 22, 86, 89, 92, 93

Die Autoren

Prof. Dr. Dr. Helge Toutenburg

studierte (1961–1966) und promovierte (1969 in Mathematik), habilitierte in Dortmund (1989 in Statistik). Er ist seit 1991 Professor für Statistik an der Ludwig-Maximilians-Universität München. Er ist Autor von über 30 Monographien und Lehrbüchern und über 100 Artikeln in internationalen Journalen. Seine Schwerpunkte in Forschung und Anwendung sind Lineare Modelle, Versuchsplanung, unvollständige Daten und Qualitätsmanagement.

Dipl.-Kfm. Philipp Knöfel

Jahrgang 1969, studierte 1991–1998 Betriebswirtschaftslehre an der Freien Universität Berlin mit den Schwerpunkten Organisation & Führung sowie Marketing.
Seit 1998 ist er bei der Computacenter AG & Co OHG in München angestellt. Sein Werdegang führte von der Tätigkeit als IT-Projektleiter, über das Servicemanagement im Finanzumfeld zum Quality Consultant und Master Black Belt. Seit Anfang 2007 leitet er die Qualitätsabteilung als Director Quality & Business Improvement.

Druck: Krips bv, Meppel
Verarbeitung: Stürtz, Würzburg